DEBUT D'UNE SERIE DE DOCUMENTS
EN COULEUR

'Espagne d'aujourd'hui

PARIS

ALBIN MICHEL, ÉDITEUR

59, Rue des Mathurins, 59

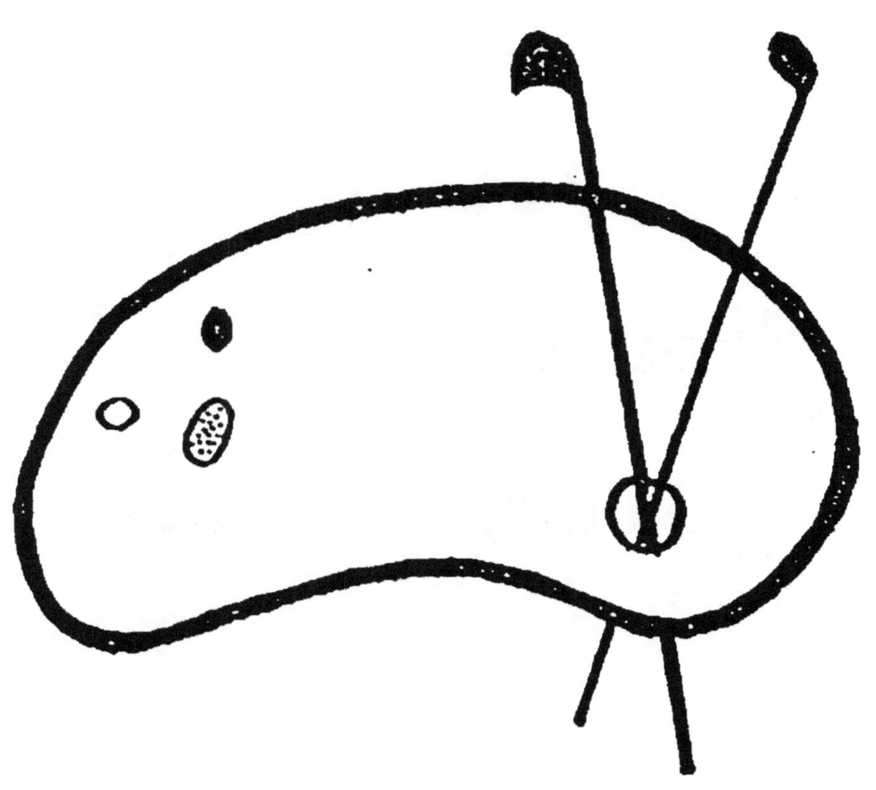

FIN D'UNE SERIE DE DOCUMENTS
EN COULEUR

L'Espagne d'aujourd'hui

SARRASI

L'Espagne d'aujourd'hui

PARIS

ALBIN MICHEL, ÉDITEUR

59, Rue des Mathurins, 59

PRÉFACE

Que d'auteurs français ont parlé de l'Espagne !
Corneille, Voltaire, Le Sage, Beaumarchais,
Victor Hugo, Châteaubriand, Edgard Quinet,
Alfred de Musset, Théophile Gauthier, Déroulède,
Leconte et bien d'autres que j'oublie. Il semble
qu'après de si glorieux divulgateurs, la Péninsule
n'ait plus de secret à nous révéler et qu'elle soit
aussi connue que la France. Les types de l'hidalgo,
de la señora, du muletier, du brigand, de l'aven-
turier, du bretteur, du barbier sont fixés de main
de maîtres. Les alhambras, les alcazars, les palais
et tours mauresques ont été décrits et enchassés dans
des styles d'une richesse d'expression et de couleur
inimitables.

Je suis donc venu m'installer en Espagne, il y a
trois ans, apportant, avec mes bagages, les idées
que les divers littérateurs mentionnés plus haut
m'avaient inculquées. J'étais fermement convaincu
que j'allais me trouver en contact avec des voleurs
armés d'escopettes qui envahiraient le train, après
avoir massacré le mécanicien et le chauffeur, et
qu'il faudrait livrer des batailles homériques dans
les compartiments. J'avais fait coudre mes billets
de banque dans les doublures de mes habits, et

J'étais armé jusqu'aux dents, bien décidé à vendre chèrement ma vie.

Précautions inutiles, héroïsme superflu! La sécurité est aussi complète à Madrid qu'à Paris, Londres ou Genève.

Pourtant, à mesure que je pénétrais dans cette civilisation intéressante, je constatais que mes souvenirs littéraires s'éloignaient de la vérité quand ils n'étaient pas erronés et que l'actualité était bien différente de ce que l'on m'avait appris dans les livres.

Alors, j'ai voulu peindre l'Espagne d'aujourd'hui, non pas avec des couleurs poétiques et de l'imagination; mais avec le souci de laisser une photographie aussi exacte que possible de ce que j'avais vu, éprouvé, ressenti en me mêlant à un peuple merveilleusement doué et assurément très original.

Le livre que j'ai écrit n'est pas fait pour les timides, les jeunes filles et les petits garçons. Il a été composé pour des hommes énergiques, connaissant la vie et auxquels on puisse tout dire et tout montrer.

C'est une suite d'instantanés dont l'ensemble constituera la plus grande somme de vérité possible sur l'Espagne d'aujourd'hui.

SARRASI.

CHAPITRE PREMIER

Voyager, c'est sortir du journalier, du banal, du
convenu pour se jeter dans l'inconnu, l'inédit.

Le charme de ce changement est magique. On a
laissé les préoccupations, les angoisses, les soucis au
pays qu'on a quitté. On est comme l'enfant qui naît à
la vie, que tout étonne, intéresse. On apporte une
âme neuve, une page vierge sur laquelle vont s'imprimer de nouvelles sensations. Mais on a, de plus que
l'enfant, l'expérience de l'âge, la raison et la faculté
de pouvoir comparer ce qu'on voit avec ce qu'on a vu.

Ces oppositions constantes, volontaires ou non, occupent l'esprit, font réfléchir, apprennent la vie, chas-

sent les préjugés, rendent meilleur, plus indulgent pour autrui, moins absolu, plus philosophe, plus humain.

Les grands esprits de Rome et d'Athènes ont voyagé pour apprendre, pour échapper à la petitesse des vues locales, à l'obsession des préjugés du clocher et des misères du foyer, pour agrandir leur être moral et se rendre dignes d'instruire leurs concitoyens et, au besoin, de les diriger.

Les voyages d'aujourd'hui ne produisent pas des résultats si importants, parce que l'instruction est répandue un peu partout et qu'on n'a pas besoin de déplacements trop considérables pour l'acquérir. On n'en retire pas moins de fruits savoureux, surtout lorsqu'on sait observer, réfléchir et comparer.

Mais il ne faut pas faire comme ces petits messieurs qui ne vont voir Rome, Florence, Naples, Venise, Madrid, Barcelone et Séville que pour avoir l'occasion de dire qu'il y sont allés et posséder un sujet nouveau de banales conversations. Ces personnages peuvent voyager toute leur vie sans cesser d'être des marionnettes. Ils ont beau feuilleter les *Guides*, entrer dans les églises, dans les musées, parcourir les sites ou charmants ou grandioses, coudoyer les œuvres les plus remarquables de l'art dans toutes les branches, ils n'apprennent rien, ils ne s'identifient avec rien, parce qu'ils ne peuvent pas sortir de leur petit égoïsme, de leurs préjugés, de leurs vanités qu'ils traîneront toujours de par le monde comme une robe de Nessus.

C'est pour de telles gens que sont faits les voyages rapides, économiques et en commun.

En visitant le château de Versailles, j'aperçus un jour sur la terrasse faisant face à la pièce d'eau des Suisses, un groupe considérable de personnes rangées en cercle, autour de l'une d'elles qui semblait prêcher. C'étaient cinquante ou soixante anglaises qui voyageaient par le système Cook et qui écoutaient religieusement ce que le Guide leur apprenait sur Versailles et Louis XIV. Je doute que ces aimables péronnelles aient retiré un grand fruit de leur visite aux lieux préférés du Grand Roi.

Quoi qu'il en soit, le changement de sites renouvelle les sensations et les rend plus vives. Elles s'imprègnent plus profondément dans l'âme rajeunie et solitaire. Votre être, sorti de son milieu ordinaire, mis brusquement en contact avec des hommes inconnus, dans les rues, dans les hôtels, dans les restaurants, dans les tables d'hôte, reçoit des effluves de sympathie et d'antipathie qui naissent des relations forcées de tous les jours.

On se crée des amitiés passagères, car la politesse veut que chacun cache mystérieusement les tares de caractère d'égoïsme ou d'intérêt qui sont en lui, pour ne montrer que les qualités favorables.

Plus tard, de ces relations de quelques jours il reste un souvenir attendri qui fait revivre les heures passées en les laissant imprégnées de la suavité de leur lointain parfum.

Images mensongères peut-être ; car ces hommes et ces femmes que nous avons aimés, ces enfants que nous avons caressés ont sûrement des défauts qu'une fréquentation plus longue ou plus intime nous eut révélés.

Qu'importe ! Ces échanges affectueux ont leur poésie qui n'est pas plus menteuse que celle des trouvères et qui berce amoureusement notre âme quand elle est prête à s'émousser.

Et je ne parle pas de la plus importante acquisition que procurent les voyages : la connaissance, l'appréciation de la pure beauté artistique.

Ce sont ici, pour un esprit élevé, des jouissances d'une nature spéciale exquise. Contempler les chefs-d'œuvre dans la peinture, dans la sculpture ; vivre, se repaître des sensations d'une littérature différente ; se laisser emporter et bercer par des mélodies nouvelles ; identifier son être avec les richesses de mondes inconnus, faire vibrer et communier son âme avec celle des génies puissants qui vous initient à leurs divines créations, c'est sortir de l'humanité, c'est doubler son moi, c'est toucher à l'empyrée !

Le Sud-Express, que j'avais attendu à Bayonne,

m'amène à Madrid souffrant d'une bronchite prise en voyage.

La capitale de l'Espagne est la ville du monde la plus défavorable aux enrhumés. Six mois de l'année il y règne un vent glacial qui exaspère tout l'appareil respiratoire.

Partout, dans l'hôtel, dans la rue, à l'église, on n'entend que des gens qui toussent et enchifrenés qui éternuent.

Le soleil implacable se fait le complice du vent. Il brûle les cerveaux pendant que son compagnon inséparable les glace.

Il ne faut donc pas être surpris qu'à eux deux, ils remplissent les cimetières de la ville.

La *Puerta del Sol*, qui est le centre du mouvement madrilène, est un four glacé où l'on se suicide sans le vouloir et sans le savoir.

Ma santé ne me permettait pas de rester indéfiniment dans un milieu si dangereux. Je pris donc la résolution d'abréger mon séjour en Castille, comptant compléter mes observations lors de mon passage de retour.

D'autre part, je ne voulais pas perdre absolument le fruit d'un voyage si mal commencé. Donc, sans tenir compte de l'état de mes bronches, je me mis immédiatement en quête d'impressions personnelles.

Je sortis.

Pour qui connaît nos grandes villes françaises, Madrid n'offre que des monuments sans cachet spécial, et tels qu'on en trouve toujours dans toute cité qui compte un demi-million d'habitants.

La femme y manque de coquetterie. Elle perd toute la distinction et la grâce de son corps en l'enveloppant dans ce châle qui cache ses formes.

Le châle donne à la señora quelque chose de grave et d'oriental. C'est un mystère qui déambule. Toutes les jeunes filles ainsi vêtues paraissent des matrones.

Ce vêtement ne convient qu'aux vieilles, dont les laideurs disparaissent sous l'ampleur des étoffes. Avec leurs robes assez longues, les femmes ressemblent à des éteignoirs qui marchent et si n'étaient leurs figures on n'aurait nul souci d'un être qui prend tant de soin de se cacher.

Mais ces figures ! Elles sont inoubliables.

Une fois qu'on les a vues, elles se gravent dans votre esprit en traits ineffaçables. Des yeux noirs, longs, veloutés, enchâssés dans des cils recourbés, ombragés par des sourcils d'un arc admirable; des regards doux et humbles comme ceux de la gazelle et dont l'étincelle dit : Je suis faite pour aimer, ne me demandez rien plus.

De fait, il ne faut pas chercher autre chose chez l'Espagnole, elle est, sauf de rares exceptions, ignorante comme une carpe et manque trop souvent de ce que nous appelons en France de l'esprit.

Au reste, même physiquement, elle ne soigne que sa tête. Elle abandonne toutes ses autres beautés. C'est peut-être que sa tête se voit, tandis que tout le reste est caché dans les plis des vêtements.

Elle pare donc sa tête avec amour. Sa noire chevelure est parsemée d'ornements d'or, de peignes ouvragés où s'enchâssent, selon la fortune, des perles, des diamants ou des strass. A Séville nous verrons que la fleur naturelle est permanente et toujours fraîche dans le chignon. Elle contribue largement à faire ressortir la beauté spéciale de l'andalouse.

Une observation qu'on ne tarde pas à faire quand on se promène dans les rues des villes espagnoles, c'est que toutes les femmes sont coiffées de la même façon. Sans doute, chez nous, il y a aussi une mode pour l'arrangement des cheveux, mais elle n'est pas tyrannique et absolue comme ici. Dans notre pays beaucoup de personnes du beau sexe s'affranchissent avec raison et se coiffent à leur fantaisie; et comme les Françaises ont du goût, la variété de ces jolis édifices capillaires est fort agréable à l'œil. Elle s'harmonise d'ailleurs avec les divers types féminins.

En Espagne il n'en est pas ainsi. Presque toutes les femmes, qu'elles appartiennent au peuple, au commerce, à la bourgeoisie ou à l'aristocratie, portent le même arrangement capillaire, édifié d'ailleurs par des professionnelles. Ces artistes ne s'inquiétant que de la manière du jour, élèvent donc les mêmes constructions sur toutes les têtes.

Ce qui frappe chez les Espagnoles après les yeux et les cheveux, c'est le teint. Il est en général d'un blanc mat et légèrement jauni. La peau est celle de la créole si agréable de nuance le jour, si éclatante le soir à la lumière artificielle.

Les dents sont généralement blanches, mais elles avancent quelquefois au point de rendre les lèvres presque difformes.

Les joues sont trop souvent, larges et bouffies comme celles des musulmanes.

Quand la Péninsulaire corrige ces petits défauts par des sélections heureuses de sang maure et de sang ibérien, elle acquiert une beauté à nulle autre pareille. J'ai vu de ces créatures réellement divines devant lesquelles on serait tenté de répandre des fleurs et de brûler des parfums comme devant les déesses de la Grèce.

Pour si belle que soit la Française, l'Anglaise ou l'Allemande, il lui manquera toujours l'œil admirable de l'Espagnole. L'Italienne seule pourrait rivaliser de beauté avec elle, si l'Italienne avait la douceur du regard de l'Andalouse ou même de la Madrilène.

En effet, quoique à Madrid on rencontre beaucoup jolies filles, ce n'est pas là qu'elles sont le plus répandues. Pour les voir nombreuses, il faut descendre plus au Sud, à Cordoue, à Séville, à Malaga, à Jerez, à Cadiz. L'Andalousie est l'écrin qui renferme les perles les plus belles et les plus nombreuses.

Là, une promenade dans les rues est une fête constante pour les yeux.

En France et Angleterre nous nous sommes fabriqué un type féminin duquel toute beauté doit se rapprocher. C'est une femme assez grande pour son sexe, assez large d'épaules, le cou et la taille petits et ronds, les hanches larges, les seins suffisamment volumineux, mais sans excès, le ventre peu proéminent, rond, le pied et la main longs et mignons. Les Keepsakes, les

Journaux de mode, les Revues, ont vulgarisé ce type parce qu'il se prête merveilleusement à la confection des vêtements qui doivent donner à la femme la tournure d'un guêpe.

Avouons tout de suite que ce genre de beauté est factice et un peu contre nature.

En effet, la femme a été mise au monde pour produire des enfants et par suite perpétuer la race. Il faut donc que son corps soit disposé et formé en vue de cette fonction. Le ventre, qui renferme la matrice, doit être ample pour permettre au fœtus de se développer largement. Or, avec un ventre gros, la taille disparaît. Elle se fond, en haut avec la poitrine, en bas avec l'abdomen. En Orient, la taille n'est marquée que par le développement des hanches, le creux de l'épine dorsale et la grosseur des seins.

L'Espagne, pays oriental, n'attache que peu d'importance à la taille de la femme. Son type de beauté est plutôt plantureux. Comme en Grèce, comme à Rome, comme en Afrique Septentrionale la *mujer* revêt un costume ample qui ondule autour d'elle, marquant la taille sans nuire en rien à sa destinée génératrice.

Dans la Péninsule et surtout dans le Sud, la femme svelte, telle que la représentent nos journaux de mode, n'attirerait même pas le regard du véritable hidalgo.

Elle n'est appréciée que par quelques Espagnols qui se sont parisianisés en France.

Bien entendu qu'il y a ici comme partout des femmes de toute taille et de toute corpulence. De la sylphyde à l'opulente orientale il existe heureusement mille échelons.

Comme couleur de chevelures, on sait que les blondes sont généralement filles du Nord, anglaises, écossaises, allemandes, danoises. Chez nous se trouvent surtout les cheveux châtains; en Espagne, on rencontre le plus souvent les cheveux noirs.

Chacune de ces colorations a son mérite et il serait téméraire et peut-être dangereux de dire que l'une l'emporte en beauté sur les autres. C'est affaire de goût.

Il est à remarquer que les carnations, qui sont blanches et rosées dans les pays germains, s'assombrissent à mesure qu'elles se rapprochent de l'équateur, c'est-à-dire du soleil. En Espagne, elles sont brunes et mates. Elles sont produites par des mélanges inégaux de sangs ibères et arabes. Nous avons dit qu'aux lumières artificielles elles s'éclaircissent et que, sous les feux électriques par exemple, l'Espagnole acquiert le maximum de beauté auquel elle puisse parvenir. C'est un vrai régal que de voir ruisseler ces flots de clarté bleutée sur des figures, des épaules et des bras nus parsemés d'étincelles diamantées ou de pierres fines.

A Madrid, à Barcelone, à Séville la mode de se rendre aux théâtres de Grand Opéra, en toilette de soirée, s'est encore conservée. C'est donc au *Teatro real* au *Liceo* ou à *San Fernando* les jours de gala, que l'on peut le mieux admirer les belles Madrilènes Catalanes ou Andalouses.

Malheureusement, comme beaucoup d'autres belles choses de jadis, cette mode du décolletage tend aussi à disparaître ici ; et, dans quelques années, elle ne sera plus qu'un souvenir des temps passés. Les vrais admirateurs du beau sexe la regretteront sûrement.

Les toilettes espagnoles sont plus surchargées d'ornements qu'en France. L'étoffe nue et d'une seule couleur est inconnue. Les ornements sont tissés ou imprimés. Les colorations sont très belles mais elles se fanent promptement au soleil. On n'a pas ici les mordants qui stabilisent la teinte, et c'est encore la France qui fournit à sa voisine les meilleures teintures fixes inaltérables jusqu'à l'usure.

Malgré les robes claires qu'on porte ici même en hiver, les rues et les promenades ne peuvent pas avoir l'aspect riant et gai que leur donnent nos dames avec leurs ombrelles multicolores et leurs chapeaux fleuris.

Exepté en Catalogne, la señora ne porte ni chapeau, ni ombrelle.

Le voile long en forme d'étole ou la mantille encadrent seuls les brunes figures des personnes du beau sexe. Quand il fait chaud, c'est l'éventail qui remplace l'ombrelle. La péninsulaire manie ce charmant joujou avec une grâce, une élégance, une dextérité inimitables.

Les dames aristocrates et les catalanes ont bien essayé d'introduire le chapeau et l'ombrelle, mais la plupart ne le portent qu'en voiture. Dans la rue, il n'y a guère que les Françaises et les Anglaises qui se les permettent. On les reconnait à cela et aussi à la manière de se relever leur jupe d'un pli savant qui modèle leurs formes. L'Espagnole préfère laisser traîner sa robe. C'est assurément beaucoup plus pudique, mais c'est quelquefois dégoûtant.

Faut-il dire que la dévotion est bien pour quelque chose dans le manque de coquetterie de la *mujer*.

Oui, elle est, en effet, dévote jusqu'à la superstition.

Elle couvre sa poitrine d'amulettes et de médailles de St-Jacques de Compostelle, de N.-D. del Pilar, ou de la Vierge de Lourdes. J'ai vu, en Andalousie, des femmes se prosterner et réciter leurs oraisons dans la rue la face tournée vers des images de saintes, enfermées derrière des vitrines.

Le remède habituel pour toutes les maladies des femmes est l'eau miraculeuse. Le médecin des dames qui gagne tant en France est inconnu ici.

La pratique religieuse pousse à la production des enfants. Les Espagnoles ne chôment guère. Elles accouchent tant qu'elles peuvent. Dans les quartiers populeux, il y plus de bambins que de pavés. Tout cela pullule, grouille, se bat, se vautre, rempli de santé, de gaieté et de poux. Cet âge est sans pitié a dit La Fontaine. En Espagne, le marmot est méchant et horriblement mal élevé : il crache partout, sur tout, fait toutes sortes de polissonneries, ne respecte ni Dieu ni Diable et il n'y a que les coups qui puissent l'assouplir.

Il faut dire ici une chose triste. L'Espagnole n'a pas conquis son indépendance. Elle n'est pas l'égale, que dis-je, la reine de l'homme, elle est son esclave et l'esclave du clergé. Cette sujétion lui donne je ne sais quelle allure de chienne obéissante et craintive.

C'est surtout en Catalogne et particulièrement à Barcelone, où l'influence du clergé est prépondérante que sa démarche est louche et que son regard manque de franchise. On dirait qu'elle met tous ses soins à cacher son âme. Jamais elle ne regarde en face. Sous l'œil de l'homme, elle baisse prestement la paupière. Si le hasard vient à réunir les rayons visuels, le sien s'éteint, l'éclair disparaît.

On me dit que chez elle la Catalane est charmante et que rien ne la distingue d'une très aimable Française. Je me plais à le croire. Pourtant l'habitude de constamment s'observer doit nuire à la grâce expansive de son attitude intérieure.

En Andalousie, le regard de la *mujer* est bien plus franc. Il est ou provocant ou naïf ; mais toujours très doux, c'est celui de l'esclave soumise. Dans sa maison, la Sévillane retrouve sa nature qui est enfantine et rieuse. Elle chante, elle danse et rit étourdiment ; elle est tout en dehors, toute expansion et tout amour. C'est la femme-enfant dans toute sa grâce juvénile. Ne lui demandez pas de prévoir, elle ne vit que par les yeux ; ce sont eux qui commandent à ses actes et qui dictent ses subites résolutions.

C'est un oiseau en cage, au chant joyeux, au brillant plumage.

Comme conséquence des mœurs que nous venons d'exposer ; il est bien certain que la *cocotte* cet être tout de grâce, de gentillesse et de parfum, n'existe pas ici. Il y a sans doute comme, dans les pays musulmans, des femmes qui servent à la satisfaction des plaisirs de l'homme. Comme à Alger, comme à Tunis, comme à Constantinople, les plus déchues habitent de sales quartiers fréquentés par le bas peuple et les matelots.

Elles apparaissent rangées en cercle autour de la porte d'entrée répondant à votre regard par ce signe de tête qui veut dire *oui* dans toutes les langues, vêtues de guenilles voyantes, bien peignées, et toujours prêtes à subir les exigences du mâle avec le sourire bête des danseuses de ventre ou des almées de bas étage.

Il y a bien aussi dans les grandes villes, le soir, sur

les trottoirs qui longent les beaux magasins bien éclairés, la sirène qui se vend. Elle est outrageusement blanchie à la crème Simon et à la veloutine. Sa toilette ne la distingue en rien des petites ouvrières qui passent à ses côtés en la dévisageant. Elle vous regarde bien en face, mais sans provocation. Elle est toujours suivie ou accompagnée d'une duègne, affreuse vieille vomie par l'enfer, qui peut passer pour une parente, mais qui n'est là que pour conclure l'*affaire*.

Les gens riches ou délicats ont pour leur usage des maisons de plaisir plus propres et même, dit-on, d'un luxe raffiné.

Mais la courtisane libre, qui fait en France la fortune des magasins à la mode; qui parade en souveraine aux loges de nos théâtres sélects; qui s'étale si langoureusement dans les landaus fleuris; cet être tout en dehors fait de caprice et de fantaisie; si bien habillé, si bien corseté; qui, d'un savant pli de robe sculpte tout son corps délicat et svelte; ce sylphe fait pour l'amour parfumé et passager; vous ne le trouverez qu'en France et surtout à Paris. Il y est institution; il a pour fonction sociale de plumer les *pigeons* du monde entier!

Nous venons d'esquisser longuement la *señora*, il nous faut maintenant dire quelques mots de son compagnon, le *caballero*.

Chez ce peuple étrange, les hommes sont surtout graves et dignes comme les Arabes. Enveloppés dans leurs *capas*, espèce de pèlerine descendant jusqu'aux genoux et dont ils rejettent sur l'épaule gauche un pan recouvert de velours éclatant, ils promènent deux à deux, rarement trois ensemble, très gravement, à l'orientale, environnés de morgue et d'un épais nuage de fumée de tabac.

Ce qu'ils fument, ces orientaux, est inconcevable. On fume ici en se levant, en déjeunant, en se promenant, dans les voitures, dans les omnibus, en tramways, dans les passages, les patios, les chambres, les corridors et les W.-C.!

Avec cet affreux vice, ils infectent tout, jusqu'à leurs théâtres les plus selects, jusqu'à leurs dames, qui, du reste, n'ont pas l'air d'y prêter la moindre attention.

En apparence, l'homme semble très peu se préoccuper de la femme, si peu que j'ai été profondément désillusionné. Sur la foi de Corneille et de Le Sage et même de Beaumarchais, je croyais l'Espagnol galant, empressé auprès du beau sexe ; je pensais que, de son côté, l'Espagnole était coquette, provocante, sûre d'elle-même. Eh bien ! non. Franchissez les Pyrénées, vous êtes en Orient : la femme esclave, l'homme infatué, gourmé, paresseux. C'est le couple lion et lionne. Le lion n'est pas galant, attentif, empressé, il pose pour la force, pour sa crinière, sa *cape* à lui. La lionne n'a pas de coquetterie câline de gentillesse ; elle attend qu'il plaise à la nature d'exiger l'application de ses lois. Voilà tout.

Voici une anecdote qui va donner la note des relations extérieures entre les deux sexes.

De la frontière à Madrid, je voyageais avec un couple Andalou qui revenait de Marseille.

L'Espagnol, devinant que j'étais Français, voulut tailler une bavette avec moi. Comme sa femme était assise à mon côté, il la fit tout simplement lever d'un geste et la rejeta assez peu galamment dans le coin opposé. Puis, il prit sa place et se mit à causer avec moi. L'entretien fini, il fit tranquillement accroupir sa femme sur la banquette ; et, s'étant couché entre ses jambes, sur son ventre, il s'endormit.

La pauvre femme n'osait bouger de peur de réveiller son seigneur et maître.

Deux autres Espagnols qui étaient présents n'ont pas protesté, cela leur a paru sans doute naturel, puisque l'autre était le mâle.

En constatant un tel sans-gêne on pourrait croire que c'étaient des gens du commun, des malappris de bas étage, il n'en est rien ; la dame était couverte de diamants et le couple voyageait par le Sud-Express.

Témoin d'un procédé si grossier entre des personnes d'une éducation suffisante, je me demandai ce que pouvaient être les rapports des deux sexes chez les gens du peuple et je frémis en évoquant dans mon esprit tant de situations douloureuses.

Il est juste de dire que tous les Espagnols ne se montrent pas aussi indifférents aux charmes des señoras. Dans la haute classe surtout on en rencontre de galants, de bien élevés et d'attentionnés. Ils ne diraient ni ne feraient une inconvenance devant une dame. Dans les tramways, le Péninsulaire assis cède immédiatement sa place à une personne du sexe qui n'en a pas trouvé et même à un vieillard qui se tient debout près du conducteur.

Dans les endroits publics, aux tables d'hôte, dans les salles des gares ou les salons d'hôtel, dans les casinos et les théâtres, on trouve des Espagnols qui rivalisent d'urbanité et de convenance avec les autres Européens du meilleur monde.

Toutefois, disons-le d'un trait. bien vite parce que nous voudrions, tant nous aimons nos voisins, que cela ne fût pas vrai, les gens bien élevés sont plus clairsemés en Espagne que chez nous

Et pourtant l'Espagnol possède la qualité maîtresse de la politesse : la bonté. Son obligeance est incroyable.

Comme je demandais à un de ces rêveurs qui se chauffent au soleil de m'indiquer un bureau de tabac pour mettre un timbre sur une lettre que je tenais à la main ; il m'accompagna jusqu'à la rue voisine, me fit coller le timbre par le buraliste et introduisit lui-même la lettre dans la boîte qui est en général, à l'intérieur du débit. On devine combien de : « gracias señor » j'ai dû prodiguer pour reconnaître de si aimables procédés.

La patience des Espagnols est parfois aussi grande que leur courtoisie. Je m'en suis surtout rendu compte au théâtre. Qu'une chanteuse fasse un *couac*, que le rideau tarde à se lever, qu'un prospectus mente affreusement et effrontément, qu'un personnage ridicule entre ou circule dans la salle, le vrai caballero ne s'émeut pas plus qu'il ne proteste,. il se contente de sourire avec finesse et bonté.

J'ai vu au *teatro-real* un entr'acte durer quarante-cinq minutes sans qu'il se soit élevé un cri d'indignation, sans que personne seulement ait paru s'apercevoir de cette incorrection.

Alors, malgré moi, bien malgré moi, j'ai eu l'audition du tapage que l'on eût fait en France si l'impresario se fût permis une telle impolitesse et la comparaison des deux peuples m'a laissé rêveur.

La patience masculine n'est pas toujours aussi grande.

Dans les choses passionnelles, par exemple, la colère est si rapide, si spontanée, qu'il est bien difficile que l'acte criminel ne la suive pas immédiatement. Un éclair dans les yeux et déjà le coup de couteau est donné.

Ce qu'on administre de coups de couteau en Espagne est inimaginable et..... pour des riens.

On tue ou on estropie un homme pour des vétilles. La répression est si bénigne qu'elle n'arrête personne. Il faudrait appliquer quelque temps ici la loi du talion « œil pour œil, dent pour dent », pour faire disparaître ces sauvageries.

Pour en finir avec les « caballeros », je rapporte une traduction du *Diario de Barcelona*, du 31 janvier :

« On a enfin mis à la scène au Théâtre Español, le drame *Electra* dont le but est de combattre le jésuitisme. A tous les actes on a fait des ovations aux acteurs. Quand l'un d'eux, parlant des couvents, s'est écrié : « Il faut les brûler! » le public s'est levé, et, debout, agitant ses mouchoirs il a crié : A bas le catholicisme, à bas les Jésuites, à bas les hypocrites, Vive la liberté !

« L'auteur de la pièce, Señor Galdos (Perès), a dû monter sur la scène un nombre inénarrable de fois.

« Cinq cents personnes l'ont accompagné à sa maison l'acclamant avec enthousiasme et l'obligeant à paraître au balcon. »

Eh bien! pour des Espagnols qui ne manifestent jamais, il me paraît que ce n'est pas mal. Il faut que depuis de longs siècles la patience de ce peuple ait été mise à une rude épreuve pour l'avoir forcé à sortir ainsi de son caractère. Et, de fait, la question abordée par Pérès Galdos, le sympathique auteur d'*Electra*, est la plus brûlante de l'Espagne.

Nous aurons plusieurs fois occasion d'y revenir.

Comme je causais avec mon jeune professeur de castillan, de cette terrible lèpre cléricale qui ronge la Péninsule.

— Monsieur, me dit-il, on fera sûrement un jour, en Espagne, une révolution comme la vôtre ! Voyez-vous, l'Espagnol est très patient, mais quand il se met en colère rien ne l'arrête.

— Si, répondis-je, quelqu'un l'arrêtera sûrement.

— Et qui ?

— La femme !

— Ah oui, j'oubliais. La femme ! le prêtre la domine et elle tient la maison, le mari, les enfants. Comment faire ?

— Commencez par l'éducation *laïque* de la femme.

CHAPITRE II

ORIGINES DU SANG ESPAGNOL. — L'occupation romaine. — MERIDA et ses ruines. — SEGOVIE et son acqueduc. — Les Visigoths et leurs monuments — Les Arabes et les Aryas. — La passion de l'ornementation. — Architecture des mosquées. — La cathédrale de CORDOUE. — Le chœur central. — Une nuit du ramadan à Cordoue. — GRENADE, l'albaïcin. — Origine de l'Alhambra. — Les chrétiens d'Andalousie implorent le secours d'Alphonse d'Aragon — Les Nazarites à Grenade. — Reconstruction du château fort. — Le commencement de la croisade chrétienne. — Grenade résiste. — Importance de Grenade avant la conquête chrétienne.

ARCHITECTURE ORIENTALE. — Cours, murailles d'enceinte. — Donjons-Souterrains.

CUARTO-REAL. — Le généralife. — Ses annexes. — Les forteresses arabes.

L'ALHAMBRA. — La Cour des myrtes. — Les Azulejos. — Chapiteaux. — Arcs et colonnettes. — Inscriptions arabes. — La cour des Lions. — Le bassin et la grande conque. — Le salon des Sœurs. — Le salle des Infantes. — La salle des Abencerrages. — La salle du Tribunal. — Les peintures arabes. — Ce qu'est en réalité l'architecture des Alhambras, Alcazars et autres châteaux-forts. — Camelote orientale.

LA POÉSIE ARABE. — Premiers temps littéraires. — La foire d'Ochaz en Arabie. — L'affichage est voté. — Les camps poétiques — Les cours d'amour. — Comment se transmettaient les ouvrages poétiques chez les Arabes. — Sémites — La Hamasa et le DIVAN. — Le Coran du Prophète. — Les nouveautés de Mahomet.

Je n'ai pas la moindre envie de faire ici une histoire de l'Espagne. Mon intention est de traiter dans ce chapitre quelques questions de littérature, d'art décoratif et d'architecture qui concernent l'ensemble du pays.

Mais, comme la poésie, l'ornementation et l'art de construire ont varié avec les époques historiques, il me faudra, bon gré mal gré, évoquer quelques souvenirs du passé

L'Espagnol d'aujourd'hui est le produit le plus mélangé qu'il y ait dans le bassin de la Méditerranée. Je n'irai pas jusqu'à dire qu'il a comme le Marseillais du sang de Phénicien dans les veines. Il est vrai que ces commerçants Asiatiques ont pénétré à l'intérieur de la presqu'ile, en remontant les fleuves, selon leur coutume, pour pratiquer leur trafic sur les deux rives. Il est vrai que tous les ports et toutes les criques de la mer intérieure étaient explorés par eux. Mais il y a trois mille ans de cela! Si donc la fantaisie leur a pris de s'allier aux belles filles Ibériennes ou Celtiques qui paraissent être des races autochtones de la Péninsule d'alors, les gouttes de sang qu'il ont laissées dans le pays sont joliment diluées aujourd'hui.

Quant aux Carthaginois, les trente-deux ans d'occupation des ports espagnols, deux cents ans avant Jésus Christ, ne seraient pas suffisants pour les faire compter parmi les ancêtres de la race espagnole, si, plus tard, l'invasion arabe n'avait apporté un nouvel appoint d'origine identique ;

L'apparition des Romains (205 av. J.-C.) aura une influence plus directe sur la race. Ce ne sont pourtant pas les SIX CENTS ans qu'ils ont séjourné en Espagne qui ont pu produire les résultats prodigieux que nous constatons de nos jours, aussi bien dans l'architecture que dans la langue nationale qui n'est que du latin à peine transformé.

Les Romains avaient une façon de coloniser qui devait résister au temps. Ils ne se substituaient pas à l'agriculteur vaincu, ils l'exploitaient. Ils lui laissaient sa terre; mais, en échange de leur protection, ils exigaient un tribut assez dur. Ce qui pourtant diminuait le poids de leurs exigences, c'est qu'une très grosse part de ces impositions forcées était dépensée sur les lieux mêmes en écoles obligatoires d'abord, ensuite en travaux d'utilité publique tels que routes, aqueducs, forteresses, viaducs, temples, ponts, cirques, roumachies, etc... Derrière l'armée romaine marchait toujours l'Administration avec le code latin. Sitôt après la conquête, les lois romaines étaient établies, et les tribunaux jugaient toutes contestations d'après le droit romain, écrit en latin. De plus, les requêtes, les suppliques, les affaires civiles quelconques devaient être rédigées dans la langue du vainqueur. .

La connaissance du latin devenait par ce fait obligatoire et les écoles étaient pleines. Avec ce système très simple il suffisait de moins d'une génération, c'est-à-dire d'une vingtaine d'années tout au plus, pour éteindre les dialectes locaux et établir définitivement le latin comme idiome national.

Pour éviter les révoltes on établissait des garnisons de légionnaires sur les hauteurs qui dominaient les routes tracées dans les vallées. Cela rappelait au peuple qui parcourait la campagne que le vainqueur était là pour le protéger s'il payait bien, pour le frapper s'il essayait de se soustraire à ses charges.

A part cela, l'esprit romain n'était pas tracassier. Il n'imposait ni sa religion, ni ses mœurs, ni sa manière de cultiver. Le colon Ibérien ou Celte était libre, s'il restait dans la limite des lois, de faire ce qu'il voulait pourvu qu'il s'acquittât régulièrement. Il conservait presque son autonomie puisqu'il gardait ses croyances religieuses, ses mœurs et ses méthodes agricoles. Le tribut n'était que le prix fixé pour sa sécurité. Encore, nous avons déjà dit que la plus grande partie de cette prime d'assurance était dépensée en travaux utiles à la colonie.

Mérida est de toutes les ville espagnoles celle qui contient les vestiges architecturaux les plus remarquables de la domination de Rome. Elle était située sur la route de Cadiz à Salamanque par Séville. Son importance devint si grande qu'on l'appela la Rome Espagnole. Les Romains en firent la capitale de la Lusitanie. S'il faut en croire les écrivains arabes, quelque peu amplificateurs, les murs de la cité avaient quatre-vingt-quatre portes, huit châteaux-forts et trois mille sept cents tours! Rien que ça!

Malheureusement les matériaux employés par les Romains pour édifier les monuments de Mérida étaient en granit tendre qui n'a que mal résisté aux intempéries. C'est ce qui fait que les travaux laissés par le vainqueur sont aujourd'hui en assez mauvais état.

C'est d'abord un pont sur la Guadiana dont les fondations seules sont romaines ; puis un reste d'aqueduc à trois étages qui a encore fort grand air malgré les flétrissures du temps ; puis, sur l'Albarregas, un autre pont romain de cent quarante mètres de long et suffisamment conservé ; puis, enfin, l'amphithéâtre, le cirque, le théâtre, la noumachie, l'arc de triomphe, le forum, qui sont des ruines presque informes, ce qui est regrettable au point de vue de l'art ; mais ce qui ne nous apprendrait pas grand chose de neuf sur la manière de concevoir et d'exécuter la bâtisse par les Romains.

L'aqueduc de Ségovie est certainement le plus important monument romain de l'Espagne et le mieux conservé. Il portait à la ville les eaux fraîches du *Rio Frio* qu'il allait prendre à seize kilomètres pour les verser dans des bassins de dépôt situés à à l'Est de la cité. Le Puente (le pont) commence à ces bassins. Il traverse une vallée de huit cent dix-huit mètres de long par cent dix arches dont le tiers à deux étages. Il n'y a ni ciment, ni crampons métalliques pour relier les blocs de granit lesquels sont simplement posés à plat.

En 409 de notre ère les Romains sont chassés de l'Espagne par les Visigoths dont la domination dura deux cents ans.

De cette période d'occupation, il reste les murailles de Tolède, la basilique de Baños dont les arcs ont déjà la forme de fer à cheval, initiale de l'arc oriental qui s'implanta dans l'architecture sous les Arabes envahisseurs.

Citons aussi, dans un village près d'Oviedo, deux églises construites sous le roi visigoth Ramire (813-850).

La période arabe commence en 734 où les Maures sont maîtres de toute l'Espagne; et se termine en 1492, à la prise de Grenade par Ferdinand et Isabelle. Elle a donc duré sept cent soixante ans environ. Elle a puissamment contribué à la formation de la race espagnole actuelle, surtout en Andalousie.

Le Maure n'apportait pas de bagage scientifique. Nous verrons que toute culture consistait en quelques chants plus ou moins poétiques, seul patrimoine intellectuel de tribus campées guerrières et turbulentes.

L'envahisseur trouvait sur le sol envahi une population pacifique instruite ; ayant, de la période romaine, des ponts, des aqueducs, des arènes, des routes, des enceintes fortifiées, des noumachies, des forteresses, etc.... L'époque visigothe, de son côté, avait marqué sa trace par des constructions de temples chrétiens et des institutions civiles libérales.

Qu'arriva-t-il ! Ce qui advient bien souvent dans des cas pareils : c'est que le conquérant est conquis à son tour par la civilisation qui l'environne.

L'Arya, dont le génie s'était développé dans les plaines de l'Aryavarta, par des conceptions religieuses grandioses, par la notion de l'éternité de l'âme, par des systèmes philosophiques aussi ingénieux que ceux qu'illustrèrent plus tard Alexandrie, avait déposé en Grèce, en Italie, en France et en Espagne les germes féconds qui devaient faire surgir successivement dans ces pays des civilisations grandioses. Rome avait apporté son contingent positif en emprisonnant dans les liens littéraires et scientifiques l'ardente imagination des peuples d'extrême-orient. Les Phéniciens, les Tyriens, les Carthaginois avaient à leur tour inculqué à ces peuples l'esprit d'entreprise et de commerce. Enfin les Visigoths par une sage administration avaient favorisé l'éclosion des semences déposées par les divers envahisseurs qui les avaient précédés en Espagne.

Dès qu'il ne fut plus nomade, le Maure s'assimila merveilleusement le bagage littéraire et scientifique du milieu où il était forcé de vivre. Il y apporta une qualité qui faisait partie de sa nature : l'amour effréné de l'ornementation et un défaut : la frénésie du plaisir.

Un siècle après la conquête, l'Arabe, avec son esprit ardent et les seuls souvenirs qu'il rapportait de Bysance, du Yemen et de la Syrie, avait créé une architecture qui lui était propre.

Bientôt il va mettre sa science à l'épreuve.

Il y avait à Cordoue, près de la boucle de Guadalquivir, une église chrétienne dont les Maures avaient laissé la possession et l'usage à leurs anciens adversaires. Elle s'appelait Saint-Vincent et se trouvait très près de l'ancien Alcazar ou forteresse relevée par Abderrhaman Ier, de la dynastie des Omniades. Le monarque l'acheta aux chrétiens pour y construire une mosquée (785) qui devait, dans sa pensée, remplacer pour les croyants espagnols le pèlerinage obligatoire à la Mecque.

La Zeca ou maison de Purification fut donc édifiée sur l'emplacement de Saint-Vincent et avec les colonnes qui avaient appartenu à l'église chrétienne. Mais bientôt le temple ne fut plus assez grand pour contenir la population de Cordoue qui augmentait périodiquement et celle des émigrants qui arrivaient de toutes les parties de la Syrie, de l'Arabie et de l'Afrique.

Abderrhaman II agrandit donc la Zéca au Sud (848).

Mahomed Ier réunit la mosquée à l'Alcazar par un souterrain.

Ce fut le calife Al-Hakem II qui la doubla presque.

L'empereur Grec de Bysance envoya des ouvriers et des pierres précieuses pour les mosaïques et les enchâssements.

Le dernier agrandissements fut l'œuvre du calife Hicham II.

Telle qu'elle est actuellement, l'ancienne mosquée, devenue la cathédrale de Cordoue, se compose d'un *patio de los Naranjos* (cour des Orangers) et de l'église qui repose sur six cent soixante colonnes. Sensiblement vers le milieu, quelques colonnes ont été enlevées pour constituer un chœur central placé en face d'une chapelle principale. C'est là un arrangement ordinaire en Espagne et que nous retrouverons dans la cathédrale de Séville.

Toutes les mosquées exécutées par les Arabes doivent avoir les éléments suivants :

1º Un atrium ou patio, c'est-à-dire une cour où se trouvaient les fontaines à toiture pour les ablutions ;

2º Une petite chapelle couverte en voûte appelée mihrao ;

3º Un minaret ou *almiimbar*, où tous les vendredis on récite l'oraison pour le chef des croyants, roi, sultan ou calife. Plus tard le minaret devint une simple tour au dessus de laquelle le muezzin annonçait l'heure des prières. Les minarets étaient d'autant plus nombreux que la mosquée était plus grande ;

4º Une chaire avec des sièges pour les lecteurs. Une muraille clôturait tout le sanctuaire et l'atrium ou patio. Du côté de la cour, le sanctuaire n'était pas fermé. En faisant ses ablutions, le croyant pouvait contempler les files de colonnes.

Qu'on se figure maintenant la mosquée de Cordoue illuminée pour célébrer la nuit du Vendredi saint, pendant le Ramadan. Des milliers de lampes et de candélabres éclairent les avenues de colonnes, les arceaux et les murs, formant de merveilleux jeux de lumière, faisant fulgurer les mosaïques de verres de lapis lazuli et autres pierres précieuses apportées de Bysance. Les *azulejos* des voûtes et des murs jettent des éclairs métalliques. On dirait d'admirables tapis de Perse d'une éblouissante richesse de tonalités. De toutes parts flottent des étendards musulmans en l'honneur des victoires remportées par les croyants sur les Juifs et les Chrétiens, marquant la suprématie de l'Islam sur l'ancien et le nouveau Testament. Les *almuedanos* montent au sommet de leur galeries et entonnent le *Selam* ou Salut du Prophète. Entre les colonnades, agenouillés, prosternés, sont les fidèles vêtus de vêtements d'une blancheur éclatante. Ils ont la tête couverte d'un voile blanc qui ne laisse apparaître que les yeux.

C'est la nuit de la grande prédication. Le *Jatib*, tenant à la main l'épée qui symbolise la puissance de l'Islam, monte à la tribune et lance dans l'auditoire ces paroles enflammées :

« Qu'Allah soit loué, que l'Islam soit glorifié par
« l'épée du champion de la foi qui, dans son livre
« saint, a promis au croyant protection et victoire.
« Qu'Allah, répande ses bienfaits sur les Mondes ! S'il
« n'excitait pas les hommes à s'armer les uns contre
« les autres, la terre se corromprait. Allah a ordonné
« de lutter contre les peuples jusqu'à ce qu'ils sachent
« tous qu'il y a un Dieu. La flamme de la guerre ne
« s'éteindra pas avant la fin du monde. La béné-
« diction divine tombera sur les crinières des casques
« jusqu'au jour du jugement. Que vous soyez complè-
« tement armés ou armés seulement à la légère, levez-
« vous et marchez, ô croyants ! Qu'adviendrait-il de
« vous, si, quand vous serez appelés au combat, vous
« baissiez la tête vers la terre ! Préféreriez-vous la vie
« de ce monde à la vie future ? Croyez-moi, les portes
« du paradis sont à l'ombre des épées ! Celui qui meurt
« dans le combat pour la cause de Dieu purifie ses
« péchés dans le sang répandu. Son corps ne sera pas
« lavé comme celui des autres, parce que ses blessu-
« res sentiront le musc le jour du jugement. Quand
« on appellera les guerriers à la porte du paradis, une
« voix intérieure criera : — « Où est le compte de vo-
« tre vie ? » Et eux répondront : « N'avous-nous pas
« tenu l'épée pour la cause de Dieu ? » Les portes éter-
« nelles s'ouvriront et les guerriers rentreront qua-
« rante ans avant les autres hommes. Debout, donc,
« croyants ! Abandonnez vos femmes, vos enfants,
« vos frères et vos biens et partez pour la guerre
« sainte !..... »

Après la chute de Rodrigue, roi des Goths, les Arabes envahisseurs parcoururent la péninsule, à la recherche d'une contrée favorable pour se fixer. Les Syriens du Liban s'établirent dans les vallées du Génil et du Darro parce que ce pays leur rappelait les plaines de Damas. Les sommets neigeux de la Sierra

Nevada étaient semblables à ceux du Liban. Comme dans leur pays d'origine, les neiges, en se fondant, durant les grosses chaleurs de l'été, rafraîchiraient les eaux des ruisseaux descendants.

Grenade existait déjà. Elle occupait, sur la droite du Daro, l'emplacement de ce qu'on appelle aujourd'hui l'Albaïcin. La ville était très prospère. Elle était habitée par des Juifs et des Chrétiens.

Elle était dominée, de l'autre côté de la rivière, par une montagne partagée en deux parties par une vallée. De certains points de la plaine ces éminences ressemblaient à deux moitiés de grenade. Il est probable que c'est cette apparence qui a fourni le nom de la cité.

Les Syriens bâtirent leur première forteresse sur la moitié de grenade du Nord qui est la plus élevée. Le château-fort commandait donc la ville dont il n'était séparé que par la vallée du Darro. Les pierres que l'on employa à la construction devaient être mélangées d'oxydes ferrugineux. Sous les feux du soleil levant, le matin, cette rouille s'illuminait de teintes rouges, et la forteresse paraissait embrasée. Il est donc naturel que les habitants du pays l'aient appelée tout d'abord le Château-Rouge ou Alhambra.

L'Alhambra eut des destinées diverses. Comme le pays était en guerre continuelle, la forteresse changeait souvent de maîtres. Tantôt elle appartenait aux arabes, tantôt à leurs adversaires.

Elle finit, dans ces querelles continuelles, par être démantelée.

Les Chrétiens, qui souffraient de la domination des Maures, fatigués d'ailleurs des guerres qui ne cessaient d'ensanglanter la contrée, blessés aussi par les exigences des Almoravides dont la dynastie s'était établie aux pieds de la Sierra Nevada et s'étendait de plus en plus dans la plaine ; les Chrétiens, dis-je, envoyèrent une délégation secrète au roi d'Aragon pour l'inciter à venir entreprendre la conquête du Midi de l'Espagne.

Ibn-el-Jatib raconte que, dans le message qu'ils lui envoyèrent, ils lui dépeignaient toute les attractions de Grenade et en faisaient le plus beau site du monde.

Ils lui parlaient de ses immenses prairies, de ses céréales, de son lin, de l'abondance de la soie qu'on y
recueillait, des fruits savoureux de la terre, du vin,
de l'huile, etc... Ils vantaient ses nombreuses fontaines et ses ruisseaux torrentueux. Enfin, ils faisaient
mention du château-fort, de cet Alcazar ou Alhambra
qui, une fois pris, tiendrait longtemps en respect les
Maures vaincus.

Alphonse Ier, roi d'Aragon, fut alléché par l'appât
qu'on lui tendait. Il vint, en effet, en 1125, mettre le
siège devant Grenade et il campa dans la plaine pendant dix jours.

Des circonstances défavorables l'obligèrent à se retirer.

Grenade avait sa destinée. Elle devait tomber la
dernière au pouvoir des chrétiens. Pendant plus de
deux siècles et demi elle devait servir de boulevard et
de point d'appui à la résistance de l'Islam. Ce fut
Mohamed Ier, de la dynastie des Nazarites, qui eut la
gloire de conserver la ville qui était devenue le siège
de son califat et d'organiser la résistance.

Naturellement, il reconstruisit la forteresse, l'agrandit et ajouta de nombreux ouvrages de défense qui
devaient la rendre imprenable. En 1238, il avait fondé
un royaume arabe qui s'étendait des contreforts de la
Sierra Névada jusqu'à Malaga. C'est contre ce petit
royaume que vinrent échouer, pendant deux cent cinquante ans, toutes les croisades chrétiennes qui étaient
victorieuses sur tous les autres points de la Péninsule.
Vers Grenade accoururent donc les croyants que
Jeanne d'Aragon et Ferdinand de Castille chassaient
de toutes les villes mauresques tombées aux mains
des armées alliées. Séville, Cordoue, Valence, Jaen
avaient perdu leur automonie. Mohamed offrit, à Grenade, un asile à ses compatriotes et coréligionnaires.
Vers lui accoururent tous ceux d'entre les Arabes qui
avaient l'esprit industrieux, la bourse bien garnie et
l'indépendance dans l'âme.

C'est en utilisant les éléments de force qui lui arrivaient ainsi que les Nazarites purent organiser une

résistance acharnée qui n'aurait jamais pu être vaincue si les dissenssions ne s'étaient pas mises parmi les musulmans. Mais nous n'en sommes pas encore là.

Grenade ville avait déjà cinq cent mille habitants. Elle possédait des palais, des écoles, des mosquées, des hôpitaux, des bains publics et des bourses de commerce. La campagne se peuplait aussi comme par enchantement. Partout de riches prairies. La terre arable fournissait des cerisiers, des noyers, des abricotiers, des figuiers, des coignassiers, sans compter les olives et les raisins. De tous côtés on ne voyait que jardins cultivés qui abritaient de jolies villas sous leurs frondaisons. Chacune de ces demeures champêtres avait sa fontaine, ses rosiers et ses myrtes. Quoique disséminées, elles étaient très nombreuses. Un auteur arabe dit que si on les eut réunies elles auraient formé une nouvelle Grenade aussi peuplée que celle qui vivait sous la protection de l'Alhambra.

Grenade parvint, sous le Nazarite Abul-Hagiag (1333-1354), à l'apogée de sa puissance et de son développement agricole, scientifique, mercantil et intellectuel.

Son éclat éclipsa celui de Cordoue au moment de sa splendeur.

Naturellement, l'architecture, cette branche d'art qui s'adapte si bien au caractère et au génie de ce peuple, prit un essor grandiose qui donna le jour à cette merveille des merveilles dont on peut encore admirer les restes dans l'Alhambra actuel

Il ne faut pas concevoir l'Alhambra comme nos palais Français, le Luxembourg, par exemple : une bâtisse unique et un jardin qui l'entoure plus ou moins.

La manière orientale est totalement différente.

Elle consiste en une suite de cours, entourées chacune d'appartements, et communiquant entre elles par des couloirs ou même des souterrains.

Chaque cour, ou patio, forme par le fait un palais.

Ces différents palais sont établis sur le sol, selon

des angles pleins de caprice, sans tenir compte de la régularité des façades. Il n'y a pas de façades dans les résidences arabes, il n'y a qu'un mur qui entoure les constructions. La vie y est intérieure comme en Orient.

Quand un appartement était devenu trop restreint, on créait un nouveau patio que l'on ajoutait du côté où il devait être le plus utile ou le plus commode, sans tenir aucun compte de la régularité.

Toutes ces cours, avec les logements qui les entouraient, étaient cernées, à une distance variable, d'une forte muraille d'enceinte, laissant l'emplacement du jardin d'agrément ainsi que des potagers et des vergers. La muraille était défensive, c'est-à-dire qu'elle était munie d'une série de tours et dé créneaux d'où les combattants pouvaient envoyer des projectiles ou des liquides brûlants à leurs ennemis, lorsque ceux-ci tentaient l'assaut. Les portes d'entrée de ces enceintes étaient aussi fortifiées.

Outre cette muraillle, l'Alhambra avait sa forteresse qui était située sur la pointe de la colline qui dominait l'Albaïein. Il y avait aussi la résidence du prince ou calife, laquelle était encore protégée par un donjon. Ordinairement, le donjon communiquait par des souterrains avec des villas princières, disséminées dans le voisinage. A l'alhambra, les souterrains aboutissaient au Généralife et ce dernier château était lui-même relié, par des chemins couverts, à d'autres villas qui servaient de résidence aux califes pendant le mois de Ramadan, ou à l'époque des grosses chaleurs de l'été. En ce temps de guerre continuelle, ces couloirs invisibles permettaient aux princes d'échapper à l'ennemi alors que le donjon était pris.

Actuellement, la plupart de ces constructions sont en ruine. Il reste cependant encore, près du couvent de Santo-Domingo, une de ces villas, appelée Cuarto-Real, où l'on peut encore admirer une salle remplie de mosaïques de l'époque. Charles-Quint n'hésita pas, lui aussi, à sacrifier une partie du palais Maure, pour édifier une construction à moitié encastrée dans l'Alhambra.

Le castel du Généralife ne paraît pas être contemporain des Nazarides, car une inscription déclare que c'est en 1319 qu'il a été restauré ou édifié.

Par une porte pratiquée dans les murailles de l'Alhambra, on pénétrait dans les jardins du Généralife. C'était un palais pas aussi grand que le *Château-Rouge Alhambra*, mais ses jardins possédaient beaucoup d'eaux qu'on utilisait en arrosages pour les orangers. Elles alimentaient aussi les services domestiques. Elles se réunissaient dans un bassin situé dans la partie la plus haute. De là, on pouvait les diriger vers les emplois utiles ou bien les faire cascader sur des marches de marbre, pour le plus grand plaisir des habitants du palais.

On pénètre d'abord dans une cour plantée de myrtes et d'orangers, où l'on voit un portique de dix-huit arches ogivales. Un peu plus loin on peut parcourir quelques salles, dont l'une renferme les portraits des marquis de Grenade et celui du fameux Boabdil, le dernier roi Arabe.

La visite de ce château n'offre d'ailleurs que peu d'intérêt, à cause de l'état de délabrement où se trouvent tous les restes antiques.

En sortant du Généralife du temps des rois Maures, on pénétrait dans les superbes jardins du palais des Alijares et de là dans ceux de la villa Santa-Elena. Il reste peu de chose de ces vieilles maisons de plaisance et des plantations qui les entouraient, parce que les aqueducs étant depuis longtemps rompus, la végétation a presque complètement disparu.

Il existait ainsi des forteresses arabes dans presque toutes les villes mauresques. Il y en avait à Malaga, à Tarifa, à Almunécar, à Gaucin, à Loja, à Jativa, à Alméria, et à Murviedo; mais tous ces châteaux sont aujourd'hui plus ou moins ruinés.

Chacun contenait : le palais ou résidence du chef militaire, le logement des employés supérieurs d'administration, une mosquée, des casernes et des arsenaux ou dépôts d'armes.

Le mieux conservé est sans contredit l'Alhambra.

Les matériaux employés pour sa construction sont, tantôt des pierres de taille et des briques, et tantôt des torchis mêlés à des graviers et à de la terre détrempée.

Les deux parties que le temps a le mieux respectées appartiennent à deux palais presque juxtaposés, caractérisés par le *patio des Myrtes* et *celui des Lions*.

Le premier est attribué à Abul-Hagag. On y entrait par une porte au Midi qu'a masquée le palais construit par Charles-Quint.

Dès qu'on pénètre dans la cour, on est saisi par l'harmonie qui résulte d'un ensemble ornemental tout à fait original.

Le carrelage du sol est formé par des dalles de marbre blanc. Tout le bas des murs, jusqu'à une hauteur de quatre pieds, est revêtu *d'azulejos* aux vives couleurs et aux reflets métalliques caractéristiques de l'époque. Au-dessus est étendue une couche de stuc qui arrive jusqu'à une galerie soutenue par de sveltes colonnettes de marbre du plus gracieux effet. Des arcs semi-circulaires partent de l'entablement ou des chapiteaux des colonnes, soutenant quelquefois deux galeries superposées. A remarquer l'inscription arabe : « Il n'y a pas d'autre conquérant que Dieu ! » perdue dans l'ornementation.

Des niches sont pratiquées dans les parois. Elles contenaient des vases appelés *alcarazas* qui étaient remplis d'eau fraîche

Sur les murs, autour des colonnes, sur les arcs des voûtes, dans les niches, partout enfin, on a prodigué les marbres, les *azulejos*, les peintures et ornements avec un tel luxe et une si grande entente des nuances, que la pièce paraît tendue de tapis de Perse aux dessins variés et aux superbes coloris. Au milieu de ces ornements se lisent beaucoup d'inscriptions qui serpentent sur les frises et jusques sur les arcs des voûtes. Les lettres de ces inscriptions imitent à tel point les ornements des briquettes émaillées, qu'il faut la plus grande attention pour les remarquer.

Du côté nord de la cour des Myrtes se trouve la forte tour appelée Comares, parce que les habitants de cette localité, située près de Malaga, avaient reçu la charge de la garder et de la défendre.

De la cour des Myrtes on passe dans celle des Lions.

Pour en concevoir toute la beauté, il faut se reporter par la pensée à ce qu'était le patio à l'époque de sa splendeur, quand les ors, les *azulejos* et les peintures resplendissaient dans toute leur fraîcheur.

Au milieu se trouve une grande conque de marbre soutenue par douze lions, en marbre aussi, qui rejetaient par la bouche les eaux reçues par des tubes intérieurs. La cour est entourée d'une colonnade de colonnettes fluettes soutenant une galerie et formant, aux extrémités, de petits pavillons coiffés d'une coupole de bois ajouré. Au reste, l'ornementation et la disposition générale ressemblent tout à fait à celles de la cour des Myrtes.

Au nord du patio des lions, se trouve la perle du palais : « le Salon des Sœurs ». Les portes de cèdre qui y donnent accès sont les œuvres d'art les plus parfaites qui existent en ce genre. La pièce est revêtue des mêmes décorations céramiques, peut être encore plus riches et plus fastueuses.

On pénètre ensuite dans la salle des Infantes, dont la fontaine est entourée de citronniers. Il est impossible de trouver un endroit plus solitaire et plus agréable et une lumière tamisée plus douce.

On peut demander à voir aussi la salle des Abencerrages qui est moins bien conservée.

Par une ouverture pratiquée dans le mur de l'Est, on passe dans la salle du Tribunal dont l'architecture, riche et pittoresque, produit toujours une forte impression.

Ici, nous trouvons des peintures représentant deux rois Maures, des Arabes faisant l'amour, une dame qui a enchaîné un lion ; un émule de saint Michel qui défend une señora contre les attaques d'un monstre à figure humaine, une musulmane encourageant d'un sourire un arabe à percer de sa lance un chrétien, enfin des cavaliers combattant des lions et des ours.

On voit là que la défense de reproduire en images la figure humaine n'est basée sur aucun fondement. Le coran est muet à cet égard. C'est Moïse qui fit cette défense pour empêcher son peuple d'adorer les images taillées ou peintes.

Essayerons-nous d'analyser les sensations trop complexes et très fortes que l'on éprouve quand on pénètre dans ces palais, alcazars ou alhambras.

Il y a tout d'abord une grande part à faire à l'étonnement.

Cette architecture est étrange. Elle a été imposée par le climat et s'y est développée tout d'une pièce. On ne connaît pas, dans nos pays froids, cette ornementation si différente de celle de nos intérieurs et obtenue avec de si simples moyens : plaques de marbre, *azulejos* et plâtre ou bois travaillé et peint. On craint que ces colonnes fluettes s'écrasent sous le poids des arcs soutenant d'énormes galeries. On est peu habitué à ces coupoles filigranées qui laissent tamiser une lumière douce et rafraîchissante. On n'a pas idée de cette nudité absolue des murs et de cette absence complète de mobilier. Des tapis, des coussins, un point et c'est tout. Actuellement, il n'y a pas même cela.

Un examen plus sérieux amène la critique. Les murs sont mal bâtis et d'une épaisseur peu proportionnée à leur usage. Il est vrai qu'en revanche ils empêchent la chaleur et le froid de pénétrer trop facilement. L'emploi presque exclusif des *azulejos* semble plutôt fait pour frapper les yeux des visiteurs que pour constituer une ornementation ayant une valeur propre. Ces petits carrés de terre cuite, émaillés et peints, se fabriquaient sur les lieux. Les assemblages sont seuls artistiques, par le choix des dessins et des nuances. Certes, la colonnette est charmante elle aussi, mais elle ne paraît pas capable de supporter son énorme fardeau. Elle le peut cependant, car ce fardeau est en réalité bien léger. Il est formé par de minces planchettes de bois, recouvertes de stuc..... Une grenouille qui veut être aussi grosse qu'un bœuf! Et que dite de ces douze lions qui ressemblent à toutes les bêtes que l'on voudra ! Et cette immense conque qui les écrase inutilement. Tout cela manque à la fois de science d'esthétique et d'harmonie.

Quand on constate ces pauvretés architecturales, on se demande si l'on est en présence d'un art sérieux, dont les premières conditions sont la stabilité, la durée et la beauté de la forme ; et si les Arabes ne se sont pas..... moqués du public.

Non. Leur intention n'a pas certainement été telle, mais ils aimaient le *far niente*, avaient du poil à la paume des mains et les ongles longs..... et pourtant, comme ils étaient orgueilleux, ils voulaient donner d'eux une bonne opinion et satisfaire leur vanité à rien ne coûte. Alors ils ont fiévreusement élevé leurs monuments comme les enfants fabriquent leurs bonshommes de neige, par un labeur commun, énergique, mais instantané, auquel succède la contemplation qui dure aussi longtemps que l'œuvre.

Maintenant disons quelques mots de la poésie Arabe, genre dans lequel les Maures ont excellé.

Il est bien certain que les impressions poétiques des Sémites, avant leur conversion à l'Islamisme, ne pouvaient être que l'écho de leurs mœurs pastorales nomades et guerrières.

Voici un des rares échantillons qui nous soit resté de cette époque primitive.

« — Je suis le héros Marhab.— Que Chaïbar célèbre.
« — Je suis armé d'armes invincibles — et valeureux
« jusqu'à la mort. »
Son adversaire, Ali, répond :
« — Ma mère m'a appelé Lion — et je prouverai que
« je le suis. — Avec mon épée, je donnerai la mesure
« — de ce courage que tu vas éprouver. »
C'est un défi. Il est pareil à celui de David contre Goliath et bien dans le caractère outrancier des Sémites, car le héros Marhab est décapité d'un seul coup de l'épée d'Ali.

Pour trouver une forme moins brutale et plus littéraire de la poésie arabe, il faut nous reporter à cent ans environ avant Mahomet.

C'est le temps de la grande foire d'Ochaz qui se tenait sous les palmiers, à trois journées de la Mecque. Dans ses bois venaient se réunir toutes les tribus arabes. La foire durait trois mois, pendant lesquels il était défendu de verser le sang. C'était une trève où toutes les colères et toutes les vengeances demeuraient suspendues.

Devant cette assemblée, où chaque tribu avait ses représentants, les poètes déposaient provisoirement leurs armes et venaient chanter leurs vers. Quand l'auditoire était satisfait, leurs compositions étaient écrites sur des morceaux de soie blanche et affichés sur les murs de la forteresse.

Il existe encore sept chants de cette époque. Ils indiquent un souci plus grand de la facture et une tendance à l'unité de la composition.

Sur d'autres points de la Péninsule Arabique, il s'établissait, aux époques de foire, en champ clos, où chaque tribu disputait la prééminence aux autres au moyen des chants de leurs poètes favoris.

Lorsque, dans une famille, quelque membre montrait des dispositions poétiques, tous le félicitaient. On organisait des fêtes en son honneur, pendant lesquelles les femmes venaient, au son des tambourins, proclamer la joie de la tribu de laquelle un poète pourrait désormais transmettre les hauts faits à la prospérité.

En ces temps nomades la vaillance était regardée comme la qualité principale d'un homme. C'était donc le courage guerrier qui faisait l'objet de tous les entretiens. Mais pouvait-on séparer la valeur de l'amour? Le poète n'avait dès lors à développer que ces deux thèmes. Sa composition était apprise par cœur, transmise oralement de génération en génération, comme faisaient les juifs pour les versets de l'ancien testament.

Au reste, Israélites, Syriens et Arabes étaient de même race sémitique, et l'on retrouve les mêmes mœurs chez ces trois peuples. On sait que, chez les

Juifs, le « voyant » était le directeur intellectuel, l'avocat, le conseiller de la tribu. Moïse, qui était bègue,
n'avait pu complètement remplir ce rôle. Il avait donc
pris son frère Aaron pour *porte-parole*, ou prophète,
et c'était par lui qu'il transmettait ses ordres à son
peuple. Le pouvoir qu'acquérait le poète auprès de
ses frères était infini et il n'était limité que par sa
propre ambition.

Les points traités dans les compositions primitives
qui suivent ces temps sont encore peu variés : le désert, la nuit et le jour, le cheval et le chameau, com-
pagnons de fatigue, la rencontre des tribus errantes,
les armes, le printemps, l'hospitalité, la vaillance, les
faits d'armes glorieux, enfin l'amour qu'il ne faut jamais séparer de la poésie.

La Hamasa et le Divan sont deux collections plus
récentes où l'on rencontre des chants de guerre, des
hymnes funèbres, des vers érotiques ou bachiques.
Comme on le voit, le champ embrassé par la poésie
tend à s'élargir de plus en plus. La pensée gagne en
profondeur et en énergie. On rencontre des expressions
et des images comme celles-ci : *Les cœurs sont émus
et troublés, la colère qui se calme dans le sang et
qui brûle comme un volcan, le bonheur d'être libre
et indépendant, le sacrifice de la vie pour la tribu,
le souvenir chéri des vertus des parents décédés, la
vengeance qu'exige le sang versé.* Ce sont là paroles
et figures qui annonçaient que la civilisation arabe
avait fait une grande évolution. Malheureusement, elle
ne pouvait pas ouvrir les ailes, s'emparer du temps et
de l'espace elle restait cantonnée par tradition dans les
mœurs locales de la tribu.

Pourtant elle était déjà assez développée pour recevoir le plus beau des recueils lyriques, un livre d'im-
provisation religieuse hors de pair, qui devait servir
de base aux croyances d'une partie de l'humanité. Je
veux parler du *Coran*.

Le livre du prophète fait un pas de géant dans l'art
poétique. Il brise les traditions locales et particulières
de la maison, de la tribu et même de la terre. Il envi-

sage les temps futurs et les destinées humaines ! D'un coup d'aile inspiré, il annonce que le jour du jugement est proche. La terre va se dissoudre, les montagnes seront réduites en poudre, les flots de la mer se changeront en flammes, les cieux s'éloigneront et le livre du destin sera ouvert ! Alors sonneront les trompettes du jugement et les infidèles seront précipités dans *l'enfer.*

Et Dieu criera à l'enfer :

— Es-tu plein ?

Et l'enfer répondra :

— Non. Tu as encore les plus impies qu'il me faut dévorer !

Quant aux fidèles, ils se fixeront pour l'éternité dans un jardin délicieux, ombragé et riche en fruits exquis.

Ils seront vêtus de robes de soie verte ; ils boiront le vin qui n'énivre pas dans les vases de cristal et ils jouiront à satiété des charmes des vierges divines aux grands yeux noirs.

CHAPITRE III

« En Espagne, nous sommes tous des voleurs », me disait, un jour, mon jeune professeur de castillan.

J'ai pris cette boutade pour un accès d'humour, excusable chez un catalan dont le cœur est français.

D'ailleurs, sous cette forme absolue, l'affirmation

ne peut être vraie. Certainement, il y a en Espagne comme ailleurs de fort honnêtes gens, incapables de s'approprier le bien d'autrui. Ce qui est la vérité, c'est qu'il y en a peut-être ici relativement moins que dans les pays qui sont à la tête de la civilisation.

D'où vient qu'il existe tant de voleurs en Espagne? Un fait pareil doit avoir une cause. Il en a plus d'une.

D'abord n'avez-vous pas remarqué que l'enfant ne fait aucune distinction entre le tien et le mien? Il s'empare de ce qui lui fait plaisir avec un sans-gêne et une désinvolture qui nous font rire quand il est petit, qui nous inquiètent quand il est plus grand et qui nous alarment quand il a atteint l'âge de la responsabilité?

Cet âge où la culpabilité devient réelle, absolue, l'Espagnol l'atteint-il jamais? Il est permis d'en douter.

S'il est du peuple, son ignorance est absolue, ses notions morales rudimentaires, et, par suite, son sens moral très peu développé. L'éducation religieuse qu'il reçoit est tout à fait insuffisante pour graver en lui les lois de l'honnêteté vulgaire.

C'est d'ailleurs un impulsif, affamé de bien-être, avide de plaisir et d'un égoïsme absolu.

Jusqu'à l'âge d'homme, qu'il ait vécu à la campagne ou à la ville, surtout à la ville, il n'a écouté aucun conseil ni de ses pasteurs, ni de ses parents, ni des personnes qui s'intéressent à lui. Il a vécu ainsi, entouré d'exemples pernicieux, comme un petit sauvage dans sa tribu d'indiens. La crainte de la prison sera seule désormais capable de dominer les instincts de vol qui sont en lui. Et cette prison, en Espagne, est presque illusoire. Les condamnations sont plus que paternelles.

S'il appartient à une classe plus élevée, le sentiment moral se sera un peu plus développé grâce à son instruction et à la connaissance qu'on lui aura inculquée de la nécessité de la propriété personnelles dans nos sociétés modernes. Sa famille propriétaire, ses amis possesseurs de bien, la certitude qu'il a qu'un jour la fortune sera dans ses propres mains: tout cela l'incite à conserver et à défendre des richesses qui seront à lui ; et. par suite, à regarder avec des yeux de haine tout individu qui cherchera à dérober.

Pour amener celui-ci à s'emparer du bien d'autrui, il faudra que l'amour, l'ambition, le jeu, la misère en quelque catastrophe intellectuelle, ait oblitéré chez lui les sentiments d'ordre de justice, et d'équité qu'il avait puisés dans son milieu.

Or, comme fatalement à une époque déterminée, tôt ou tard, les passions dont nous avons parlé viennent s'abattre sur l'homme il y aura bien des chances qu'il succombe, même s'il est instruit, s'il ne possède en même temps une âme fortement trempée et des principes très nets sur les choses qui touchent la propriété.

Et puis, il faut aussi tenir compte de la race. Les Arabes, depuis que le monde est monde, ont toujours été des pillards, des corsaires, ou des voleurs. On n'a qu'à lire la *Bible*, les histoires de l'Assyrie, de l'Arabie, de la Phénicie. de Carthage, de l'Algérie et du Maroc, pour se convaincre qu'une des grandes ressources de ces tribus turbulentes et guerrières provient du pillage à main armée, pratiqué périodiquement, après la moisson.

Qu'on me permette de raconter ici une historiette qui donnera, je l'espère, la manière en quelque sorte artistique, dont le vol était déjà compris en l'an 1078 de notre ère chez les Arabes andalous.

C'était pendant le règne de Al-Motadid, ce monarque poète de Séville, qui a eu des aventures si étranges.

Les environs de la capitale andalouse étaient alors infestés par un célèbre voleur, connu dans le peuple, sous l'appellation de *Faucon Noir*. On racontait sur lui et sur l'audace de ses vols des choses extraordinaires.

Al-Motadid le fit saisir par ses alguazils et attacher par le bourreau sur une croix qu'il fit placer à un carrefour très fréquenté, afin de servir d'exemple à son peuple.

Pendant qu'il était ainsi suspendu sur sa croix, sa femme et sa fille vinrent pleurer près de lui se plaignant de ce qu'il allait les laisser, par sa mort, seules et désormais sans ressources. Le Faucon Noir était touché de leur infortune, plus que de ses propres souf-frances.

En ce moment passait un villageois juché sur une belle mule et portant en croupe un gros ballot de vête-ments.

« Eh ! compagnon, lui dit le Faucon Noir, regarde quel triste sort est le mien ! Tu vois ce puits qui est là-bas ? Quand les alguazils m'ont saisi, j'ai jeté de-dans cent écus d'or. Tu pourrais facilement aller les chercher. Pendant ce temps, ma fille et ma femme te garderaient ta mule. Nous partagerions la somme. »

Le villageois ébloui d'une telle aubaine accepte, descend dans le puits et quand il est au fond, la femme du bandit coupe la corde pour l'empêcher de remon-ter. Puis, précipitamment avec sa fille, elles enfour-chent la mule et s'enfuient aussitôt.

C'était justement l'heure de la sieste et personne ne pouvait entendre les cris que le villageois poussait dans son puits. L'affaire est en hâte contée à Al-Motadid qui se réjouit fort d'un tour si bien joué. Il ordonne d'amener le coupable devant lui et lui dit :

— Comment se fait-il, malheureux, qu'au moment même de la mort, tu aies eu le courage de commettre un si affreux larcin ?

— Seigneur ! répondit le Faucon Noir, si tu pou-vais te figurer l'immense joie qui saisit le cœur d'un larron quand un vol est bien réussi, tu laisserais là ton trône pour te livrer à mon métier.

Al-Motadid se mit à rire de cet enthousiasme *pro-fessionnel* et à moitié désarmé lui dit :

— « Si je te pardonnais et te donnais une bonne situation, me promettrais-tu de renoncer à cette vi-laine vie ? »

— Comment ! ne te le promettrais-je pas ? dit le Faucon, je n'ai que ce seul moyen d'échapper à la mort.

Al-Motadid qui, lui-même avait beaucoup d'esprit, fut très satisfait de cette saillie, pardonna au larron et le plaça parmi ses gardes particuliers.

Le vol est donc ici souvent spirituel. En veut-on un autre exemple dont je puis affirmer l'authenticité puisque je le tiens du personnage même qui en a été la victime?

Il était gouverneur de je ne sais quelle province. Étant venu à la cour de Madrid pour affaires se rattachant à son service, il fit visite à la reine régente qui lui offrit la clé de sa loge au *Teatro Real*. A peine s'était-il installé, qu'il s'aperçut que sa montre lui avait été dérobée. Il fit aussitôt fermer les portes extérieures et fouiller ces individus équivoques que la police connaît toujours plus ou moins. Le voleur fut saisi encore en possession de sa montre et amené en sa présence.

—Qu'espérais-tu donc ? lui demanda le gouverneur.

—Posséder votre superbe montre, répondit le bandit.

— Eh bien ! il faut en prendre ton parti. Je la garde.

— Pas pour longtemps, señor, avant que vous soyez rentré dans votre palais, elle vous sera reprise.

Le gouverneur s'adressant aux alguazils; conduisez cet audacieux en prison. On obéit.

Rentré dans sa loge, l'hidalgo se mit à rire de cette fanfaronnade. Toutefois, pendant la durée du spectacle il ne cessa de tenir la chaîne de sa montre entre les mains.

A la sortie, une jeune femme très élégante qui précédait le gouverneur fit un faux pas dans l'escalier et se laissa choir sur les marches. Aussitôt tout le monde s'empresse autour de la grande dame. On la relève, on la soutient, on lui apporte un cordial. Encore plus galant que les autres, notre grand seigneur lui offre son bras pour la conduire jusqu'à sa voiture.

Quand il fut rentré chez lui il constatait que pour la seconde fois dans la soirée, sa montre lui avait été dérobée.

Mais cette fois il lui était impossible de pincer le coupable.

Voilà donc deux vols caractéristiques, l'un « à l'art » l'autre « à l'esprit. » En voici un autre « au sentiment. »

Je le garantis aussi, car, il s'est pour ainsi dire, passé devant mes yeux.

Il y avait dans un village, près de Madrid, deux sœurs : Manola et Mercédès, très différentes d'âge, et mariées toutes les deux. Manola avait épousé un bon paysan, et Mercédès, le héros de cette histoire, un madrilène, assez mauvais sujet, du nom d'Ignacio. Au moment du récit que je vais conter, Manola avait une fort jolie fille qui courait sur ses dix-huit ans et qui n'avait pas froid aux yeux. Elle s'appelait Carmen.

Entre Carmen et Ignacio son oncle, âgé seulement de trente ans, il s'était établi plus que des relations de parenté. Dans le village, où les visites du Madrilène étaient comptées, on disait carrément que la jeune fille était la maîtresse d'Ignacio.

Un héritage d'Amérique tomba un jour à l'improviste sur les deux sœurs. Il s'agissait de 80.000 pesetas qu'elles eurent à se partager. Mercédès qui connaissait son mari mit son argent en lieu sûr et garda toujours sur elle la clef de son trésor.

Tout d'abord Ignacio n'entendit pas de cette oreille. Il voulait sa part du gâteau, mais il ne put fléchir la résolution de sa femme qui était de gouverner son bien comme elle l'entendait.

Force donc lui fut de se résigner. Il le fit avec peine.

Un beau matin sa belle-sœur et Carmen débarquent chez lui. Ces dames venaient déposer à la Banque d'Espagne 20.000 pesetas précédemment placées et que le débiteur venait de leur restituer.

On accueillit les villageoises comme des princesses. Les deux sœurs ne s'aimaient pas beaucoup, mais Ignacio se prodiguait. Au marché, rien n'était assez bon ni assez beau pour ses aimables parentes. Il faisait leur partie de dominos, les conduisait au cinématographe, au théâtre, partout où il y avait une distraction ou un amusement.

Vint cependant le moment de causer affaires.

— N'est-ce pas cela ? dit le luron, nous allons faire ensemble le dépôt. Il prend le paquet de valeurs, jette un coup d'œil à Carmen et précède ces dames sur le trottoir.

Il marchait si vite que les femmes pouvaient à peine le suivre, à distance. A un tournant de rue elles le perdirent de vue.

Tout à coup il reparut, accourant vers elles, effaré, pâle, désespéré.

— Malheur ! on m'a volé !

— Volé ! Où ? Par où est-il passé. Crions. Appelons.

Manola courait comme une folle d'un côté et d'autre. Carmen prodiguait les soins à son oncle, assis sur une marche, les bras ballants, le corps affaissé, le visage contre terre.

On ne pouvait tirer de lui que ces mots :

— Ah ! quel malheur ! quel malheur !

— Maman, dit enfin Carmen, l'oncle se meurt, aide-moi à le ramener chez lui.

Il n'y avait que quelques pas à faire. Soutenu par les deux femmes le coquin opère sa rentrée.

Là, nouvelles scènes de larmes et de gémissements.

Le désespoir de Manola était affreux.

— Seigneur, que va dire mon mari, quand il apprendra ceci. Il me tuera.

Ignacio bondit à ces mots. Il courut à un tiroir et saisissant un revolver il dit :

— Puisque c'est moi qui suis cause de tout, je vais me détruire et il posa l'arme sur son front.

Les trois femmes se précipitèrent sur lui et la lui arrachèrent.

Mais Manola commençait à se taper la tête contre les murs.

— Tuez-moi, tuez-moi, disait-elle.

Le désespoir de sa mère fendait le cœur de Carmen elle hasarda :

— Oncle Ignacio, dites donc à maman que tout n'est pas désespéré et qu'on retrouvera l'argent. N'est-ce pas?

Ignacio se vit abandonné par son alliée. Prudemment il fit volte-face.

— Certainement qu'on le retrouvera. Je vais me mettre à la recherche du voleur, je pense bien que c'est un gitane du faubourg. Tenez, gardez mes bijoux, ma montre et donnez-moi mon revolver, je vais le pourchasser dans sa tannière.

Et il partit.

Il rentra le soir même tout crotté, tout pâle, mais il apportait les valeurs.

C'est égal, si Carmen n'avait pas eu des sentiments filiaux si tendres, Ignacio serait parti en emportant la fille et l'argent de sa belle-sœur.

Les voleurs d'aujourd'hui n'ont plus le mode d'opérer d'autrefois. Ils se servent peu de l'escopette et beaucoup plus de leur adresse, de leur intelligence et surtout de leurs jambes.

Je le savais, et j'aurais dû me tenir sur mes gardes. Mais il en est des avertissements anticipés comme de ces petits cartons affichés un peu partout en temps d'exposition, et qui portent imprimés en diverses langues ces mots : « Prenez garde aux voleurs », l'œil s'habitue à les voir et l'on n'y prête pas la moindre attention.

J'avais, à Barcelone, vu opérer les voleurs de coton qui rôdaient autour des ballots déposés sur les quais et tout à coup se précipitaient à la fois sur plusieurs points, chargeant le butin dans leurs chemises et leurs poches et se dérobant par une fuite précipitée. De temps à autre, il y en avait bien quelqu'un de pincé, mais il s'en tirait par deux jours de prison et recommençait le lendemain.

J'avais également vu manœuvrer les sociétés de maraudeurs d'oranges dans le parc Marie-Louise, à Séville, qui possédaient une véritable organisation de brigandage.

Je n'ignorais pas que les gitanes étaient encore plus voleurs que les autres espagnols et que lorsqu'ils forment des groupes pour la musique ou la danse il y a presque toujours un piège tendu au curieux.

Et pourtant je me suis fait voler ma montre par un petit gitane en plein jour, en pleine rue, en regardant danser les *flammescos*, en temps de carnaval.

Je fis part de ma déconfiture à table d'hôte et tout le monde se mit à rire. Alors, chacun raconta que pareille aventure lui était advenue, dans telle ou telle circonstance.

(Sur vingt-deux hommes qui étaient ce jour-là dans la salle à manger, il n'y eut qu'un Américain, arrivé depuis trois jours seulement, à qui pareille mésaventure ne fut pas advenue.

Il faut en conclure que le vol de la montre est très fréquent en Espagne.)

La réputation des marchands espagnols est exécrable dans l'Europe entière. Les guides avertissent charitablement qu'il faut offrir un tiers ou la moitié des prix demandés. Si vous êtes ennemi des discussions, timide et confiant, votre bourse est perdue ! Tous les mercantis dilapideront vos écus sans scrupule. Tant pis pour vous si vous ne savez pas vous défendre !

Eh bien ! Quelle que soit la mauvaise réputation de ces brigands au doux sourire, la réalité la dépasse de beaucoup. J'ai vu des rabais de *soixante et dix pour cent* consentis après de très ennuyeux marchandages.

Ce que nous appelons en France le « prix fixe » et que nous considérons avec juste raison comme l'extrême limite du juste bénéfice du commerçant, existe bien en Espagne ; mais il semble n'avoir pas ici la signification que nous y attachons. Le *precio fijo* qu'invoque tout boutiquier pour défendre son prix, n'est qu'un attrape-nigaud de plus pour vous voler votre argent, en ayant l'air d'être modéré dans ses demandes. On obtient donc des concessions sur le prix fixe comme sur les autres. Il suffit d'avoir de la patience, de la volonté et beaucoup de temps à perdre.

Ne donnez jamais l'ordre de porter chez vous un objet acheté dans un magasin. On vous met, sans vergogne, ou un métrage moindre ou un poids plus petit, ou bien on vous change tout simplement l'objet pour un autre détérorié ou de qualité inférieure. Mais laissons pour le moment les magasins et revenons à la rue et à ceux qui la parcourent.

Une femme si elle est accompagnée par un homme, à Séville et dans l'Andalousie en général, risque fort de se voir enlever ses bijoux.

Quand, pour la première fois, je suis venu me fixer

en Espagne, j'apportais nécessairement les idées qui ont cours dans notre pays de France. Ainsi, regardant la loterie comme immorale, je ne me serais jamais douté qu'un gouvernement pût, non seulement l'encourager, mais encore en tirer du profit. J'avais pourtant l'exemple du monopole que le gouvernement français a établi sur le tabac, denrée nuisible à tous égards, sur laquelle il fait des bénéfices aux dépens de la santé publique. Mais l'usage du tabac n'est déprimant et abétissant qu'à la longue, tandis que la loterie est une source permanente, constante de ruines et de suicides pour les habitants de la Péninsule. J'ai donc été fort scandalisé de voir l'Etat espagnol prendre l'initiative des loteries chaque vingt jours, faire distribuer les billets par des bureaux sous sa dépendance, exécuter publiquement les tirages à Madrid, imprimer les listes officielles des numéros gagnants ; et, finalement encaisser sur la misère de son peuple les quarante ou cinquante millions de bénéfice qu'il retire de la basse passion du jeu qu'il provoque et encourage chez ses sujets.

N'y a-t-il pas quelque chose de pénible et qui serre le cœur à penser que c'est le tuteur naturel des petits et des misérables qui est le premier à les appauvrir et à les dépouiller. Car, il ne faut pas s'y tromper c'est la plèbe, le menu peuple, ceux qui ont le plus besoin de leur argent pour nourrir leur famille, ceux qui gagnent le plus difficilement les quelques sous qui doivent entretenir leur maison, ce sont précisément ceux-là qui, aveuglés par des espérances trompeuses, tiraillés par des besoins constants, jettent les dernières ressources de leur ménage dans le gouffre de la loterie.

Il est bien certain que l'acte de ces malheureux est absolument libre, qu'ils peuvent s'y soustraire ; mais comment ces pauvres diables, qui souffrent toute l'année, pourraient-ils se défendre contre l'espoir du gain qui amènera l'aisance ou la fortune, quand c'est le gouvernement qui leur tend l'appât ?

Si coupable que soit le pauvre de délaisser le positif pour le rêve, d'abandonner le certain pour l'inconnu, de laisser la proie pour l'ombre ; il l'est certainement bien moins que l'Etat dont le devoir moral serait au contraire de le détourner et de lui apprendre qu'il n'y a pas de richesse sans travail, que la loterie n'est que l'art de prendre beaucoup d'argent dans la bourse d'autrui pour en rendre bien peu, qu'en somme c'est un vol organisé par celui qui devrait donner l'exemple du respect du bien des autres puisqu'il en a reçu la garde.

Aujourd'hui la maladie est si grave, la paresse est si innée dans le cœur espagnol, l'envie de s'enrichir sans travail est tellement répandue qu'il serait à peu près impossible d'interdire les loteries. Elles font partie de la vie nationale au même titre que les courses de taureaux.

Disons donc comment les choses se passent.

Il y a une loterie environ tous les vingt jours. Les lots distribués sont comptés de façon à laisser à l'Etat une quarantaine de millions de bénéfice chaque année. L'administration des loteries fait imprimer les billets et expédie des paquets aux diverses villes du royaume en notant pour chaque localité les numéros envoyés. De cette façon, le jour du tirage qui a lieu à Madrid, la liste officielle peut porter avec le numéro gagnant, le nom de la cité où il a été gagné.

Le prix de chaque numéro est de trente, cinquante ou cent pesetas, mais comme il est divisé en dix coupures, chaque coupure peut se vendre, trois, cinq ou dix pesetas.

Pour la loterie de Navidad, destinée aux grosses bourses, le numéro vaut mille pesetas et la coupure cent. Les premiers lots gagnants sont des millions. Le peuple devrait s'abstenir de participer à ces festins de rois. C'est le contraire qui arrive. Des industriels, des spéculateurs distribuent des *participations* pour la somme la plus minime. Ils gardent le billet acheté et donnent en échange de la somme qu'on leur remet, des reçus qui indiquent le pourcentage auquel a droit l'acheteur. Il suit de là que cette grande loterie de Noël, faite pour attirer l'argent des riches, s'émiette aussi chez le pauvre et que c'est encore lui qui en reste la victime la plus intéressante.

Car nous ne plaignons pas ceux qui, sans porter une grave atteinte à leurs revenus, achètent un certain nombre de billets. Tous les gros bonnets de la Péninsule sont dans ce cas, la Banque d'Espagne, le Crédit Lyonnais, les Banques particulières, les Sociétés internationales de paquebots, les compagnies de chemins de fer, les sociétés minières, les sociétés de transport, de métallurgie, les syndicats ouvriers, les congrégations de toute robe, les confréries de toute industrie ; toutes les corporations, en un mot, achètent des billets de Navidad. Presque tous les patrons de magasins profitent de l'occasion pour donner quelques jours d'espérance à leurs employés. Ils leur distribuent des participations gratuites et les récompensent ainsi par des gratifications que nous appellerions familièrement, en France, *de la monnaie de singe.*

On peut donc se figurer la fièvre qui s'empare de tout le peuple Espagnol à l'époque du tirage de cette grande loterie.

Le travail cesse à peu près partout. Les chemins de fer amènent dans les grandes cités une part considérable de la population rurale. Les abords des salles de rédaction et d'imprimerie des journaux sont occupés par une foule anxieuse qui attend les dépêches de Madrid. A mesure que les résultats arrivent de la capitale, ils sont imprimés en gros caractères et affichés au dehors. Si c'est pendant la nuit, ils apparaissent sur de gros transparents.

Je ne décrirai pas les déceptions affreuses, les ruines irréparables qui sont la conséquence de l'imprudence des petits joueurs. On peut comprendre que, pour un élu, il y a des milliers de victimes.

Un matin, à la pointe du jour, je vis un pauvre diable de paysan aragonais, aux vêtements misérables, arrêté et consultant une affiche des numéros gagnants placardée contre le mur d'une administration de loterie. Il considérait alternativement la liste officielle et les numéros qu'il tenait à la main. Je lui vis successivement déchirer six billets. Il lui en restait encore un. Il regarde une dernière fois le destin, puis son numéro.

Hélas! son dernier espoir était vain. Alors il passa la main sous la loque de soie qui lui servait de coiffure, s'arracha les cheveux et laissant son foulard sur les lieux, il se prit à courir comme un insensé. Evidemment, cet homme avait mis toutes ses ressources sur les sept billets qu'il venait de déchirer! Qu'est-il advenu de lui? On le devine.

Le malheur ne fond pas toujours sur le perdant. Il arrive parfois que la joie de la réussite a des conséquences funestes pour le gagnant.

Un homme heureux fut certainement ce limonadier de Séville qui avait pris six parts à une loterie et qui gagna 60.000 pesetas. Dès qu'il eut empoché la somme, il ne se posséda plus. Débordant d'allégresse, il courut les cabarets, invitant les clients à fêter le bon numéro.

Vers les quatre heures du matin, il était presque complètement ivre. Il entre dans un débit de boissons et se prit de querelle avec les gens attablés. Finalement, il reçoit un coup de couteau qui l'étend raide mort. Sa femme lui fit des funérailles princières. Mais avouons qu'il a de son vivant bien peu joui de sa fortune!

Il me reste à parler d'une autre grande institution qui joue en Espagne, sur les capitaux, le rôle d'une pompe aspirante et pas du tout foulante. C'est la Banque d'Espagne!

Extérieurement c'est un palais immense et superbe, à cheval sur la rue d'Alcala et le paseo du Prado.

Quand je l'aperçus pour la première fois, j'eus le cœur oppressé. Je m'assis sur un banc en face du monument et je songeai à l'étrange mission qu'il remplit dans ce beau pays. Peu à peu, il me sembla que cette masse de pierre prenait vie, qu'elle se transformait en un monstre gargantuesque vêtu de noir, qui râflait et engloutissait tout autour de lui. Pendant que la bête grossissait, l'Espagne, autrefois si grasse, diminuait devenait languissante, chétive, et finissait par disparaitre tout entière dans le ventre du monstre.

Alors ma mémoire me rappela cette maitresse scène

de *Ruy-Blas*, où l'aristocratie espagnole se partage les richesses nationales, sans nul souci des désastres qui en résulteront pour la couronne et le pays.

Il me parut que les hommes noirs de la Banque jouaient le rôle des hidalgos de Victor-Hugo, et j'étais tenté de leur crier, moi aussi, comme le fidèle valet : « Bon appétit, Messieurs ! »

Puis je me pris à songer que, pour combattre une institution de cette taille, c'était bien peu qu'un jeune prince élevé pour Rome, un ministère instable, des Cortès impuissantes, un pays désarçonné par des désastres sans nom, travaillé par des ferments anarchistes, séparatistes, cléricaux et émasculé par la dissolvante loterie d'Etat.

« Ceci, pensais-je, tuera cela. « *Ceci* était la Banque Cléricale, *cela* était la généreuse Espagne.

La résistance à l'absorption est d'autant plus difficile que la B. C. enfonce des suçoirs gigantesques dans toutes les sources vitales de la nation. Si donc le combat se livre jamais, il faut qu'il embrasse toute la surface du pays. Les Espagnols sentent si bien qu'ils n'ont aucun atout dans leur jeu, qu'ils renoncent à la lutte avec un si puissant adversaire. C'est ce qui fait que chaque jour se détache une nouvelle pierre de la vieille muraille.

Obligé d'emprunter pour parer aux frais de guerre de Cuba et des Philippines, le gouvernement Espagnol a eu la malheureuse idée de s'adresser à la B. C. Celle-ci l'a étranglé entre deux portes. Elle lui a prêté neuf cent quatorze millions, et elle a reçu en garantie *deux mille millions de rentes provisoires !* Aucun Gobsec n'eut osé élever de telles prétentions. La B. C. les a cependant imposées à l'Etat. Si une société ou un simple particulier exigeaient de tels nantissements, ils seraient poursuivis comme *usuriers* (1).

(1) La B. C. ayant des appuis dans l'Etat a fait ce qu'elle a voulu.

D'accord avec le Trésor auquel elle abandonna cent quarante millions, elle put distribuer à ses actionnaires un

Mais la B. C. n'a rien à craindre. Elle est souveraine. Elle s'inquiète peu des lois et des traités, elle enjambe les uns et tourne les autres. C'est ainsi que la circulation des billets n'ayant plus pour contrepoids l'encaisse métallique, le Crédit espagnol s'est effondré à l'étranger et le change a pris des fluctuations favorables à l'agio des gros bonnets de la finance. La Bourse de Madrid ne se plaint pas.

Urzaïs, le plus clairvoyant et le plus courageux ministre des finances que l'Espagne ait eu depuis longtemps, avait pris le taureau par les cornes. Il voulait faire rentrer la B. C. sous l'empire des lois ; il voulait qu'une commission gouvernementale indépendante de la B. C. contrôlat l'émission, fut maîtresse de fixer la somme et l'époque, en faisant rentrer en garantie quantité égale d'or ou d'argent ayant cours dans le pays.

L'État pouvait, dans ce projet, émettre des rentes dans le seul but de retirer et d'annuler ses obligations déposées en garanties (900 millions). Jusqu'au moment de la libération, l'actif de la B. C. se composait des 150 millions de la dette du Trésor, des 900 millions d'obligations sus-mentionnées, de l'or et de l'argent espagnols ou étrangers calculés sans change en monnaie du pays. Cet actif devait servir de garantie aux billets dont l'émission ne pourrait, en aucun cas, dépasser cette somme (actif de un milliard six cent quarante millions de pesetas).

boni de six cent six millions, quand leur capital de versement n'était que de cent cinquante millions.

Ah ! Certes, pour cela il fallut faire trois petites indélicatesses :

1° Représenter l'encaisse métallique par de l'argent monnayé qui n'avait que la moitié de sa valeur nominale ;

2° Ramasser tout l'or du royaume et le vendre à l'étranger où il faisait prime ;

3° Monnayer des barres d'argent à jet continu, de telle sorte qu'une pièce d'or est devenue un objet de curiosité que beaucoup d'Espagnols ne connaîtront jamais.

Hein ? Que pensez vous d'une Banque d'État qui se conduit de la sorte ? Figurez-vous notre très honnête Banque de France lancée dans une telle voie ?

De cette façon, le papier était admirablement couvert, le change n'avait plus sa raison d'être, et le billet de la B. C. pouvait se mettre sur la même ligne que les similaires d'Angleterre ou de France qui sont garantis par des encaisses suffisants.

Le pays était sauvé et maître de ses nouvelles destinées.

Mais cela ne pouvait faire l'affaire de la B. C. Elle passait sous le joug de l'État. Elle intrigua au Parlement, elle intrigua dans le pays, elle intrigua dans la presse, elle intrigua à Rome ; finalement, elle brouilla tellement les fils de cette affaire si claire, que le projet fut sacrifié et qu'Urzaïs rentra pour toujours dans sa coquille.

CHAPITRE IV

LE CLERGÉ. — Comment fait le clergé pour dominer la société civile. — Ce qu'il sait tirer de la femme. — La confession. — Alliances du clergé dans chaque ménage. — L'instruction de l'enfant chez les pères congréganistes. — Les chefs de famille vendent l'âme de leurs enfants. — Ce n'est pas ainsi que l'on fait des hommes libres et des nations vigoureuses. — Le mariage du prêtre. — Obligation où se trouvent les clergés d'exploiter la société civile. — Les lois prétendues divines. — Les curés, maires des communes rurales — Le clergé et les jeunes recrues. — Les Jésuites et la presse.

CONGRÉGATIONS COMMERÇANTES. — Ouvriers. — Ateliers. — Magasins. — Tout envahi. — Les Salésiens d'Italie. — Société civile attaquée à la fois dans toutes les sources de richesse. — Il n'y a plus que le clergé !

LES ALLIANCES DE L'ESPAGNE. — La neutralité. — Les vues de la France et de l'Angleterre. — En cas de guerre. — Où sont les avantages de la France ? — Confédération Européenne.

TRAFIC EXTÉRIEUR DE L'ESPAGNE. — Quel est le secret de la force de résistance de l'Espagne. — Richesse du sol. — Population surtout agricole. — Tableau des importations et exportations. — La crise de la viticulture. — Avilissement du prix du vin.

Nul n'ignore que c'est par le confessionnal que le prêtre dirige la femme ; que c'est par l'école qu'il forme l'enfant ; que c'est par de riches mariages et de hautes protections qu'il se rend favorables les pères de famille ; que c'est par des services qu'il gouverne les hommes politiques ; enfin, que c'est en usant habilement de ces quatre moyens qu'il domine l'État.

Les conditions de la lutte avec la société civile ne sont pas égales. La société civile est toujours plus ou moins pressée de vivre, surtout de jouir. Le clergé peut baser ses calculs sur une très longue échéance. La mort peut frapper le membre, elle ne tue pas l'institution. La vie du prêtre n'est rien, il travaille pour la puissance et la richesse de l'Eglise. C'est pour cela qu'il n'est jamais pressé et qu'il peut préparer ses batteries longtemps à l'avance. Il met parfois trois cents ans pour construire une cathédrale!

La femme est son meilleur atout. Elle représente pour lui le présent et l'avenir. Il a mis ses soins à la conquérir non pas pour elle-même, car en son for intérieur il la traite de création diabolique ; mais pour l'influence qu'elle exerce sur l'homme, le mari, les enfants. Il l'entoure de fleurs, la berce d'harmonies, séduit sa nature impressionnable par la pompe du cérémonial, gagne cette vaniteuse en lui assignant une place dans ses rangs, la chargeant d'un rôle bienfaisant, en rapport avec les dispositions affectives de son cœur ; ne lui parle jamais raison, toujours sentiment, amour, charité ! Ainsi enveloppée, elle ne voit pas le piège. Quand on le lui dévoile, elle proteste, elle s'insurge : « C'est de la calomnie! Jamais aucune parole « du ministre de Dieu n'a pu lui faire croire, lui lais- « ser même soupçonner..., etc. » Vous voyez d'ici le thème sur lequel elle brode son indignation.

La confession achève ce que la prédication et l'ostentation du culte ont si bien commencé. Un habile directeur de conscience a bientôt fait de connaître le point faible du ménage. Il ne tarde pas à lire dans le mari comme dans un livre, par un soupir, par une larme, par une exclamation, par une hésitation de sa pénitente. Dès lors, au moyen de conseils doucereux, de petites réprimandes affectueuses, de paroles mielleuses, il l'enguirlande et la prépare à la mission vers laquelle il la dirige.

Voilà donc la moitié de la chrétienté qui, d'un seul coup de filet, passe dans la main du clergé et qui, inconsciemment, travaille, dans le camp ennemi, contre le mari, contre les enfants, contre la nation, contre la société civile !

Dans chaque ménage le prêtre compte autant d'alliées qu'il y a de femmes : aïeule, grand'mère, mère, tante, sœur, belle-sœur, etc. Les hommes, sapés chaque jour par les travaux d'approche de ce petit bataillon très ardent, font bien quelquefois mine de s'insurger. Mais comment la lutte pourrait-elle durer longtemps ? Les enfants sont là, en âge d'être élevés. Le collège coûte cher.

« Au séminaire, on les prendra pour presque rien,
« à peine la valeur de la nourriture. Et quelle surveil-
« lance autrement sérieuse que dans la laïque. Les
« congréganistes ne laissent jamais les élèves seuls.
« Ils sont toute la journée avec eux. Dans les classes,
« ces hommes dévoués enseignent, aux études ils
« aident et conseillent, aux récréations ils s'amusent
« en camarades, la nuit, au dortoir, ils surveillent.

« Ce sont de véritables *pères* et ils ont raison d'en
« prendre le titre. D'ailleurs, tous les gens *comme il*
« *faut* mettent leurs enfants chez les Pères ! Madame
« la duchesse de..., monsieur l'Amiral..., la Présidente
« de la Cour..., l'Ambassadrice de... Aux écoles du
« gouvernement IL N'Y A QUE LA CANAILLE ! »

Comment résister à tant d'arguments sans cesse répétés qui finissent par pénétrer dans votre esprit à la façon de ces affiches de propagande qu'on lit sur tous les murs et qui deviennent une obsession pour l'œil.

D'ailleurs le mari songe-t-il qu'il commet un crime contre lui-même, contre la société, contre la raison ?

Songe-t-il qu'il vend *l'âme* de ses fils ? Sait-il que l'histoire qu'on va leur enseigner sera fausse et tronquée, qu'elle n'aura pas pour but la vérité, mais qu'elle sera une arme de combat contre les idées libérales ou seulement modernes ? Songe-t-il que l'enseignement des mathématiques, des sciences physiques et naturelles va être absolument nul et que toutes les parties relatives à la génération vont être dénaturées ou voilées ? Réfléchit-il que les connaissances artistiques et que les dessins anatomiques ne peuvent être que rudimentaires ? Pense-t-il qu'en philosophie, par exemple, la raison ne sera jamais invoquée que comme un source d'orgueil et d'erreur ? Peut-il s'attendre à ce qu'un dogme

stupide et suranné prenne la place de l'esprit d'ana-
lyse, de recherche et d'indépendance qui sont les
bases du progrès? Espère-t-il qu'on va enseigner à ses
enfants que la morale n'a pas de rapport avec la foi?
Croit-il enfin qu'on ne leur inculquera pas que les *prétendues* découvertes modernes ne sont que des inven-
tions sataniques? Qu'on peut faire son chemin dans
ce monde sans elles? Qu'il suffit de bonnes notes,
d'appuis sûrs et de quelques rares établissements à
incubation artificielle et rapide pour pénétrer dans
les rangs de la marine, de l'armée, de la magistrature?

L'attention du pauvre père de famille ne se porte
pas sur ces détails ; il comprend vaguement que ses
enfants vont être lancés dans une voie opposée à celle
de la société dans laquelle ils sont appelés à vivre...
Mais les avantages *immédiats* sont si grands, l'avenir
est si assuré, si brillant... qu'il laisse faire et qu'il
devient à son tour complice de ce crime social.

Et tout à coup l'Espagne se trouve prise dans un
engrenage terrible dont il lui est impossible de se dégager. C'est que l'esprit d'initiative n'existe plus. C'est
que la personnalité humaine est morte. La prière, les
cérémonies, la pratique remplissent tout le temps
resté libre. Des fêtes continuelles caressent la paresse
et la soif de plaisir qui sont facteurs importants du
cœur humain ; et la vie s'écoule dans la joie grossière,
dans le rêve enivrant, sans travail intellectuel, sans
idée grande ou généreuse capable de secouer la torpeur
envahissante. Ainsi, l'enfant est saisi dès le berceau et
conduit à la tombe par un chemin de fleurs.

On ne fait ainsi ni des hommes libres ni des caractères trempés, on ne fabrique que des *demi-êtres* in-
satiables de joies vulgaires où les sens seulement entrent en jeu.

Et quand arrive le moment des épreuves, quand la
patrie en danger crie : « Haut les cœurs ! » il n'y a
pour lui répondre que des émasculés. Toute l'énergie
nationale a été sacrifiée pour la satisfaction, le bien-
être et l'esprit de domination du clergé.

Si le prêtre était marié, s'il avait une famille, une femme, des enfants, le mal serait bien atténué. Les intérêts bien compris de son ménage le mettraient journellement en relation forcée avec ceux de la société civile où il vivrait. Ainsi s'effacerait peu à peu l'idée de corporation. Il est vrai que l'on retrouve l'esprit de caste dans le clergé protestant ; mais il n'a pas de racine. L'intérêt des ministres réformés est, en somme, le même que celui de leurs frères laïcs.

Le prêtre non marié forme un corps à part qui ne se mélange en aucune façon à la société civile. De là vient qu'il n'a ni petite ni grande patrie. Il obéit à un chef suprême, le pape, qui est étranger. La puissance de la corporation et sa richesse deviennent ainsi les deux objectifs vers lesquels se portent toutes les forces vives de chaque membre.

Comme la corporation, sauf de rares exceptions, est improductive il faut qu'elle tire sa subsistance du milieu social où elle vit. De là vient la nécessité d'exploiter cette société sous peine de mourir. Il y a donc antagonisme forcé entre une corporation de célibataires improductifs et une agglomération de ménages travailleurs et producteurs de richesses.

Le clergé, qu'il soit régulier ou séculier, est *obligé de vivre en parasite sur la société civile et par conséquent de l'exploiter.* D'où deux intérêts qui se combattent. Le gouvernement, tiraillé par les exigences des deux partis, oscille, varie et finit toujours par pencher du côté du clergé qui est organisé, qui est plus habile et qui, par les *Quatre Moyens* que nous avons indiqués plus haut, sait se faire écouter et craindre.

C'est ce qui fait que quelle que soit la bonne volonté des gouvernants, les intérêts du peuple sont toujours sacrifiés à ceux de la caste privilégiée.

Le seul moyen qu'ait une nation de se gouverner elle-même, c'est de se débarrasser des réguliers et de réduire les séculiers à l'obéissance aux lois du pays.

Ce dernier point est d'autant plus difficile à obtenir que le clergé oppose aux lois humaines ce qu'il appelle les *lois divines,* c'est-à-dire *les siennes,* celles qu'il s'est forgées dans son propre intérêt, qu'il confond volontairement avec celui du ciel.

Tout peuple qui veut être maître chez lui doit donc soustraire la femme au confesseur, l'enfant aux congréganistes et diminuer tellement dans l'Etat l'influence des séculiers, que les ambitieux eux-mêmes aient tout avantage à s'adresser pour les faveurs aux institutions civiles.

En France, la puissance de l'idée révolutionnaire a été telle qu'une partie de ce programme a été réalisée; mais il s'en faut de beaucoup que la tâche soit accomplie. Depuis plus de cent ans l'esprit d'indépendance a donné son premier coup de pioche dans la théocratie et pourtant les Français ne sont pas encore délivrés de leurs antagonistes. Nous devons comprendre par là combien il sera difficile à nos voisins de s'affranchir.

En Espagne, presque toutes les communes rurales sont administrées par des curés qui exercent les fonctions de maire. Comme ils sont à peu près les seuls lettrés de l'endroit chacun des habitants est obligé de s'adresser à eux pour tout ce qui concerne les intérêts de la famille. Ils savent ainsi tout ce qui se passe dans tous les foyers et ils profitent des secrets qui leur sont révélés pour cimenter leur autorité chaque jour croissante. Je me suis laissé dire qu'ils poussent l'audace jusqu'à exiger qu'on leur demande la permission d'aller aux marchés et aux fêtes des environs : et les villageois sont assez..... pour s'incliner devant de telles exigences.

Eh ! qu'on se mette à leur place, dans ces milieux restreints, ignorants et fanatiques et qu'on se demande ce qui adviendrait d'un révolté contre son curé ?

Il suit de là que le curé est maître absolu. Lui qui n'a pas de foyer s'introduit dans tous les ménages de ses paroissiens. Ah ! que les conciles ont bien su ce qu'ils faisaient quand ils ont exigé le célibat des gens du culte et le mariage religieux pour les laïcs. Le pape a ainsi dans sa main une véritable armée enfermant dans un réseau de mailles tout le monde chrétien.

Nous avons vu comment le clergé s'empare de l'enfant. Croyez bien qu'il ne le lâche pas à l'âge d'homme. Pendant son service militaire il le suit avec sollicitude ; il est recommandé à l'aumonier du régiment, souvent à quelques officiers bien connus pour leurs idées orthodoxes. A l'arrivée, il est capté par les bons apôtres qui l'amusent et le tiennent toujours en haleine par l'obligation de la prière et de la messe, par des fêtes de chômage continuelles et des faveurs personnelles. Pourtant, comme les garnisons sont dans les grandes villes et que les jeunes soldats s'y trouvent à l'âge des passions, il y en a beaucoup qui secouent le joug.

La presse libérale d'ici est parfois bien naïve. Elle porte tout le feu de sa polémique sur les Jésuites. Elle les accuse de régner à Rome, au Vatican et par le Vatican sur l'Espagne. Les journaux illustrés ont même publié le portrait du pape et du cardinal Rampolla avec cette suscription : « *Ceux* qui commandent en Espagne ».

Sans doute les Jésuites sont actuellement tout puissants au Vatican par la faiblesse sénile des papes ; mais nous n'en sommes plus au temps des *Provinciales* de Pascal. Le progrès a marché, même à l'Eglise, et bien d'autres congrégations sont aujourd'hui plus dangereuses que celles de Jésus.

Croyez-vous, par exemple, que la création de sociétés religieuses commerçantes, que nous devons à ce siècle, ne soit pas un trait de génie? La fabrication des liqueurs, des gâteaux, des confitures, des remèdes spéciaux, des eaux miraculeuses, des grottes ou usines à miracles constants, tout cela obtenu avec des *frères* qui ne sont pas rémunérés, mais seulement nourris et vêtus, constitue déjà une terrible concurrence aux industries similaires civiles obligées de donner un salaire à leurs ouvriers? D'autre part, n'existe-t-il pas des millions d'*ouvroirs* où se confectionnent tous les articles de blanc : broderie, dentelles, lingerie commandés par les grandes maisons de vente. Ces objets, quand ils sont rémunérés par les *bonnes sœurs*, le sont misérablement ; et ce sont elles et leurs confréries qui empochent le plus clair et le plus gros de l'argent qui est livré par les grands magasins. En voyant l'extension et le développement industriel que prennent ces couvents commerciaux on est en droit de se demander ce qui restera aux filles du peuple qui ont besoin de gagner leur vie. Celles auxquelles la nature a distribué quelques charmes n'auront bientôt plus que le trottoir à partir de dix heures du soir. Les autres devront recourir à la mendicité ou au suicide. Toutes sont vouées à la misère. Et les artisans, et les ouvriers des fabriques de distillation, de pâtisserie, etc., que vont-ils devenir s'ils trouvent, pour leur ronger leur morceau de pain, ces *frailes* industriels ?

Maintenant à qui le tour d'être ruinés ? Aux agriculteurs. Voilà de braves gens qui peinent et suent toute l'année pour se procurer le blé nécessaire à leur existence et à celle de leur famille. Les congrégations agricoles et viticoles qui travaillent pour rien — ou pour les récompenses de l'autre monde — ces congrégations qui n'ont pas de familles à nourrir et à élever — ruinent, en attendant le ciel, les laboureurs et les vignerons sur cette terre.

Mais tout cela est encore vieux jeu. Voici quelque chose de plus récent qui a déjà marché à pas de géants. Ce sont les *frères salésiens d'Italie*. Quel est leur but ? Entreprendre tout ce qui rapporte de l'argent : « imprimeries, orphelinats, agriculture, fabriques de papier, menuiserie, colonisations, missions, etc. » Grande largesse dans les obligations religieuses des membres. La congrégation affecte des airs patriotiques, elle est surtout italienne. « Tout le pécule gagné à l'étranger doit rentrer dans la péninsule. » On devine pourquoi. Pour combattre l'anticléricalisme, les francs-maçons, les libéraux, afin de ramener l'Église aux temps heureux du gouvernement temporel. Ces *frères* ont un journal de propagande qui est distribué gratuitement. Comme vous voyez, ils ne reculent pas devant les frais.

Donc, la société entière est menacée dans ses sources. Tous les corps de métiers vont être battus en brèche et affamés.

Le clergé prend tout : la femme, l'enfant, le mari, le soldat, les distilleries, les pâtisseries, l'agriculture, la viticulture, la lingerie, la broderie, toutes les institutions sociales sont attaquées à la fois : marine, armée, magistrature ; la science est sapée ; l'élection des corps élus est faussée ; les cortès ne représentent pas le pays ; les finances sont dilapidées et les richesses arrivent chez eux par les banques qu'ils dirigent, par toutes les pompes aspirantes du mariage, des messes, des dispenses, des enterrements, par tous les suçoirs appliqués aux industries diverses, à l'agriculture, à la viticulture, à l'habillement, à tout.

En politique, le système est le même. Le principe, c'est que le roi élevé par eux et pour eux doit toujours rester en tutelle. Sous prétexte d'étiquette ou de danger pour sa personne, on le dirige comme un enfant. Il n'a même pas pu assister à l'enterrement de son ami Sagasta. C'est qu'aux funérailles de ce libre-penseur il était bon, pour frapper les esprits, de ne montrer que des robe noires. Si le roi est prisonnier, les Cortès ne le sont pas moins. Elles sont tenues en laisse par les ambitions de leurs membres. Quant aux ministres, ils ne pèsent pas un fétu. S'ils ne disent pas *amen* à tout ce qu'on leur demande, ils sont renversés et remplacés par des créatures plus dociles.

En vérité, il n'y a de vivant, de riche et de puissant en Espagne que le clergé.

Depuis sa malheureuse guerre avec les Etats-Unis, l'Espagne a gardé une neutralité prudente. Élèvera-t-elle cet isolement en système ou cherchera-t-elle à nouer des relations amicales avec quelques puissances ?

Pour répondre à cette question, il faut chercher ce qu'elle peut espérer de la neutralité, ce qu'elle est en droit d'attendre d'une alliance.

La neutralité, pour le moment, parait être pour

elle la meilleure des politiques. Cela lui permet de tenir balance égale entre l'Angleterre et la France qui toutes deux désirent son amitié. De la part de la France, ce désir est presque désintéressé. Nous sommes disposés à vivre en bonne intelligence avec notre voisine, parce qu'elle est une sœur latine que nous voulons forte pour consolider notre barrière pyrénéenne et aussi parce qu'elle peut, par son influence au Maroc, donner plus de sécurité à notre domaine africain de l'Algérie.

L'Angleterre a-t-elle des vues aussi avouables? Il est permis d'en douter. Ce n'est un mystère pour personne qu'elle convoite Argesilas et les territoires environnants pour consolider Gibraltar, dont la solidité s'est amoindrie depuis l'apparition des canons à longue portée. Son impatience et ses agissements pendant la guerre civile actuelle nous ont prouvé qu'elle cherche, en rôdant autour du Maroc, un prétexte pour intervenir et s'emparer de Tanger, Ceuta, Tarifa qui mettraient définitivement dans ses mains la clé de la Méditerranée.

La guerre du Transvaal nous a convaincus qu'elle dicte déjà ses volontés au Portugal affaibli, en attendant qu'elle le soulage de ses colonies africaines et qu'elle gouverne à Lisbonne à la place de son vassal don Carlos.

Par son immense flotte, elle menace, en cas de conflit, Cadix, Malaga, Alméria, Alicante, Palma, Mahon et Barcelone sur la Méditerranée; et, sur l'Océan, la Corogne, Bilbao, Santander et San Sébastian.

Voilà donc une voisine assurément bien remuante et trop enveloppante, et il semble, pour éviter le danger qui en résulte, que l'intérêt bien compris de l'Espagne soit de se rapprocher de la France — ennemie traditionnelle de la race saxonne.

Mais cette alliance avec la France, en éveillant les défiances et les susceptibilités de la Grande-Bretagne, ne va-t-elle pas précipiter les événements et mettre le feu aux poudres? Dans ce cas, quelle serait la situation de la péninsule?

Elle est obligée de se défendre en Afrique et à Gibriltar contre les troupes anglaises qui y seront certainement débarquées. Elle verra son territoire violé par l'Océan, par la Méditerranée et par le Portugal. Quant aux Canaries et aux Baléares, l'Angleterre les absorbera comme apéritifs.

Cette situation critique obligera l'Espagne et son alliée à disperser des troupes sur une immense étendue de côtes. Mais admettons que l'Angleterre, qui n'a pas de forces de terre, ne débarque réellement que dans le Sud pour paralyser les armées alliées. La lutte va se résoudre sur mer, et les marines en viendront aux prises. Notre alliée n'ayant pas de navires de guerre, le résultat de cette collision est douteux. Nos ennemis ont de plus gros vaisseaux, nous avons plus de torpilleurs. La victoire dépendra de la manière dont nos sous-marins vont se comporter à la bataille. Mais, avant d'envisager le cas de conflit, voyons si l'alliance entre la France et l'Espagne n'est pas une utopie.

Un traité de ce genre doit évidemment comporter des avantages pour nous. Jusqu'ici, nous ne voyons que des coups à recevoir et cela n'est pas suffisant.

D'ailleurs, avec le régime démocratique qui règne en France, les guerres qui n'auront pas exclusivement pour but la défense de notre territoire sont bien difficiles à faire accepter par le pays. Ici, surtout, il faudrait faire toucher du doigt à nos compatriotes les bénéfices qui en résulteront; et je n'en vois pas. D'un autre côté, le clergé qui, en définitive, gouverne l'Espagne, voudra-t-il d'une alliance française? Voudra-t-il mettre sa main dans celle d'une nation qu'il sait lui être la plus hostile après l'Italie ? Ce n'est pas probable et je vois l'alliance franco espagnole bien problématique.

Une entente avec la Grande-Bretagne est-elle plus facile? Le clergé l'accepterait, le Parlement ne s'y opposerait peut-être pas ; mais la nation protesterait dans toutes les villes, parce que les citadins sont de cœur avec la France émancipatrice. Et puis, si un tel traité venait à se conclure, le peuple espagnol aurait deux maîtres : l'Eglise romaine, d'une part, la Grande-Bretagne, de l'autre. Il lui serait aussi difficile de se tirer des griffes de l'une que des dents aiguës de l'autre.

Mais si la prudence conseille la neutralité, cette neutralité n'est-elle pas dangereuse aussi pour la Péninsule? L'Angleterre, qui ne se gêne guère avec les nations faibles, va régler ses affaires au Maroc sans s'inquiéter d'une puissance négligeable, puisqu'elle n'a plus de marine.

Il faut donc que l'Espagne cherche une combinaison qui lui permette de se défendre contre la Grande-Bretagne ; et, en même temps, de se débarrasser du clergé.

Il n'y en a qu'une. C'est d'entrer dans une Confédération des peuples d'Europe, non seulement ceux de race latine, mais encore tous les autres.

Pour un tel groupement, la Méditerranée sera la Place Publique, le Forum où se débattront les intérêts du Vieux-Monde. Les troupes de terre et de mer sont presque inutiles. En tous cas, elles seront fortement réduites et toutes les disponibilités financières peuvent être employées à développer les marines marchandes et les chemins de fer de pénétration et de distribution.

Par le Transsibérien et le Danube, le nord et le centre de l'Asie sont ouverts à l'industrie et au commerce des peuples de l'Union Européenne. Par Suez et la Mer Rouge, les flottes de la Confédération, devenues les plus puissantes du monde, répandront la civilisation dans le sud de l'Asie. Par l'Egypte, Tripoli, la Tunisie, l'Algérie et le Maroc, tout le continent africain devient le champ d'activité commerciale de l'Europe. Il n'y a plus dans le monde que deux puissances : les Etat-Unis d'Europe et les Etats-Unis d'Amérique. Les continents qui séparent les deux mondes serviront de tampon entre eux. Ils sont assez vastes pour suffire longtemps à leur expansion. Ne croyez pas que ce soit là un rêve. Le siècle qui commence le verra sûrement se réaliser.

❀

L'Espagne porte en elle-même une force de résistance inouïe. Accablée par le malheur, ayant successivement perdu presque toutes ses colonies, son armée, sa marine, elle ne paraît pas cependant s'émouvoir outre mesure de cette suite ininterrompue d'infortunes.

Quel est le secret d'un état moral qui lui permet d'avoir foi dans l'avenir, alors que tant d'autres nations se seraient abîmées dans les guerres civiles ou le désespoir?

C'est que, d'une part, le caractère énergique, chevaleresque et quelque peu fataliste de ses habitants, lui permet d'attendre et d'espérer une compensation possible à des souffrances imméritées...

D'autre part, les richesses du sol de l'Espagne sont tellement variées et tellement abondantes qu'elle peut traverser les mauvais jours en déployant une activité agricole qui fait diversion à ses infortunes.

La richesse de la Péninsule et de ses annexes coloniales est véritablement merveilleuse. Les fruits tropicaux, tels que le citron, l'orange, la banane, la patate, le cacao, la pastèque, le coco, l'olive, le raisin, sont produits en quantité suffisante pour devenir un article d'exportation. Les essences forestières, telles que cèdres, palmiers, cyprès, chênes, chênes-lièges, pins, sapins, etc., fournissent une gamme de bois de densités différentes qui se prête merveilleusement à tous les travaux de sculpture, de menuiserie et de charpente. Le maïs, l'orge, le riz, le blé, l'avoine, la pomme de terre sont suffisants pour la nourriture de vingt-cinq millions d'habitants. Les troupeaux fournissent de leur côté la laine et le cuir en excédent, puisqu'il s'en exporte des quantités considérables. Les montagnes, insuffisamment exploitées, renferment dans leurs flancs, à peine entr'ouverts, un appoint qui se traduit à la douane par un grand nombre de millions de pesetas. Enfin, les côtes de la Méditerranée et de l'Océan sont découpées par une suite de baies et de ports où viennent se faire facilement les échanges entre les marchandises d'exportation et celles d'importation.

Il résulte du tableau des douanes que l'Espagne reçoit de l'Angleterre 200 millions, de la France 144, des Etats-Unis 119, de l'Allemagne 90, de la Belgique 42, du Portugal 42, de la Russie 33, des possessions anglaises d'Asie 26, de la République Argentine 25, de l'Italie 22, de la Suisse 18, de la Norvège 17, du Danemark 16, de l'Egypte 12, de la Suède 10. En tout 816 millions de pesetas d'importations.

Elle envoie en Angleterre des marchandises pour 273 millions, en France 178, aux Etats-Unis 19, en Allemagne 35, en Belgique 35, en Portugal 44, en Russie 31, dans les possessions anglaises d'Asie 24, dans la République Argentine 12, en Italie 25, en Suisse 16, en Norvège 15, en Danemark 2, en Egypte 2, en Suède 12, en Hollande 33, à Cuba 58, aux Philippines 11, au Mexique 8. En tout 833 millions de pesetas d'exportation.

On peut constater ainsi que l'Espagne ne s'appauvrit pas et qu'une telle situation peut durer des siècles.

Presque toutes les marchandises envoyées à l'étranger sont des produits naturels du sol. Disons toutefois que parmi les articles manufacturés qu'exporte la péninsule, la bijouterie, les chaussures, le papier, la sparterie, le laiton, la verrerie, les tissus de coton, la céramique ont une tendance à augmenter chaque année. Cela prouverait que l'Espagne commence à travailler.

Les malheurs survenus à notre vignoble français, par suite de l'invasion du phylloxéra ont fait la richesse de l'Espagne pendant quinze ans de 1880 à 1895.

Durant cette période la production française était devenue de beaucoup inférieure à la consommation et les vins d'Espagne ont servi non seulement à compléter notre provision, mais encore à faire, avec nos vins devenus trop légers, des coupages en rapport avec les goûts ordinaires du public.

A cette époque on fabriqua aussi une grande quantité de vins avec des raisins secs, des sucres et des mélasses. Pour les faire accepter par une clientèle difficile, il fallut les renforcer avec ceux de la Péninsule.

La France demanda donc à sa voisine d'énormes approvisionnements de vins, et, pour faciliter une importation devenue urgente, elle abaissa ses taxes douanières.

Mais voici qu'un jour la reconstitution du vignoble français est terminée. La France va fournir assez de vin pour sa consommation. Il faut fermer la frontière à l'importation étrangère et l'on relève les tarifs douaniers.

En 1896, l'importation espagnole en France avait été de cinq millions deux cent mille hectolitres. Dès l'année suivante, 1897, elle tombe à trois millions deux cent mille. Enfin, après un petit relèvement, en 1898, elle s'effondre en 1900 à un peu plus de deux millions d'hectolitres.

Aussitôt que le marché français ne lui a plus été qu'entrouvert la crise qui sévissait chez nous pendant la période maigre, envahit nos voisins et leurs vins ordinaires sont tombés à des prix dérisoires. Toutefois, les vins de table de qualité supérieure comme le Rioja, le Valdepeñas, et les vins de dessert tels que le Jerez, le San Lucar, le Moscatel, le Pedro Jimenez, le Pajarète, le Malaga ont conservé des prix encore assez rémunérateurs.

CHAPITRE V

Relativement à la politique étrangère, il y a deux partis en Espagne, celui qui veut se rapprocher de la France et celui qui ne désire plaire qu'à la Grande-Bretagne. L'un et l'autre ont des tenants puissants et nombreux.

Les journaux qui créent l'opinion ou qui la reflètent sont également divisés sur ce point.

Il semble vraiment que la Péninsule n'ait qu'à choisir la sauce à laquelle elle sera mangée. Mais on ne réfléchit pas assez qu'elle ne veut être croquée par personne.

Le *Héraldo*, de Madrid, est contraire à notre influence et semble désormais acquis à la politique anglaise. On s'en aperçoit jusques dans son feuilleton. En effet, jusqu'ici, c'était la littérature française qui l'alimentait ; mais, en 1902, il a commencé à publier un roman anglais. Le journal madrilène prétend que, pour entendre parler de l'Espagne d'une façon courtoise et convenable, il faut aller en Angleterre. « L'Anglais ne sourit pas lorsqu'il s'agit de la Péninsule. » Il en parle « muy bien » dans les meetings et les clubs. D'après cette feuille anglomane, l'habitant d'Albion, serait le seul étranger ayant cette conviction que « l'Espagne traverse une crise fâcheuse, mais qu'elle porte en elle-même des germes de vitalité considérables » qui lui permettront de se remettre. Tel est le thème habituel.

D'autres journaux, et ce sont les plus nombreux, pensent qu'il n'y a qu'un seul moyen de régénérer l'Espagne, c'est de l'annexer purement et simplement à la France. Nécessairement le *Héraldo* se moque de ces politiques ridicules, selon lui, qui n'ont aucune force dans le pays et qui sont des « non-valeurs. » Et, là-dessus, il fait de l'esprit à nos dépens.

L'armée espagnole, avec toutes ses réserves, s'élève *sur le papier* à environ un million d'hommes.

Elle se compose de douze contingents, d'environ soixante-quinze mille soldats, en tenant compte de la mortalité.

Donner l'instruction militaire à une telle masse d'hommes dépasserait de beaucoup les ressources financières de l'Espagne et même le nombre disponible de ses officiers et sous-officiers instructeurs.

Que fait alors le gouvernement ? Il licencie les deux tiers de ses recrues et n'exerce aux travaux militaires que vingt-six mille hommes.

Tout le monde se plaint de l'arbitraire qui règne

ici pour la libération militaire. Tel individu est incorporé on ne sait pourquoi, tel autre est libéré sans raison valable. L'injustice de cette façon de faire saute aux yeux. La faveur est, dit-on, la cause de ces décisions prises au nom du ministre de la guerre.

Il paraît qu'en l'absence de lois positives, c'est le ministre qui tranche à sa guise, exemptant du service, versant dans l'infanterie ou la cavalerie, augmentant ou diminuant le temps de présence sous les drapeaux, selon son bon plaisir, l'heure de son déjeuner ou la bonté de son cigare.

On sait que l'Espagnol proteste difficilement. La prudence naturelle à la race, la croyance vague à la fatalité, enfin son caractère paresseux le portent à la résignation. Toutefois, sur cette question militaire, l'injustice et l'arbitraire sont si grands, si visibles, que l'opinion publique s'est émue et que quelques journaux se font les interprètes des revendications populaires.

Ils assimilent carrément l'impôt du sang à l'impôt foncier, et ils émettent cette opinion que, puisque les charges foncières sont réparties à peu près également entre les citoyens, il faut que la durée de présence sous les drapeaux soit à peu près la même pour tous.

Oui, sans doute, au point de vue de l'égalité et de la stricte justice, les journaux qui soutiennent cette thèse ont raison. L'instinct populaire qui inspire ces feuilles est dans le vrai. La protestation est d'ailleurs si unanime qu'elle ne peut que recevoir une prompte satisfaction. Elle l'obtiendra. Mais qui donnera les instructeurs que nécessite la réforme et les finances qui lui sont indispensables?

Le soldat espagnol est tout jeune, plus jeune que le soldat français. Ce qu'on appelle *la classe*, c'est-à-dire les hommes qui viennent faire leur première année de service, n'a pas même de barbe au menton.

Les officiers et sous-officiers instructeurs ne travaillent pas beaucoup pour mettre au courant du service ces jeunes soldats. Heureusement que la majorité des hommes est intelligente et pleine de bonne volonté, de sorte que, finalement, les exercices s'exécutent assez bien.

Le remplacement est autorisé. L'homme aisé qui veut se dispenser de la corvée militaire peut acheter un *remplaçant* qui lui coûte quinze cents pesetas, soit environ *mille* francs de notre monnaie française.

Les musiciens militaires paraissent encore plus jeunes que les simples troupiers. Chez un peuple qui adore la musique, l'instruction musicale est rapidement faite, et, au bout de très peu de temps, les régiments possèdent des exécutants très passables. On les encadre d'ailleurs, comme en France, par des *gagistes* qui n'ont de militaire que le costume.

L'allure générale de l'infanterie est alerte. Les mouvements s'exécutent au son du clairon, après un signal qui est destiné à commander l'attention.

La cavalerie laisse beaucoup plus à désirer que l'infanterie. Les chevaux sont mous, *mal bâtis* et manquent de sang. Ils marchent sans ardeur et ont grand besoin d'être éperonnés.

La physionomie du soldat espagnol est intelligente et éveillée. Il produit une bonne impression d'autant plus que son costume est joli et propre.

❀

Après avoir parlé des jeunes hommes, il est bon de dire un mot des jeunes femmes.

Si j'en juge par la tendance du siècle qui a fini, le vingtième nous réserve sous ce rapport bien des surprises.

Parmi celles qui s'accusent déjà fortement, notons le changement de rôle qui se prépare pour la femme.

Déjà on ne la reconnaît presque plus tant ses habitudes se modifient. Elle ambitionne les grades universitaires, elle pénètre dans les administrations — postes, télégraphes, téléphones — elle ouvre les portes des ministères ; elle devient à sa guise, caissière, infirmière, sténographe, photographe, avocat, docteur, huissier et peut-être un jour notaire. Elle entre pour moitié dans l'instruction primaire et pour une bonne part dans l'instruction secondaire. Elle fait des Revues, publie des journaux, fonde des théâtres; elle revendique des droits, elle brigue d'être électeur, elle ambitionne d'être élue, elle aspire à l'égalité des deux sexes en attendant d'établir sa suprématie sur l'autre.

Si cette tendance à se mettre en vue restait dans le domaine scientifique et intellectuel, nous pourrions ne pas être trop choqués de la guerre entreprise contre les monopoles masculins. Mais ce n'est pas seulement là qu'elle cherche à supplanter son compagnon barbu, c'est aussi dans les voies que la nature semble avoir spécialement réservées au sexe fort, celles de la vigueur physique et de la force musculaire, triste et peu enviable privilège du mâle. En effet, la femme d'aujourd'hui chasse le cerf et le faisan, nage entre deux eaux, pratique *la planche*, monte à cheval, enfourche la bicyclette, dirige l'automobile, manie la rame, joue au tennis, au croquet, au foot-ball, entreprend des excursions en Égypte et en Perse, etc. Déjà elle faisait partie de la mine, de l'atelier, de la pêche, des travaux des champs. Chez les Boers elle a même servi d'éclaireur et fait le coup de feu !

La voici maintenant qui vient conquérir toutes les scènes théâtrales à la fois. Pour les établissements lyriques et dramatiques, nous y étions habitués de longue date et cela ne nous paraissait même plus étrange. Il y a bon temps que la femme s'est fait une grande place comme actrice, ou chanteuse, ou ballerine. Mais accaparer les cirques, les gymnases, n'est-ce pas renversant ? Eh bien ! maintenant la femme y règne aussi. Nous l'avons vue à Barcelone, à Madrid, à Séville, partout, produire des effets charmants par la grâce et la souplesse de son corps et le sourire de ses lèvres. Elle grimpe sur le trapèze ou glisse sur le fil de cuivre en prenant des costumes de plus en plus sommaires; et, pour qu'aucune des lignes suaves de son corps ne soit perdue pour le spectateur, un appareil projecteur l'inonde et l'idéalise de ses rayons.

Nous ne pouvons nier que l'homme l'encourage beaucoup dans ces exhibitions en maillot, car il y trouve son plaisir : plaisir des yeux, plaisir artistique, plaisir de rêve !

C'est ce qui fait qu'on crée aujourd'hui tant de spectacles où l'intelligence n'a que faire mais où l'œil est réellement charmé : les revues avec Mme la Commère toute nue, dont le rôle est tenu par une superbe fille qui reste tout le temps sous le regard du public ; les féeries, ou des essaims de jeunes beautés très peu vêtues exécutent des danses, forment des groupements ou des théories délicieuses ; les tableaux vivants où des femmes très déshabillées imitent des scènes d'amour ; les dompteuses de bêtes qui provoquent leurs pensionnaires à des exercices que leur demi-nudité rend encore plus attrayants sinon plus dangereux.

Les théâtres, les cafés chantants, les music-halls, les cirques, les ménageries des villes d'Espagne se sont mis au niveau de Londres et de Paris sous le rapport des *exhibitions*. Et partout les recettes augmentent ce qui prouve que ce genre de spectacle répond bien au goût du public moderne. Au reste, nous reviendrons sur ces importantes questions lorsqu'il s'agira de la prostitution en Espagne.

En visitant les boutiques des marchands de bric à brac de Madrid, j'avais déniché une toile flamande, maladroitement restaurée, qui m'avait paru avoir quelque valeur. Je voulus la porter chez un peintre qu'on m'avait indiqué.

Il demeurait au faubourg, dans une sorte d'enclos encadrant des jardins maraîchers. Il occupait là un petit logement précédé d'une grande terrasse que la famille voisine avait convertie en séchoir. L'atelier du peintre donnait sur cet étendoir et je ne vois pas bien les inspirations artistiques qu'il pouvait trouver dans la contemplation de flanelles agitées par dessus les choux et les navets du potager.

C'était un grand garçon, déjà un peu voûté, à la figure jaune et maladive et dont le costume débraillé laissait beaucoup à désirer. Il avait connu la France, l'Angleterre, la Hollande et l'Italie à l'époque de sa jeunesse. Il était accompagné pendant ce très long voyage à la poursuite de l'idéal dans l'art d'une jeune femme qu'il venait alors d'épouser et qu'il adorait.

Il me conta son histoire dans un *français* prononcé à l'Espagnole qui ne manquait pas d'un certain charme local.

Elle était bien simple cette histoire. Il avait parcouru le monde à l'âge des enthousiasmes pour s'inspirer de la manière de faire des princes de la peinture. Il avait copié leurs tableaux dans les musées et les collections particulières et avait ainsi vécu plusieurs années du produit de la vente de ses copies. Il avait acquis à ce métier ininterrompu une maëstria de facture dont il tirait un bon profit et un juste orgueil.

Rentré dans sa patrie, il essaya de la composition, mais il n'était pas *créateur* et il ne put jamais arriver à ces dispositions heureuses que l'on admire chez les maîtres. Il avait végété ainsi de longues années gagnant suffisamment pour vivre, mais pas assez pour devenir riche.

Cette vie de travail acharné avait imprimé sur sa physionomie une résignation qui prenait, dans ses paroles, les vocables de la fatalité orientale. Il ne retrouvait l'enthousiasme, les mots vibrants, les éclairs dans les yeux que lorsqu'il parlait des grands peintres français, hollandais, anglais, italiens dont il connaissait parfaitement les œuvres et dont il savait détailler les manières diverses.

Quelques jours avant ma venue chez lui, il avait perdu la fidèle compagne de sa vie qu'il avait constamment aimée. La douleur qu'il ressentit fut supérieure à ses forces. Il était devenu malade, ne mangeait plus et se trainait sur les boulevards ou les paseos écartés quand il n'allait pas s'agenouiller sur la tombe de sa chère femme.

En voyant mon tableau, il reconnut l'école flamande; mais il ne sut à quel peintre l'attribuer. « Peut-être est-il de Vélasquez, me dit-il ; vous savez que notre grand peintre a travaillé beaucoup dans sa jeunesse à des intérieurs avec lumière sur le côté comme dans votre tableau. » Je lui proposai d'enlever au couteau les parties maladroitement restaurées et de les refaire d'après le coloris et la teinte générale de l'œuvre. C'était un petit travail, car on n'avait heureusement corrigé que les mains. Il me répondit que cela était impossible, qu'il ne pourrait jamais donner à ses couleurs nouvelles la patine que le temps avait déposée sur les anciennes.

Il me proposa alors de faire une copie de ce tableau dans le ton vieilli qu'il avait. J'acceptai. Quelques jours après son travail était fini et je demeurai très agréablement surpris de l'art avec lequel il avait imité le modèle.

Je continuai mes relations avec cet homme malheureux parce qu'il avait réellement un caractère charmant et un talent d'imitation hors ligne.

Bien souvent, à son propos, je me suis demandé si la copie des chefs-d'œuvre du monde entier était bien le meilleur moyen de créer des artistes originaux. Jusqu'ici nous semblons le croire en France, car notre école de Rome n'est que la mise en pratique de cette idée. Eh bien ! je suis persuadé aujourd'hui que nous nous trompons. Sans doute, l'imitation longue et patiente n'est pas de nature à éteindre un talent exubérant et personnel. Le peintre de génie, qu'il fasse des copies ou qu'il n'en fasse pas, sera toujours créateur. Mais l'autre? Celui qui n'a qu'un talent secondaire pourra-t-il jamais arriver à composer s'il ne s'est essayé que tardivement?

❀

L'Espagne retarde d'environ quarante ans sur la France et l'Angleterre. En littérature, elle en est encore au romantisme; en industrie, elle laisse improductive la houille blanche si abondante sur ses sierras; elle ne fabrique ni les machines à coudre, ni les moteurs électriques; en agriculture, elle ne prélève que les produits du sol et, sauf de rares exceptions, elle ne fond même pas ses riches minerais; ses express marchent très lentement et ses omnibus, appelés ici courriers (corréos), n'arrivent pas toujours. En politique, son suffrage universel est forcé d'évoluer dans le sens ministériel comme le nôtre sous le dernier empire. En économie politique, ses finances sont déplorables. Ses administrations fiscales laissent beaucoup à désirer.

Nous avons déjà dit un mot de la Banque d'Espagne qui est plus puissante que la couronne et qui, par ses appétits immédiats, paralyse toutes les réformes que les Cortès, les ministres et le roi lui-même seraient disposés à introduire pour le bien du peuple espagnol. Au gouvernement des provinces, on emploie souvent des agents qui craignent plus les maîtres de Rome que leur ministre de l'Intérieur. A la façon des proconsuls d'autrefois, les représentants attitrés du pouvoir central épuisent et mécontentent les administrés, si bien qu'ils rendent leurs chefs impopulaires. Bien souvent ils donnent des ordres, à tort et à travers, qu'ils sont obligés de révoquer à la suite du mécontentement général. D'accord avec les municipalités, ils fixent des taxes arbitraires sur les matières de première nécessité, comme les légumes par exemple, qui atteignent surtout la bourse du pauvre. Ils les maintiennent jusqu'à ce que les miséreux, exaspérés, recourent à la force. La police est pédante, fanfaronne et tracassière. Elle laisse faire le riche et le puissant et porte toutes ses rigueurs sur le malheureux sans défense qui, la plupart du temps, a péché par ignorance plutôt que par perversité. Nul ne se cache pour dire tout haut que la justice n'est pas rendue, qu'elle est vénale et que celui-là seul a raison qui a *el dinero*. Dans ces conditions, la moralité se perd, car on chuchotte le tarif qui blanchit les vilénies et efface les actes d'indélicatesse. On sait d'avance combien il en coûtera pour se soustraire aux conséquences d'une infâmie.

Ajoutons à toutes ces turpitudes que les sanctions pénales sont presque dérisoires. Les condamnations à la prison sont très rares, parce qu'il faut *nourrir* le prisonnier pendant qu'il purge sa peine... et que le Trésor n'est pas riche.

Enfin, le tempérament, les habitudes, les mœurs de l'insulaire, son éducation, sa conformation, ses préjugés, son climat l'éloignent du travail de corps et paralysent chez lui toute initiative. Sauf en Catalogne et dans les ports principaux, le ressort est nul et par suite la marche du progrès retardée indéfiniment.

La presse, elle, la presse libérale et républicaine surtout, est au niveau des choses du jour. De toutes parts, elle sème le bon grain ; mais la terre où tombe la semence est mal préparée, souvent inculte et la récolte annuelle est presque toujours compromise par des influences contraires. Le clergé est, de toutes les forces opposantes, celle qui arrête presque constamment la roue du progrès. Pourtant, il faut le dire, son pouvoir est fort diminué dans les villes importantes et les grandes agglomérations usinières, parce que là l'échange des idées est plus actif et que le combat contre les choses d'autrefois est incessant. Aussi il arrive ceci, c'est que le bourgeois et l'ouvrier sont exempts des préjugés d'antan et prêts à une émancipation pour laquelle le paysan est très loin d'être mûr.

De cette situation naît un antagonisme de plus en plus développé entre la bourgeoisie qui s'inspire en France, la classe ouvrière qui revendique la liberté et l'égalité, et la monarchie étroite, tracassière, violente, exaspérée de son impuissance et de son impopularité.

Plus que dans tout autre pays, la lutte s'établit donc en Espagne entre les idées d'émancipation et celles d'autorité. Un jour ou l'autre, le conflit se terminera par une collision dans laquelle il faut espérer que la monarchie sombrera. Mais ce ne sera là, disons-le bien haut, que la première phase de la délivrance nationale.

Le plus difficile ne sera pas de renverser le roi ni les institutions constitutionnelles, mais de jeter à bas l'ultramontanisme.

⁂

En Catalogne, l'esprit d'indépendance, plus vivace, par suite de l'industrie qui y est très développée et aussi par suite du voisinage de la France, a dégénéré en *séparatisme* et en *républicanisme*.

Le *républicanisme* est la plus importante de ces deux tendances des esprits libéraux. A lui seul, le parti républicain embrasse les trois quarts du libéralisme provincial. Ce qui le prouve, c'est que les candidats — uniquement républicains — sont arrivés premiers sur la liste Salmeron, l'ancien président de la République, avec une avance immense sur les séparatistes.

L'une des causes de la faiblesse relative du parti catalan ou autonomiste, c'est qu'il a trouvé, sans la chercher d'ailleurs, l'alliance du clergé, malgré que celui-ci poursuive un but diamétralement opposé au sien. En effet, tandis que les autonomes ne rêvent la disjonction que pour poursuivre plus allégrement leurs destinées libérales et démocratiques, le clergé compte sur le séparatisme pour asseoir d'une façon plus ferme son pouvoir sur le peuple.

Les deux partis désirent le maintien de l'idiome catalan. Pour le clergé, c'est simplement un moyen de tenir le paysan dans l'ignorance des conditions de la vie moderne. Pour le démocrate, ce qu'il demande à sa langue nationale c'est d'unir les cœurs, de refléter les idées d'indépendance et de travail et de donner à l'âme catalane l'instrument capable d'exprimer l'idéal d'un peuple qui entend vivre de sa vie propre.

On voit que le problème séparatiste n'est pas près d'être résolu et que, par cette alliance involontaire entre les libéraux catalans et le clergé catalan, la question devient de plus en plus embrouillée.

Quel remède la monarchie prépare-t-elle pour combattre le libéralisme? Tout simplement le maintien d'un ordre de choses intolérable dans les provinces et l'étouffement par la force de tous les germes d'indépendance.

En 1843, E. Quinet, dans son voyage en Espagne, disait : « La monarchie est accoutumée depuis trois « siècles à considérer la mort comme l'état normal et « officiel de la Péninsule. Le moindre souffle de vie, « la moindre respiration de ce grand corps passe pour « une rébellion. » Hélas ! les choses n'ont pas beaucoup changé depuis cette époque et encore aujourd'hui, quand un cri de souffrance est poussé par le peuple affamé, l'ordre est donné de tirer sur lui.

Les gouvernements théocratiques et autoritaires ont toujours été disposés à pratiquer dans le châtiment un profond mépris pour la vie des adversaires ou des rebelles. Le Code de Moïse est atroce de cruauté. A chaque infraction il décrète la mort. La législation romaine était aussi absolue ; la toute-puissance du chef de famille était complète et sa responsabilité nulle. Chez les modernes, la Russie, la Turquie, le Maroc appliquent la peine de mort à des *crimes* que les civilisations plus avancées considèrent comme de simples délits. Dans un autre ordre d'idées, les Codes militaires de presque toutes les nations sont d'une rigueur barbare. Les religions agissent comme les gouvernements et quand elles n'ont pas le pouvoir de torturer le corps ici-bas, elles l'envoient éternellement brûler dans les enfers de l'autre monde dont elles ont la direction, mais heureusement pas les clefs.

En somme, gouvernements et religions s'imposent par la terreur, et Joseph de Maistre a bien raison de représenter le bourreau comme le symbole qui convient à l'autorité.

Dans le système autocrate le sang lave tout.

C'est ce qui explique pourquoi les peuples qui vivent sous ces régimes abominables sont si enclins à verser le sang aussi bien pour leurs querelles que pour leurs amusements. Car la force brutale régnant en haut de l'échelle, tous les échelons en sont tachés et la férocité devient institution.

En Espagne, par exemple, quoique la loi défende le port des armes, tous les habitants ont au moins leur couteau en poche et beaucoup y cachent des revolvers. Dans les conversations, après les repas, l'exhibition de ces armes fait partie du programme et c'est un des plaisirs les plus goûtés que puissent éprouver les gens des classes moyennes que de les étaler au grand jour. Ils vantent alors, avec la façon qui leur est particulière, leurs pistolets et leurs *navajas*. Ils en font ressortir toutes les qualités et les avantages de leur fabrication ; et ils déclarent, avec de grands gestes, qu'ils ont toute confiance dans la sûreté de leurs coups.

Toute cette quincaillerie d'arsenal s'étale à la fin du dîner sur les nappes à peu près blanches, au milieu des assiettes sales et des verres pleins. Les pistolets sont chargés et les couteaux au cran d'arrêt montrent leurs lames larges et épaisses. Il suffit alors d'un geste, d'une intonation, d'un coup d'œil, à ces têtes surchauffées pour que le sang soit répandu.

On voit combien dans cet heureux pays la mort est liée à la vie.

Les hommes ne sont pas les seuls à faire parade de leurs armes. Beaucoup d'Espagnoles ont de petits revolvers minuscules qu'elles suspendent sous leurs jupes dans des pochettes qui y sont placées à cet effet.

De telles dispositions sanguinaires expliquent l'amour insensé que ce peuple manifeste pour les courses de taureaux et les combats de coqs et aussi la place énorme que les toréadors occupent dans la vie sociale de l'Espagne.

À Madrid, plus que partout ailleurs, les *corridas* passionnent la population. Les jours de *plaza*, toute la vie de la province se transporte dans l'arène ; et c'est dans la capitale un mouvement inouï de voitures et de piétons qui se rendent, par la belle rue d'Alcala, à leur plaisir favori.

Je ne décrirai pas cet amusement sauvage que tout le monde connait d'ailleurs et dont je toucherai quelques mots dans une autre partie de cet ouvrage. Je désire parler ici d'une autre distraction du même genre, mais moins connue, qui a aussi ses partisans fanatiques.

La curiosité m'entraîna un jour dans un *Circo gallistico* de Madrid.

Les spectateurs y étaient rangés autour d'une cage ronde dont le plancher sablé devait servir d'arène de combat. Aux extrémités d'un diamètre sont disposées de petites portes par lesquelles on introduit les adversaires. Ce sont des coqs de taille ordinaire, plumés sur le cou, les pattes et le croupion. Ils paraissent appartenir à une race spéciale, excessivement courageuse. Leur valeur vénale est considérable. Ils sont un produit sélectionné avec autant de soin que les chevaux de course ou les taureaux de mort. Les gens qui se livrent à leur élevage s'enrichissent, ce qui prouve qu'ils ont l'écoulement de leur marchandise.

Dès que les volailles sont lâchées, elles s'attaquent avec un acharnement incroyable.

D'après les premiers incidents du combat les paris s'engagent. On ponte facilement vingt et trente pesetas sur tel ou tel coq.

Quand les phases de la bataille changent l'émotion des spectateurs arrive à son comble et les offres se précipitent.

Les coups de bec ne cessent pas un instant. Le sang coule sur le sable et jaillit sur les spectateurs.

Enfin, l'un des deux adversaire, à bout de forces, se couche sur le flanc, affaibli, les yeux souvent crevés.

Le vainqueur n'est pas généreux il lui met la patte dessus et l'achève sur place sans le moindre scrupule. Quand enfin le vaincu a rendu le dernier soupir, son adversaire pousse fièrement le cri de victoire.

Quand ce sont des peuples qui se sont entre-gorgés, c'est l'Eglise qui chante le *Te Deum* pour le plus fort.

Il faut en faire notre deuil; les costumes pittoresques de l'Espagne d'autrefois sont près de disparaître. Déjà, dans les grandes villes, comme Barcelone, Madrid ou Séville, on peut courir des journées entières sans rencontrer un vêtement qui diffère de ceux que nous voyons en France.

A la campagne, dans les villages, surtout dans ceux de la montagne, la vieille manière de s'habiller s'est maintenue par la tradition. C'est donc là qu'il nous faut aller chercher le pittoresque qui s'y trouve encore.

Pour l'homme, des quatre parties qui constituent l'habillement : veste, pantalon, gilet et coiffure, il n'existe que peu de différence d'une province à l'autre. A Gérone, en Aragon, en Asturie, en Corogne, la veste n'est qu'un veston court qui se change en Andalousie, en véritable boléro. Le pantalon ample se porte dans les Baléares où il a la forme de celui des zouaves. A Saragosse, la culotte est courte, faite en velours noir avec des crevés blancs emboîtant le genou. Dans les Asturies elle descend jusqu'aux mollets. A Valence il n'y a pas de bouffants.

On porte peu de gilets en Espagne, dans le peuple du moins, on n'en trouve guère que pour la Navarre, à Valladolid, dans les Canaries et à Pontevedra. Dans les autres provinces, cette partie du costume est remplacée par une ceinture de laine ou de soie qui se porte en général très large sur la poitrine et l'abdomen. En Aragon, la vieille mode est de la faire descendre jusqu'au bas des reins et sur tout le ventre. Elle est généralement de soie noire dans cette province ; mais partout ailleurs c'est la couleur rouge qui prédomine.

Le velours reste dans toute la péninsule l'étoffe de cérémonie, noir en Aragon, ailleurs toujours de couleur sombre.

La coiffure est plus variée. A Valence c'est un bonnet rouge terminé par un chapelet de boules de laine tombant sur le dos. Le béret se porte en Navarre et en Biscaye. En Aragon, c'est le foulard noir noué autour de la tête. Il est remplacé en Catalogne, par le bonnet long de laine rouge à bords verts, en Andalousie, par le chapeau dur à bords larges et plats et par des coiffures fantaisistes dans les autres provinces.

Nous avons vu que la *capa* formait dans toute l'Espagne le vêtement préféré de dessus. Elle est surtout employée dans les villes. On porte, à la campagne, une couverture de laine pliée en plusieurs doubles dans laquelle l'indigène sait merveilleusement se draper.

Le costume des femmes se compose d'un fichu de laine qui ne dépasse guère les épaules et dont les bouts se portent croisés sur la poitrine. Nous avons eu occasion de voir qu'il est remplacé dans le Sud et à Madrid par le châle à longues franges. Dans les Baléares, où la chaleur est considérable, le corsage de la robe est ouvert sur la poitrine et laisse voir la chemisette. Sur la jupe, très ornementée, les femmes portent un tablier généralement à fond blanc et présentant, les jours de fête des dispositions et des couleurs variées. Pour la tête, c'est le foulard qui domine ; il est attaché sous le menton et posé simplement à plat sur les cheveux ; pourtant, en Biscaye, dans les Asturies et en Corogne, il est noué et relevé sur la nuque.

Dans les villes, la mantille reste, en dépit des modes françaises qui ont introduit le chapeau, la coiffure préférée des vieilles familles espagnoles imbues des anciennes traditions, et, par suite, peu disposées aux nouveautés. L'été on se garantit du soleil au moyen d'un chapeau de paille que l'on quitte dès qu'on pénètre dans le logis.

Nous savons que le châle reste toujours, pour la femme, le vêtement de dessus par excellence, et nous aurons, en Andalousie surtout, l'occasion de constater *de visu* l'art avec lequel les jeunes filles savent s'y enrouler, en dessinant l'élégante silhouette de leur corps.

CHAPITRE VI

LITTÉRATURE ESPAGNOLE. — Les plaintes d'un journaliste. — Insuffisance de la littérature. — Ses causes. — Le culte exclusif du sensualisme. — Sur quel misérable fonds doit s'exercer la verve des écrivains — La littérature espagnole dans les républiques Sud-Américaines. — Aveux flatteurs pour la France. — Castelar. — Pérès Galdos et Electra — La campagne entreprise par Galdos contre l'obscurantisme. — Le poète Campo-Amor. — « *La raison la meilleure* ». — L'oncle Salive et sa navaja. — Le politicien. — Infécondité de l'Espagne dans l'ordre de l'intellectualité. — Sa production d'artistes.

LA PEINTURE EN ESPAGNE. — Ses débuts. — Campana. — Pacheco. — Navaretto. — Le Greco. — Ecole andalouse. Herrera. — Ecole Valencienne Ribera et Ribalta. — Ecole Cordouane, Campana et Cespedes. — Ecole Granadine. Alonso Cano. — Un moine bohème, Zurbaran.

MURILLO. — Ses débuts. — Sa pacotille. — Etroitesse de son champ d'évolution. — Il l'élargit. — Il crée l'inexistant. — Ecoles buissonnières de l'artiste. — Examen de son œuvre — Il a saisi l'idéal.

VELASQUEZ. — Que cherche-t-il ? — Réalisme. — Absence d'interprétation personnelle et d'idéal. — Un virtuoso de la brosse. — La poursuite de l'impondérable. — Velasquez est l'antique inspiré, le nouveau Prométhée. — Il a saisi la lumière !

GOYA. — Patriote avant tout. — Il ne voit que l'Espagne. — Peintre des gloires, des douleurs, des traditions, des joies folles de la patrie. — Il a saisi la vie !

Un périodiste espagnol se plaint avec amertume que la littérature de son pays ne lui offre que des lectures insipides, que d'ailleurs les ouvrages imprimés en Espagne ne se lisent pas, ne se vendent pas, et sont incapables de faire réfléchir. Combien grande est la différence quand il s'agit de livres français ! Les productions littéraires qui viennent d'au-delà les Pyrénées sont lues avec avidité, commentées avec soin, discutées avec passion ; de telle sorte que l'intellectualité de la Péninsule n'est en réalité alimentée que par la France.

De là viendrait le marasme dans lequel végète la langue espagnole. L'idiome castillan est délaissé et tout homme qui vit par la pensée se trouve dans l'obligation de comprendre et de parler le français. C'est *en français* que nous arrivent les nouvelles d'Allemagne, d'Italie, de Norvège, de Russie, d'Angleterre.

Notre journaliste trouve la littérature espagnole enfantine, sans profondeur. Il constate qu'une telle pauvreté est la démonstration très nette de cette légèreté d'esprit inhérente à la race espagnole, qui jamais ne pénètre au fond des choses, qui ne sait pas faire surgir l'âme au-dessus des banalités de la vie, qui se laisse envahir par la fantaisie de l'imagination qui transporte toujours l'écrivain en dehors du lieu et du moment.

Comme preuve à l'appui de ses dires, il raconte qu'il reçoit dans les bureaux de son journal beaucoup de livres, mais presque tous — *ornés du portrait de l'auteur.* Ce sont des ouvrages publiés seulement pour caresser des satisfactions et des vanités d'écrivains vulgaires. Il n'y a là dedans rien d'artistique, de senti, d'éprouvé. Pas un cri de l'âme, encore moins une création ayant quelque valeur, rien que des platitudes et des lieux communs !

Et le périodiste a raison. En dehors de Campo-Amor, de Pérès Galdos et de deux ou trois auteurs du terroir, l'imprimerie ne met au jour que des livres insignifiants. Les intellectuels sont obligés de s'alimenter chez nous.

Cela tient à beaucoup de causes dont nous ne pouvons ici qu'analyser quelques-unes.

D'abord, les besoins intellectuels ne sont ressentis en Espagne que par une minorité d'élite, mais infinitésimale. Le gros de la population se contente des jouissances des sens. Il semble même quand on étudie les péninsulaires que plus les sensations sont grossières, plus grandes sont les satisfactions ressenties par eux.

Nous avons vu la foule accourir à des spectacles tels que les courses de taureaux, les combats de coqs, les danses de ventre, les parades foraines, les exhibitions théâtrales de femmes nues ; nous l'avons vue se presser dans les cafés, les restaurants, les guinguettes, les promenades, les places publiques, partout où elle espère trouver un aliment à l'exercice de quelqu'un de ses sens ; mais elle est bien plus clairsemée dans les salles de conférence où l'on soutient des thèses qui font réfléchir, penser. Ce n'est pas elle qui lit ces livres de France qui traitent des grands problèmes du jour. Elle préfère le genre Paul de Kock, et, Dieu sait s'il y a en Espagne de productions de cette espèce !

On dirait que l'âme est inutile à la nation. Elle n'éprouve aucun besoin de la faire vibrer. Elle ne paraît pas en avoir, par cette raison que son instruction rudimentaire et cléricale a pris le plus grand soin de la lui stériliser.

Les imprimeurs, les éditeurs, savent cela. Ils n'ignorent pas que s'ils se lançaient dans des publications philosophiques, religieuses ou seulement artistiques, elles leur resteraient pour compte, faute de lecteurs. Ils sont convaincus que la clientèle à laquelle ils ont affaire est absolument ignorante et possédée seulement d'une curiosité banale et puérile. Alors voici leur programme : pas beaucoup de politique, peu de science à moins qu'elle ne soit très amusante, presque pas d'art, jamais de discussions philosophiques ou religieuses.

Ce programme aboutit en somme à écarter d'un coup tous les auteurs qui ont conscience de leur rôle et le souci de la vérité — les seuls qui fassent penser, réfléchir, les seuls qui parlent à l'âme et élèvent l'esprit.

Que reste-t-il dès lors à l'imprimerie ? Des faits divers, démesurément grossis ; des historiettes plus ou moins salées, des commérages de portières, tout ce qui mène rapidement à la décrépitude, à l'impuissance d'une nation.

A propos d'un article publié par le *Temps* sur la *décadence de la littérature espagnole dans les républiques sud-américaines*, le señor E. Gomez Carrillo répond dans *le Liberal* qu'il y a équivoque de la part du périodiste français.

Il ne conteste pas certainement la suprématie du livre français sur le livre espagnol dans toutes les cités espagnolisantes d'outre mer. Ce n'est pas une raison pour dire : Ici tout est français.

Là-bas, en Amérique, comme à Madrid, comme dans toute l'Europe, comme dans le monde entier, la nouvelle française, la comédie parisienne, la chronique boulevardière triomphent évidemment. On n'a d'ailleurs qu'à regarder les programmes des théâtres non seulement de Madrid, mais encore de Berlin, de Rome, de Vienne, de Londres ; on n'a qu'à jeter un coup d'œil sur les catalogues de librairie de toutes les capitales du monde pour se rendre compte que les auteurs en vue sont toujours des Français : Zola, Daudet, Maupassant, les deux Dumas, Verlaine, Scribe, Sardou, etc. Mais ce tribut une fois payé à la littérature française, de laquelle la planète mondiale est tributaire depuis déjà plus d'un siècle, on peut voir, qu'après elle, la littérature espagnole est, dans le Sud-Américain, non seulement la plus importante, mais encore que son influence ne cesse d'augmenter chaque jour.

J'enregistre ces aveux avec plaisir, car ils sont bien l'expression de la vérité. Il faut, en effet, sortir de France pour connaître notre pays et juger de son importance comme organe impulseur et créateur. C'est à ce point que si ce foyer venait à s'éteindre, le monde entier en souffrirait. Je dis cela sans la moindre vanité. Partout, à l'étranger, en Italie comme en Espagne, j'ai rencontré une appréciation très flatteuse de tout ce qui forme le caractère français : la politesse, les modes, la littérature, les arts, la richesse, l'esprit, l'intelligence, le bon goût et la bienveillance.

Il n'y a que ses propres enfants qui dénigrent leur patrie.

En disant qu'en Espagne la littérature est actuellement inférieure à ce qu'elle devrait et pourrait être comme élévation de pensée et noblesse de geste, nous n'avons pas voulu insinuer qu'elle ne fût pas originale.

Sans citer Castelar, dont le rôle a été si brillant et dont la parole vibrante et colorée a retenti dans le monde entier, il suffit de nommer Pérès Galdos, l'auteur très populaire de cette *Electra* qui a révolutionné Madrid, Barcelone et les trois quarts de la Péninsule.

Galdos est l'écrivain madrilène le plus sympathique que l'on puisse rêver. Il n'est plus jeune. Il a beaucoup écrit, et plus il vieillit, plus sa pensée se porte vers l'examen approfondi des problèmes sociaux et philosophiques.

Depuis quelques années, il a entrepris, dans ce pays dévot jusqu'au bigotisme, une croisade contre l'ignorance, l'instruction congréganiste et les jésuitières de tout acabit. Son nom est ainsi devenu le drapeau, l'emblème, l'espérance de cette agglomération de vingt millions d'esclaves qui aspirent — vaguement — à l'indépendance et à l'affranchissement de la pensée.

Son style est rayonnant, simple, clair comme de l'excellent français. Il dit ce qu'il pense sans phrase, sans faiblesses, avec netteté, avec esprit même, de façon à mettre toujours les rieurs de son côté.

Pour trouver en France un écrivain qui pût lui être comparé comme style et comme caractère, il faudrait prononcer le nom de Voltaire. C'est la même ténacité, la même ardeur au combat, la même foi dans le résultat, la même logique et la même puissance dans l'argumentation ; la même clarté, la même simplicité dans l'expression. Seulement Galdos est un Voltaire beaucoup plus philosophe qu'anti-religieux.

Dans la poésie, l'Espagne possède aussi un auteur de premier ordre qui porte le joli nom troubadour de Campo-Amor.

C'est une nature délicate, douce, sensible et pourtant gaie qui réflète bien la partie la plus distinguée de l'âme espagnole.

Je voudrais, en parlant de la presse, donner ici quelques échantillons des articles publiés dans les brochures ou journaux de la Péninsule ; mais, d'une part, les susceptibilités des auteurs ; de l'autre, les lois internationales qui régissent les productions littéraires m'empêchent de mettre ce projet à exécution.

Je me contenterai d'analyser quelques sujets qui auront, à défaut du style qui leur est propre, l'avantage de montrer du moins sur quelles matières s'exerce la verve des journalistes. Nous avons dit que s'ils choisissaient des compositions plus sérieuses non seulement ils ne seraient pas lus, mais que très probablement, ils seraient congédiés par les entrepreneurs de leurs périodiques.

Dans la *Raison la meilleure*, le señor E. Blasco raconte qu'un personnage bizarre qu'on appelle familièrement dans le pays : « *l'oncle Salive* » voyageait dans un tram tout rempli de señoras et de caballeros de bonne compagnie.

Or, l'Oncle Salive possédait un vocabulaire des plus grossiers ; de plus, il ne cessait de cracher partout. On peut comprendre que ces manières de se comporter n'étaient pas du goût des dames.

Une señora s'étant plainte au conducteur, celui-ci croit devoir intervenir. Il prie poliment l'Oncle Salive de ne plus dire de paroles malsonnantes — et, lui montrant une pancarte affichée à l'intérieur du tramway — de s'abstenir de cracher par terre.

Mais le colérique bonhomme s'insurge et déclare que ses paroles sont — *très bien sonnantes* — qu'il les veut ainsi, et que personne au monde ne l'empêchera de cracher. Et sur ce mot, il lance sur le parquet une *huître* de trois pesetas la douzaine.

Nouvelles protestations et récriminations des personnes du beau sexe et le conducteur menace d'expulser l'incorrigible ; mais celui-ci déclare alors, très froidement, qu'il a dans sa poche un certain couteau, acheté aux dernières fêtes de Saragosse, et que celui-là — garde civil ou conducteur — n'est pas encore né qui le fera sortir du tram avant qu'il soit arrivé à destination.

Le conducteur voyant que les menaces sont sans effet, essaie de prendre l'Oncle Salive par la douceur : « Ne reconnaît-il pas qu'il se trouve au milieu de per- « sonnes bien élevées ? qui ne jurent pas ? qui ne cra- « chent pas ; pourquoi donc ne ferait-il pas lui-même « comme elles ? »

Par la raison bien simple, répond le cracheur, que tous les voyageurs qui l'entourent sont bien élevés et que lui ne l'est pas et qu'il faut bien qu'il y ait une différence dans la façon de se comporter des uns et des autres.

Durant toutes ces discussions, l'Oncle Salive est enfin arrivé à destination. Il quitte le tram en souhaitant bonne santé à toutes les personnes — bien élevées — qui se trouvent dans la voiture.

Certainement on reconnaîtra que le choix de ce sujet est d'un goût douteux et qu'il y a quelque distance entre l'Oncle Salive et les enjambées dithyrambiques que fait Flammarion dans les espaces célestes. Disons, pourtant que la vulgarité du morceau est compensée par des qualités de style qui ne sont pas communes : vivacité de l'action, exposé rapide du sujet, concision et dialogue, observation fine et vraie. Ce sont là dons de nature qu'on trouve assez généralement dans la presse espagnole. Ils prouvent que si les auteurs vou- laient ou pouvaient les appliquer à des sujets d'une plus grande envolée, ils y réussiraient aussi.

Voici, par exemple, le señor J. Nogalas, qui dessine de main de maître : le *Politicien*, cet homme sans cesse en mouvement, qui ne peut abandonner ni sa table habi- tuelle au café, ni ses journaux, ni ses comités, ni ses intrigues continuelles, ni son bavardage perpétuel, ni sa stérile agitation d'écureuil, ni ses élections, ni quoi que ce soit qui se rapporte à la *chose publique*. Il parle toujours au nom de ses *amis* (?) — des politi- ciens comme lui — des retraités que les employés ne peuvent souffrir. Mettre sa personne en toute affaire, signer toutes sortes d'actes et de pétitions, assister aux réunions pubiques, donner son avis sur toutes choses procure la félicité à notre homme. Etre conseiller ou maire de sa commune lui paraît le comble du bonheur.

Il tombe en extase de sa propre personne, quand il a réussi une élection par manœuvre ou tricherie. Il a double existence quand il reçoit une lettre du ministre ou du député ! Étudier, écrire, chercher, expliquer, découvrir, entreprendre une tâche scientifique, philosophique, artistique, utile à l'individu ou à la collectivité, qu'est cela ? Le labeur d'un raté qui n'a pu faire partie de la commission provinciale ou même de la municipalité !

Tout le morceau est dans ce genre. Il est véritablement digne de figurer dans *les Caractères* de La Bruyère.

Parfois, cette littérature espagnole a une note douloureuse presque désespérée. C'est quand, jetant un coup d'œil sur les nations voisines, elle constate que tous les remueurs d'idées, que tous les philosophes, que tous les réformateurs sociaux, que tous les inventeurs, que tous les esprits élevés, en un mot, sont nés et ont accompli leur mission en dehors de la terre d'Espagne.

On dirait, en effet, que les hautes sphères de l'intellectualité humaine sont closes pour ce pays. Le sol péninsulaire, qui produit des fruits si exquis, devient stérile quand il s'agit de créer les explorateurs, les pionniers de l'ordre moral, les grands justiciers qui, du bout de leur langue ou de leur plume, secouent les rois sur leurs trônes, troublent les égoïstes dans la possession de leurs richesses ou terrifient les pervers dans leurs mauvaises actions.

Ceci est la conséquence fatale de la légèreté du caractère espagnol qui est si affamé de sensualisme qu'il devient impropre à la culture morale.

Il y a, en effet, antagonisme de nature entre l'esprit et les sens, quand ils ne se prêtent pas un mutuel appui, quand ils deviennent buts de l'existence, au lieu de rester moyens d'action.

Sans doute, l'homme qui veut élargir son horizon moral ne peut le faire qu'en s'appuyant sur les sens pour arriver à la connaissance des choses initiales de l'intellectualité. De son côté, le sensuel restera toujours aux derniers échelons de la vie de l'âme, s'il laisse improductifs les dons de raison, de sensibilité, de justice, d'amour qui sont en germe chez lui. L'être humain ne sort du pair, n'émerge de la foule, ne la domine et ne l'impressionne qu'autant qu'il a cultivé les deux aspects de son moi.

On peut dire que l'Espagnol n'a labouré le champ fécond de l'intelligence que dans les choses de l'art, qui sont si voisines du sensualisme. Là, il a pleinement réussi, parce qu'il était dans son élément. En peinture, il a eu Murillo, Vélasquez, Ribera, Goya ; en sculpture : Forment, Morlanes, de Anchita, Becerra, Montanes, Alonso Cano, de Mena ; en architecture : ces anonymes qui construisirent les palais maures, les alcazars, et leurs successeurs de la Renaissance : Silge, Valdevira et Herrera.

C'est là, pendant une longue période de siècles, une riche moisson d'artistes que toutes les nations, même les plus civilisées, peuvent et doivent envier à l'Espagne.

Avec ses trois peintres de génie : Murillo, Vélasquez et Goya, l'Espagne a surgi naturellement au premier rang des nations qui se sont distinguées dans la peinture.

Elle n'y est pas parvenue tout à coup ; mais par des étapes longues et diverses, parcourues avec acharnement.

Déjà, vers la moitié du seizième siècle, Pedro Campana, très personnel, était arrivé à la maîtrise avec sa *Purification* de la cathédrale de Séville. Il eut pour élève Pacheco, qui donna sa fille au grand Vélasquez.

Mais voici que Charles-Quint et Philippe II rassemblent à l'Escurial et au Palacio Réal quelques-unes des œuvres des grands Vénitiens : Le Titien, Le Tintoret, Paul Véronèse, et c'est là que les Espagnols Navarrete et Le Greco ont pu former leur goût.

Désormais l'élan est donné. Quatre écoles apparaissent presque simultanément : l'*Andalouse* avec Herrera, la *Valencienne* avec Ribalta et Ribera, la *Cor-*

douane avec Campana et Cespedes ; enfin la *Grena-
dine* avec le célèbre Alonso Cano, moitié sculpteur,
moitié peintre, très distingué dans ces deux branches
de l'art, mais auquel il a toujours manqué la flamme,
ce qui fait qu'il est demeuré à mi-chemin du génie.

Au milieu de cette sorte de renaissance, surgit
Zurbaran, un moine bohème, un artiste vagabond
épris de sa palette, un réaliste sans tremplin, maître
de la couleur, ignorant de la composition, mais observateur implacable, féroce, et, à ce titre, courant les
couvents et les remplissant de portraits merveilleux de
moines vulgaires, dont en échange il ne recevait que
le gîte et le couvert.

Enfin, Murillo vint... En visitant les collections
sévillanes, nous dirons ce que nous pensons de ce
grand artiste et nous ferons justice des critiques qu'on
a dirigées contre lui, parce que, né dans un siècle
religieux où les seuls acheteurs étaient des évêques,
des abbés, des gens d'église ou de couvent, Murillo
n'aurait produit que des scènes dévotes. Mais s'il avait
peint d'autres sujets, qui donc les lui aurait achetés ?
Ne savons-nous pas que le pauvre hère était misérable et forcé, à ses débuts, de vendre sa *pacotille* sur
les places publiques de Séville, les jours de foire. Les
grands seigneurs laïques d'alors qui, d'ailleurs, n'en-
tendaient rien aux choses d'art, attendu que leur métier était de faire la guerre, se seraient bien gardés
d'accrocher dans leurs vastes salles nues des tableaux
de genre qui les eussent mis en suspicion auprès des
hommes noirs, devenus maîtres du royaume d'Espagne.

Il en était de même en Italie, où les papes, les couvents et les églises seuls s'intéressaient aux arts d'ornement, non pas par goût raffiné, mais pour parler
aux yeux des croyants, pour faire de la propagande.

Les peintres des péninsules furent donc forcés de se
cantonner dans le genre dévot pendant plus de deux
siècles, au seizième et au dix-septième.

Beaucoup acceptèrent leur joug obligatoire avec résignation. Une personnalité aussi altière que Murillo ne
put pas toujours subir cette sujétion. Il fit craquer ses

toiles et, au travers des choses d'église, il peignit quelques échappées sur des cours, quelques mondanités, comme la charnelle *Madeleine*, quelques réalités : hommes, femmes, enfants des faubourgs; loqueteux pittoresques et jusqu'à des pouilleux et des teigneux dont chacun pouvait reconnaître alors les types accroupis sur les marches de la cathédrale de Séville.

Dans les sphères plus élevées de l'inexistant, poussant beaucoup plus loin son rôle créateur, lui, inspiré, il donne un coup d'aile et *saisit l'invisible*. Il impose aux créations de son imagination le souffle vital; il fait plus encore, il indique l'action par le geste observé et marque la pensée par un procédé insaisissable, inimitable, mais qui la rend apparente aux plus bornés. Il fixe par le pinceau cette pensée dans le temps, à la façon de Dieu, pour l'éternité.

C'est ainsi que, sous *les saints* des toiles de Madrid, transparent les chanoines bavards de la cathédrale de Séville; que derrière la *Vierge du Louvre* on reconnaîtra l'Andalouse indolente aux passions de feu; que dans les *Pauvres*, de Diégo de Alcala, il a saisi les mendiants pleurards du quartier juif; qu'à travers sa *Rebecca* on voit percer la vigoureuse fille de l'Iémen.

Que nous examinions l'œuvre du maître au Prado ou à l'académie San Fernando; à la Caridad ou au Musée de Séville, les qualités sont les mêmes. Partout la lumière tamisée circule autour des personnages. Sauf dans quelques compositions de l'une de ses manières où l'on peut critiquer des ombres trop fortes, ses clairs obscurs sont aussi nettement traités que les morceaux très éclairés. Sa couleur est admirable, nuancée, fondue et sa pâte est suffisamment épaisse, sauf dans la *Vierge à la servilleta*. Rien n'est joli comme les effets de lumière et de couleur du *Crucifiement de saint André*. Et quelle délicieuse page de peinture que son *Elisabeth de Hongrie guérissant les malades*, que Soult avait enlevée à l'hôpital de la Caridad et que je retrouve à l'Académie des Beaux-Arts, sous le nom de *El Tiñoso* (le teigneux). Certaines parties y sont traitées avec le réalisme brutal de Valdés Léal; mais comme l'âme de l'artiste, éprise de la pure beauté, se retrouve dans l'admirable physionomie de la sainte reine !

L'Espagne, qui n'est pas prodigue de grands hommes, garde chez elle ceux qu'elle a eus. Il n'y a pa, en effet, beaucoup de toiles de Murillo en dehors de la Péninsule, et, pour se rendre compte de la manière du maître, il suffit de parcourir les collections que j'ai indiquées à Madrid et à Séville.

Les œuvres de Velasquez et de Goya se retrouvent presque au complet au Prado, où on leur a enfin fait une place digne de ces deux artistes. La dernière fois que je suis passé à Madrid, j'ai vu qu'on avait enlevé les travaux de Goya au rez-de-chaussée où l'humidité aurait pu les détériorer et qu'on les avait transportés dans la galerie principale. C'est au reste sur cette même galerie que s'ouvre un salon en rotonde où sont exposés tous les Velasquez, sauf les *Menines*, que l'on a relégué dans une salle annexe qui permet à la toile de produire tout son effet lumineux si merveilleux !

Diego Velasquez (de Silva), l'élève et le gendre de Pacheco, s'est essayé lui aussi dans la peinture religieuse : l'*Adoration des Mages*, le *Christ en croix*, le *Couronnement de la Vierge*, *Antoine et Paul au désert* sont le tribut qu'il a dû payer aux hommes de son temps. Il était d'origine portugaise, mais son tempérament, réaliste au suprême degré, en a fait le type le mieux réussi de l'Andalou.

Dès le début, il est préoccupé de sa marotte ; il poursuit déjà le vrai, le réel. Il fait de petits intérieurs de cuisine à la façon des flamands et des hollandais. C'est dans ces petits ouvrages, dont pas un n'est visible en Espagne, qu'il commence à étudier les jeux d'ombre et de lumière, l'éclairage de plusieurs côtés à la fois, les demi-teintes et le clair-obscur.

Hélas ! Disons que quelle que soit l'œuvre entreprise, sa personnalité n'apparaît jamais ; il est absent de ses toiles. On n'y voit que du positivisme. Et j'avoue que c'est ce réalisme à outrance qui me gâte ce peintre.

Sauf dans la seule figure de son *Christ*, il n'y a pas chez lui de conception élevée, pas de poésie, pas de sentiment, pas d'envolée, pas le moindre idéal. Il n'est pas artiste au sens que nous attachons à ce mot. Ce n'est pas un interprète, c'est un photographe à palette qui copie brutalement la nature à la façon de Zurbaran. Et quelle nature? La plus indifférente, la plus laide, la plus difforme, celle qui s'éloigne le plus de la conception grecque, dé la beauté : des nains, des bouffons, des avortons, des ratés!

Velasquez se jette sur ces laideurs humaines aux *facies* abêtis, aux yeux idiots, aux attitudes triviales comme l'hyène sur sa proie, et, parce qu'il est passé maître dans l'art de la brosse, il fixe à jamais sur la toile, il immortalise par son talent ces pauvretés physiques et intellectuelles, laissant en nous le regret de voir une maîtrise hors ligne si mal employée.

Parfois, il semble avoir conscience de son incapacité à atteindre les altitudes de l'idéale beauté. Alors il fait des efforts surhumains pour sortir de sa gangue. Espérant l'inspiration, il fait choix de sujets plus relevés. Son *Christ* lui fait entrevoir l'empyrée; mais ce coup d'aile est de courte durée. Sa *Vierge* est une paysanne, sa mythologie de *Vulcain* est presque grotesque, son *Esope* me rappelle un notaire de village que j'ai beaucoup connu, enfin son *Mars* semble plus près du suicide que de la guerre.

En somme, pas une pensée, pas un souffle n'anime ses créations. Il n'y a rien qui fasse réfléchir et qui satisfasse notre for intérieur. Ses toiles sont de merveilleuses photographies peintes qui ne disent rien à l'âme et ne parlent qu'aux yeux.

Au reste, c'est par la perfection de ce *réel seul*, sans trace de foyer chaleureux, que ce Portugais est bien Espagnol. Comme la littérature hispanique, sa peinture ne parle qu'aux sens ; mais avec quelle maëstria il saisit le vrai et le fixe!

Ah! son métier, comme Velasquez en possède les secrets! Quel virtuose de la brosse!

Là, *dans l'exécution*, il est presque poète à la façon

antique, à la manière des héros possédés par la fatalité, qui poursuivent sur cette argile l'accomplissement des décrets célestes lancés par les Divinités dont ils sont les instruments inconscients. Il l'est aussi, poëte, à la façon du démiurge Prométhée prenant le parti des hommes contre l'Olympe.

Pour comprendre ma pensée, disons quelques mots, racontons quelques phases de ce combat à l'escalade de l'impossible, à la conquête de l'intangible.

Tout d'abord, nous voyons ses premiers efforts de réalisme qui se traduisent par des toiles aux figures quelconques, par des portraits, divinement peints, qui ne laissent rien transparer de l'âme du modèle ; par des attitudes indifférentes, relâchées, négligées même.

C'est que la perfection n'était pas ce qu'il cherchait. Figures, portraits, attitudes n'étaient pour lui que des moyens, des points de repère pour arrêter au passage quelque chose d'immatériel, un fluide si tenu, si impondérable, si impalpable qu'aucune palette de maître n'avait pu l'appréhender durant sa course fantastique, une chose invisible que les Italiens avaient presque entrevue, que les Hollandais avaient presque touchée, que personne n'avait pu capter : LA LUMIÈRE !

C'est par cet effort que Velasquez est grand, gigantesque, titanesque ; c'est dans cette lutte homérique qu'il est passé génie créateur. *Il a saisi la lumière* ; bien plus, il l'a fixée comme un demi-dieu seul eut pu le faire. Il est le Prométhée qui a dérobé la clarté du ciel pour la donner aux hommes.

Toutes les toiles de la période vigoureuse de son taient reflètent la tendance à s'emparer du fluide, à y baigner ses personnages et ses natures ; mais il n'y a que deux tableaux où il ait pu l'enchaîner : ce sont les *Menines* et les *Fileuses*.

N'eut-il produit que deux toiles, Velasquez était immortel et l'on peut dire que toute son œuvre picturale n'a été qu'une longue suite d'études et de croquis pour arriver à ces deux chefs-d'œuvre qui n'ont jamais pu être dépassés et qui ne le seront probablement jamais.

Nous ne voulons pas, dans un ouvrage qui doit embrasser tant de sujets, nous arrêter longtemps sur les toiles nombreuses et admirables que renferme le Prado, l'un des musées les plus riches du monde. Nous ne pouvons pas cependant rester indifférent devant l'œuvre de Goya, dont la contemplation nous a jeté dans un véritable ravissement.

D'où vient le charme étrange que tout le monde éprouve devant ses tableaux ?

Est-ce la couleur ? Assurément, elle est originale. Il y a des ciels blancs, d'autres d'un jaune clair. Quelques toiles sont poussées au noir et les parties lumineuses manquent d'éclat. Mais comme ces défauts sont compensés par l'harmonie qui règne en souveraine, aussi bien dans l'ordonnance générale que dans la coloration, aussi bien dans la composition que dans les moindres accessoires.

Chacune de ses toiles est un poème complet où il raconte, avec le pinceau, une scène de la vie pittoresque ou historique du peuple espagnol.

Goya aime l'Espagne avec délire. Il l'aime dans ses grandeurs quand il peint le *Dos de Mayo*, jour où commença à Madrid le soulèvement populaire contre les troupes de Murat. Il l'aime dans ses malheurs quand il évoque le souvenir des *fusillades des madrilènes* par les Français. Il l'aime dans ses gloires quand il rappelle les *combats entre Espagnols et Mamelucks*. Il l'aime dans ses traditions quand il fixe dans des portraits inoubliables les traits des membres de la famille royale ou qu'il sort de sa palette des *tableaux d'église*, pour lesquels il n'était certes pas fait.

Mais il adore surtout sa patrie dans ses exaltations tapageuses : courses de taureaux, déjeuners bruyants sur les rives du Manzanarres, scènes de beuverie dans les auberges ou ventas, rondes diaboliques et désopilantes dans la campagne, tout ce qui est joie folle, exubérance de chair ou de nerfs, tout ce qui fait battre le cœur et exprimer la joie de vivre, de jeter sa sève aux quatre vents de l'horizon !

Si vous voulez du mysticisme, du sentimatalisme,

du rêve, n'allez pas voir Goya. Il ne vous offrira que l'Espagne, c'est-à-dire la terre de vie intense où la pensée cède le pas à l'action.

Mais comme il sait saisir cette action dans sa complexité, dans sa variété, dans son instantanéité, dans son frémissement, dans ses multiples pulsations, dans ses attitudes, dans ses gestes. Il faut voir ses *Caprichos*, des lavis enlevés rapidement, où il raconte les scènes populaires des rues de la capitale ou celles de la campagne. C'est presque de la caricature, en tous cas c'est de l'ironie douce ; mais surtout, par dessus tout, c'est de la vie à outrance, du flamenco vécu et peint.

Goya est le type le mieux reussi du patriote espagnol et c'est un acte de bonne justice que d'avoir imprimé sa fine et bourgeoise figure sur les billets de banque de son pays.

L'Espagne n'a pas à se plaindre. Elle a mis au monde trois génies qui ont successivement immortalisé les trois aspects de l'art : Murillo l'idéal, Velasquez le vrai, Goya la vie.

CHAPITRE VII

Barcelone est une splendide ville, bien digne, si elle était plus centrale, d'être la capitale de l'Espagne. Pour le moment, elle se contente d'être l'émule de Madrid.

Comme à Gênes et à Marseille, ses rivales de la Méditerranée, la partie antique de ses maisons est ramassée autour du port qu'elle enlace de toutes parts.

Une voie principale : la Rambla, traverse la ville vieille et la divise en deux tronçons qui n'offrent chacun qu'un enchevêtrement de ruelles étroites et tortueuses.

Rambla est un mot arabe qui désigne un lit desséché de rivière ou de fleuve. Il est donc probable que ce boulevard qui grimpe doucement depuis la mer jusqu'aux contreforts de la série de montagnes, qui entoure Barcelone, est l'estuaire d'un rio qui aura été détourné par les convulsions géologiques si fréquentes au bord de la mer.

La partie neuve de la cité catalane est construite sur un plateau légèrement incliné vers le port. Elle enveloppe les deux tronçons dont nous avons parlé. On l'appelle « ensanche » qui veut dire « agrandissement ». C'est par là, en effet, que la capitale de la Catalogne a pu s'élargir sitôt qu'elle a été delivrée de ses fortifications. L'ensanche ou ville moderne est une copie des récentes cités Américaines qui ont étonné le monde par la rapidité de leur construction. Comme chez les Yankees, la ligne droite y joue le rôle principal. Ce sont des séries parallèles de rues, presque à égale distance les unes des autres, coupées par d'autres séries de rues perpendiculaires aux premières. Elles forment des espèces de mailles carrées qui, peu à peu, ont gagné et enveloppé les villages voisins : Garcia, san Gervasio, Sarria, Sans, Hostafranchs, le Mont Pelado et san Martin de Provensals.

Telle qu'elle est aujourd'hui, Barcelone s'étend jusqu'au pied des montagnes qui la garantissent des vents glacés. Des villas, des fabriques, des couvents, des collèges sont échelonnés au pied et sur les penchants de ces hauteurs, s'abritant dans leurs anfractuosités, s'étalant sur leurs croupes et constituant à la grande ville une ceinture d'un charme et d'une beauté inénarrables.

A chaque croisement de voies, la Municipalité a exigé une placette octogonale dont quatre côtés sont pris sur les immeubles d'angle qui, par suite de ce fait, se trouvent avoir trois façades sur rue, ce qui est d'un grand charme pour le promeneur.

Naturellement, la magnificence espagnole a fait de ces maisons d'angle de véritables palais dont l'architecture varie constamment. Au reste, même parmi les édifices qui s'alignent sur la rue, beaucoup ont une construction très riche et très soignée. On ne s'étonnera donc pas que l'ensemble de ces belles voies rappelle les édifices des bords de la Seine lors de l'exposition de 1900. Avouons, toutefois, que le style architectural généralement adopté a le défaut de surcharger ces immeubles d'ornements en relief. Cela est moins choquant en Espagne, où les balcons et les miradors font déjà saillie sur la rue. Quand l'œil, habitué à nos longues perspectives droites, s'est fait à cet enchevêtrement de colonnes, de cariatides, de statues, d'enfants bouffis, de feuilles d'acanthe, etc..., il finit par transmettre au cerveau une impression de richesse et de grandeur étrange.

Le climat de Barcelone est charmant pour ne pas dire enchanteur. Nous réserverons cette dernière expression pour celui de Séville. Tout l'automne et tout l'hiver on jouit ici d'une température presque printanière. Les platanes ne perdent leurs feuilles qu'en janvier et ce retard est très heureux, car, avec un soleil qui chauffe sérieusement, on ne saurait où promener sans risquer une insolation.

La ville est presque sur le même parallèle que Rome ce qui semble indiquer qu'on n'éprouve pas plus de froid que dans la capitale de l'Italie. De plus on a ici cet avantage que la Malaria est inconnue et que les heures de coucher du soleil n'offrent aucun danger pour la santé. L'air y est tellement sain et pur que les maladies sont rares. Les gens très difficiles disent pourtant que la population se plaint de rhumatismes. Mais n'est-il pas vrai que partout les délicats sont malheureux ? En tout cas, les épidémies y sont inconnues. Cette heureuse circonstance qu'elle doit à sa situation, aux brises bienfaisantes de la Méditerranée et peut-être aussi aux précautions sanitaires prises par l'alcade et son conseil, a fait que la capitale catalane est devenue pour l'Espagne ce que Nice, Monaco, Menton, Pau, Biarritz, Arcachon sont pour la France, des stations hivernales et estivales de premier ordre. C'est ce qui explique non seulement l'affluence des touristes qu'on rencontre ici, mais encore la quantité prodigieuse de maisons de campagne qui s'élèvent dans la partie haute du plan incliné qui grimpe jusqu'à la montagne.

Sur les quatre vents qui règnent dans la contrée,

ceux d'Est et de Nord-Est amènent la pluie, celui du Sud-Ouest qui vient d'Afrique et qu'on appelle Lybien éclaircit le temps. Celui du Nord-Ouest ou mistral est froid. La tramontane des Pyrénées arrive ici bien atténuée.

J'ai passé à Barcelone toute une mauvaise saison pendant laquelle il n'a plu que deux fois. D'autres hivers sont plus humides. Toutefois, il est rare qu'il y gèle et qu'il y neige. Si de tels accident arrivent cela ne dure que quelques heures.

La douceur de la température est telle que les malades de la gorge et des poumons voient atténuer leurs souffrances au bout de quelques jours. Ceux qui ont les voies digestives délicates sont radicalement guéris et ils ne peuvent que bénir leur bonne étoile qui les a conduits sous ce beau ciel bleu.

De ce que l'hiver n'est pas rigoureux, il ne faut pas conclure que l'été soit suffocant, comme à Séville par exemple. Il n'en est rien. La brise marine corrige ce que le soleil pourrait avoir de trop ardent. D'ailleurs, les jolies villas qui s'étagent sur la montagne jusqu'à cinq ou six cents mètres d'altitude permettent de choisir le degré de fraîcheur qui convient à tous les tempéraments.

Quand on est habitué à nos journées froides et humides, ou brumeuses, n'est-il pas ravissant, en plein hiver, d'ouvrir sa croisée, dès le matin, de respirer avec avidité cet air salin qui vivifie, de se chauffer à ses rayons brillants qui illuminent votre demeure et donnent à ce mauvais mobilier d'hôtel garni, je ne sai quel aspect gai et de bon goût.

Les effets d'une telle médication se font bientôt sentir et peu à peu disparaissent tous les maux avec lesquels nous sommes obligés de vivre dans nos pays froids et débilitants.

C'est le soir qu'il faut parcourir les rues de Barcelone. Tout s'embrase ! De l'électricité partout ! Les Remblas, la rue Fernando VII et les petites rues marchandes, dont les magasins ont un luxe fastueux, offrent un spectacle féerique. Le peuple espagnol a le goût de l'ornementation poussé à un degré infini. Il est bien arabe dans ce sens, l'arrangement soigné de ses étalages, les décorations infiniment variées de ses devantures, de ses enseignes, de ses portails, de ses balcons, de ses miradors et de ses façades indiquent un sentiment artistique très prononcé.

Les métaux précieux et les bois rares, les uns fortement burinés, les autres profondément sculptés, les colorations les plus harmoniques, produisent sur l'étranger un effet saisissant qui l'émerveille sans qu'il ait le temps d'analyser les sensations esthétiques par lesquelles il est forcé de passer. Pourquoi lutter d'ailleurs contre ce charme? Qu'il se livre au contraire tout entier à son plaisir artistique, qu'il se laisse aller au ravissement de parcourir à la nuit les très nombreuses ruelles de la vieille cité, et je lui promets, s'il aime le beau et l'inattendu, une suite d'impressions délicieuses.

Là, il ne trouvera pas de palais, c'est le vieux quartier. Pourtant, pas une de ces masures qui ne soit magiquement éclairée et qui ne contienne un choix d'objets élégants, savamment présenté à la convoitise d'un public constamment renouvelé. Même dans les rues les plus étroites, chaque vieille maisonnette pourrie est pourvue d'un étalage ravissant et d'une illumination de premier ordre et cela fait un joli contraste de constater qu'il y a dans une baraque qui tient à peine debout, un magasin splendide qui ruisselle et flamboie comme un palais!

En hiver, c'est entre cinq et huit heures que se font les achats. C'est le moment où les ateliers jettent sur les voies des milliers de travailleurs, employés, fonctionnaires qui viennent se mêler pour une heure au monde sélect qu'attendent les équipages impeccables arrêtés devant les plus riches ou les plus appétissantes devantures.

C'est à ce moment que les jeunes filles qui ont fini leur besogne journalière viennent réjouir l'œil du promeneur de leurs noirs chignons, de leurs prunelles étincelantes, de leurs lèvres riantes, et des couleurs éclatantes de leurs robes et de leurs châles. Par deux, par trois, elles se précipitent sur les étalages de bijouterie, de mercerie, d'étoffes avec des curiosités simiesques, des ondulations de chattes et des convoitises non déguisées. Les comptoirs sont assaillis, pris en quelque sorte d'assaut, et les commis travaillent plus dans ces quelques heures que dans toute la journée.

Pour suffire à ces moments de presse, les maîtres de magasin sont obligés d'entretenir un personnel fort nombreux d'employés, pendant le jour ces jeunes gens ne font pas grand'chose. Ils emploient leur loisir à fumer, à bavarder. Il faut dire d'ailleurs qu'en général ils sont très mal payés. On exige pourtant d'eux des vêtements convenables, des manières polies et des sourires constants. C'est avec tous ces agréments, d'ailleurs, qu'ils vous trompent le plus possible et qu'ils trouvent moyen de vous voler sans vous faire crier.

Le faste des Espagnols se manifeste aussi dans leurs attelages. Leurs voitures ne le cèdent en rien à celles de Bender. La plupart des chevaux sont les descendants de cette race barbe qu'on croit à tort issue du Syrio-Arabe. Mais l'Arabe et le Syrien sont petits, ramassés, leur arrière-train est grêle et fuyant, leur tête est carrée, et ils possèdent une crinière et une queue caractéristiques. Le carrossier actuel, dont les hidalgos tirent tant de vanité, est plutôt flamand ou hollandais. Le nez est busqué, la charpente colossale, le cou énorme, la poitrine large, l'arrière-train aussi rempli que le normand. Quant à la taille de ces colosses, elle est pour le moins d'un mètre soixante-dix. Un seul de ces animaux suffit largement pour traîner un lourd coupé qu'il dépasse en hauteur de toute l'encolure.

Il ne faut pas trop s'étonner de cette origine flamande des chevaux. Les Flandres ont longtemps été un fleuron de la couronne des Espagnes et il est fort possible que les Seigneurs de l'époque de l'occupation aient tiré de là leurs superbes montures. Ce qui semblerait corroborer cette opinion, c'est que ce sont surtout les ports de mer qui possèdent cette belle race.

Il y a beaucoup de ces chevaux à Barcelone, quelques-uns en Andalousie, venus par Málaga, Alméria ou Cadiz ; et très peu à Madrid qui est dans l'intérieur des terres. Quoi qu'il en soit, le carrossier espagnol est le plus beau cheval du monde.

Comme il fait bon vivre à Barcelone ! Se lever avec les croisées ouvertes ; se baigner dans les rayons d'or ; lézarder à l'ombre des platanes ou des palmiers : flaner sur le port, au milieu de cette activité fébrile qu'y déploient les gens de toutes les nations, qui parlent toutes les langues, prendre une barque et parcourir la baie, au centre du mouvement des navires qui entrent, sortent et jettent à l'air les cris sauvages de leurs sirènes, chargent ou déchargent des marchandises de toute sorte ; recevoir en pleine figure cette brise de mer si fortifiante qui donne un appétit féroce et régénère l'être détraqué par l'âge ou les fatigues ; se laisser vivre calme et paisible au sein d'une cité pleine d'agitation, de mouvement et d'ardeur commerciale ; c'est un enchantement continuel dont jamais on ne se lasse.

Et ces Ramblas ? Un coin du boulevard des Italiens qui aurait quinze cent mètres de long ! L'avenue centrale est irrégulière. La circulation des voitures se fait des deux côtés de la grande artère par deux voies latérales parcourues par des milliers d'omnibus à mules, par des milliers de tramways électriques, par des charettes, des landaus et des coupés. Ajoutez au tableau les stationnements de voitures publiques qui sont ici plus propres et mieux entretenues que partout ailleurs ; vous n'aurez encore qu'un aperçu bien imparfait du nombre de véhicules qui se voient sur les Ramblas.

A Barcelone et sur toute la côte Méditerranéenne le poisson est exquis et je comprends qu'en Andalousie, et à Séville particulièrement, les habitants en aient fait un article de haute gourmandise.

La principale qualité du poisson est d'être frais. On porte donc aux divers marchés la pêche à mesure qu'elle est recueillie. Les gens qui effectuent ce transport ont d'immenses tablettes rondes d'osier qu'ils mettent sur la tête et qui renferment le poisson venant de la mer. Ils courent comme des dératés en poussant de grands cris et tout le monde s'écarte sur leur passage pour les laisser arriver plus tôt avec leur ruisselante et fraîche marchandise. Chacun se dit en les voyant si empressés qu'il faut leur faciliter leur tâche, car peut-être on se régalera ce soir ou demain de ce délicieux manger.

Il y a ici des masses de poisson de toute espèce et les douze marchés de la capitale catalane sont bien approvisionnés. L'article est devenu de première nécessité pour les populations côtières dont il est le principal aliment. Le petit poisson se mange frit, le gros en courbouillon. Quand il est simplement cuit à l'eau, on le sert froid ou tiède avec une sauce variée et quelque peu épicée. Dans le courbouillon on emploie toujours le vin blanc sec du pays qui donne un parfum délicat, bien supérieur à celui du vin rouge.

La Méditerranée, en fait d'huîtres, ne fournit guère que des portugaises, grosses, charnues et de mauvais goût. Du côté de Cadiz on pêche cependant une petite huître peu abondante, légèrement jaune et suffisamment épaisse qui n'est pas mauvaise. Mais quoique la mer intérieure ne donne que des crustacés médiocres, c'est à Barcelone que j'ai mangé les meilleures et les plus succulentes huîtres de ma vie. On les fait venir de Marennes, sur l'Océan. Elles partent par le rapide la nuit, et ne mettent que quinze à dix-huit heures pour arriver dans la cité gourmande.

On sait que Barcelone est le pays de la bonne chère.

Les étrangers fortunés qui viennent y passer l'hiver, les voyageurs qu'amènent les navires innombrables du port, la population fixe très riche qui y réside fournissent largement les acheteurs de mollusques. Il s'en consomme des quantités très considérables et les expéditeurs français ont soin de fournir cet excellent débouché de leurs meilleurs produits. Chaque cent cinquante pas sur les Ramblas, et dans les rues, devant les principaux cafés, il y a des marchandes d'huîtres qui n'ont que le tort de les faire payer un peu cher. Aux divers marchés disséminés dans la ville, on peut en trouver aussi et toujours très fraîches.

Il y a ici une coutume bien espagnole en ce qu'elle marque d'une façon caractéristique le péché de vanité qui est inhérent à la race péninsulaire. Nous la verrons se manifester encore plus énergiquement tout en changeant de caractère dans la capitale de l'Andalousie, où le besoin de paraître, étant plus intense, ce qui n'est ici qu'annuel devient journalier à Séville. Au reste, l'étranger profite de cette coutume puisqu'elle lui permet de juger *de visu* de la correction des attelages, du bon goût des véhicules et des apparences de richesse de la classe élevée et du high-life.

Pendant les trois jours qui précèdent la Noël, tout le Barcelone riche se donne rendez-vous au parc, dans ses plus beaux atours, avec ses équipages somptueux et ses merveilleux chevaux. Il y a là, pour l'observateur attentif, un spectacle très récréatif. D'abord, il ne faut pas comparer cette exhibition à la promenade journalière du bois de Boulogne des Parisiens. Ici, on ne voit que peu de voitures de louage et la cocotte fleurie y produirait scandale. On croirait qu'un souffle de correction raide et britannique a passé par là. C'est bien une exhibition froide et gourmée. On sent que personne n'y prend plaisir, ni ceux qui regardent, ni ceux qui sont venus se faire voir. C'est triste, lugubre, mais c'est correct comme une cérémonie anglaise. A Paris, à Séville, la joie, le bonheur de vivre, d'essayer une toilette, de faire enrager une amie intime, donnent à ces exhibitions un caractère puéril, inoffensif, bon enfant, qui les rend sympathiques à tous.

Vers cinq heures, à la fin de décembre, la nuit commence à s'étendre sur le parc où l'éclairage n'est pas suffisant, d'ailleurs; alors, les équipages se dirigent vers le centre lumineux : Les Ramblas, la rue Fernando VII. Ces endroits deviennent incontinent plus dangereux que la rue Royale au retour du bois de Boulogne. Comme toute l'activité commerciale est réunie sur un seul point, l'affluence de population et de véhicules est indescriptible à ces heures et à cette place privilégiée. L'encombrement pendant ces trois soirées dépasse tout ce que l'on peut imaginer. Les gendarmes à cheval qui sont chargés de la police de la voirie ne font qu'augmenter les difficultés de la circulation. On permet à toutes les voitures de stationner devant les magasins où ceux qui les y ont amenées ont affaire, et, comme ces magasins sont justement situés aux bifurcations, on peut juger du mal que passants et véhicules ont à franchir ces défilés. Ajoutez à ce tableau les cris des cochers, les vociférations des passants, les hurlements des timbres des tramways, les chants stridents de trois ou quatre mille oiseaux qui cherchent un refuge sur les platanes, les injures des conducteurs entre eux ou avec les piétons, les coups de coude, les bousculades, les paquets volumineux dont il faut se garer, le tapage des roues sur les pavés, les beuglements des marchands de journaux et des billets de loterie et vous jugerez qu'il y a miracle à se tirer sain et sauf d'un tel guêpier, surtout si l'on a pu conserver sa montre dans son gousset.

Les riches citadins ne sont pas les seuls à parader pendant ces saints jours de gala. Tandis que les élégants circulent dans les allées sablées du parc, il y a, rangés sur la place de Catalogne ou sur la Rambla de ce nom, des milliers de dindons et de chapons qui se pavannent en attendant l'heure d'être troussés à la broche. Ce sont, en général, des navires français qui, chaque année, viennent, à cette même époque, jeter sur les quais du port cette succulente marchandise. Les volatiles arrivent avec leurs conducteurs armés de longues gaules. Au sortir du bateau, par troupes de trois à quatre cents, ils sont lentement conduits sur la plaza, où les acheteurs vont les chercher.

À certaines heures de la matinée, le marché est très animé; cependant, nous devons dire qu'il y a beaucoup plus de curieux qui désirent savoir le prix que d'acheteurs véritables. Aussi cette partie de la ville, qui généralement est déserte, devient tout à fait pittoresque dans ces jours pantagruéliques. Des familles entières viennent choisir leurs victimes qui demeurent inconscientes de leur malheur prochain. Pauvres bêtes ! si elles savaient..... Mais elles ne peuvent même pas se servir de leurs ailes !

Mais laissons de côté ces choses tristes pour ces gras volatiles et soyons tout à la joie de vivre et de digérer dans ces beaux jours de ripaille que nous traversons.

Depuis le 18 décembre, il est arrivé à Barcelone, venant de Valencia ou des îles Baléares, des cargaisons entières de produits tropicaux : noix de coco, cannes à sucre, patates, bananes, dattes, melons d'hiver et pastèques. C'est aussi le moment où apparaissent les mandarines, les oranges et les grenades. Il reste encore beaucoup de raisins frais. Les Rondas, boulevards qui font le tour de la ville, et les Remblas qui la partagent en deux sont inondés de ces fruits succulents. Les marchands les déposent par terre en les entassant en forme de pyramides plus ou moins allongées. Ils les disposent de chaque côté de la voie réservée aux promeneurs. La ville de Gijon prend une part active à ces exhibitions. Elle possède une spécialité : c'est une sorte de nougat de Montélimar plus ou moins dur et plus ou moins cher, dont les Catalans sont très friands.

Il s'est donc établi sur les Ramblas supérieures une centaine de boutiques foraines qui toutes vendent des nougats (turron) et rien que des nougats. La chose paraîtra étrange à ceux qui ne connaissent pas les habitudes locales. Ici, une famille serait déshonorée si le jour de Noël, au moins celui-là, elle ne mangeait pas sa dinde, sa pastèque, son *turron*, sans compter le reste. Il y a, comme en Angleterre, des associations charitables qui distribuent ces douceurs aux infortunés. Mais ceux qui ne peuvent pas participer à ces faveurs n'en font pas moins leurs agapes, mettant au Mont-de-Piété des objets indispensables à leur ménage et qu'ils ne tarderont pas à regretter.

En cet instant, les pâtisseries sont supérieurement

garnies. Elles font venir, selon l'expression vulgaire, mais caractéristique, l'eau à la bouche. D'un côté de la devanture, les crèmes et les gâteaux montés ou non montés, rutilans et appétissants ; de l'autre côté, les truffes noires de Périgord, les dindes dorées, les chapons rebondis, les pâtés de foies, les lièvres, les izards, les lapins, les perdreaux, les paons, les faisans, les poules de Bresse, etc. On voit que les pâtisseries, à Barcelone, sont aussi des rôtisseries et que les entrepreneurs de ces établissements sont chargés du service de bouche depuis le rôti jusqu'au dessert, en y comprenant tous les vins fins du repas.

Oh, ce gueuleton! Les douze marchés de la capitale catalane sont en permanence toute la nuit! Les étalagistes ont fait des merveilles pour faire valoir leurs victuailles et attirer le client. L'éclairage, laissé à l'initiative particulière, n'est pas moins pittoresque et brillant. En revenant de leurs messes nocturnes, les ménagères peuvent effectuer leurs approvisionnements car leur matinée va être employée à dormir ou à compléter leurs exercices religieux. On sait, en effet, qu'il est d'usage d'entendre trois messes le jour de la Noël. Les femmes de Barcelone ne trichent pas avec le Bon Dieu! Le clergé les enserre de toutes parts.

Eh bien! les victuailles des Rondas, des Ramblas, des douze marchés de la capitale, des pâtissiers, rôtisseurs, des marchands de comestibles, tout cela va disparaître, englouti dans trois jours par une population imprévoyante qui ne sait pas résister à la joie et au plaisir!

Et il faut renouveler pour le premier de l'an! Et renouveler encore pour les Rois! La brise marine creuse diablement. Il y a dans l'air, durant ces quinze jours, une fringale de victuailles contagieuse et irrésistible.

Puisque nous parlons de victuailles, donnons ici quelques détails sur la cuisine espagnole.

A vrai dire, les préparations culinaires élaborées dans la Péninsule ne ressemblent que de fort loin à la cuisine française qui, de l'avis de tous, est la plus succulente du monde. Aussi les souverains et les grands seigneurs étrangers nous enlèvent-ils nos plus célèbres maîtres-coqs. Ils nous prennent du reste aussi nos coiffeurs, bien moins célèbres assurément que le barbier de Séville. Quoi qu'il en soit, on confectionne ici des plats nationaux et internationaux. Les préparations communes à tous les peuples sont connues. Je n'y appuierai pas. Restent les autres :

Que pensez-vous de cette association du riz, des moules et du poulet? Ce n'est pas mauvais du tout quand le plat est suffisamment poivré. Et ceci ? Escalopes de veau avec foie de volailles et olives comme garniture? Et les loups simplement cuits, dans la marinade servis froids sans aucune sauce? C'est délicieux à la condition de ne pas vinaigrer la marinade. On fait aussi des crêpes un peu épaisses, sans sucre, qui enveloppent du hachis de saucisse qu'on fait cuire dans une sauce Robert; puis, des langues de mouton au kari; puis des pieds de veau à la sauce de saucisse pimentée; puis du corbino au gratin.

Une salade originale, diminutif de la russe, est de la betterave aux œufs durs. Mais ce qui est exquis et qu'on ne peut savourer qu'à Barcelone ou dans un port de mer, c'est le poisson. Il peut être dans la friture une demi-heure après avoir été péché. On n'en expédie pas. Tout celui que fournissent les pêcheurs est consommé dans la ville. Le peuple espagnol a un goût très marqué pour les poissons. Les variétés principales qu'on trouve ici sont : l'éperlan, le turbot, le rouget, le maquereau, le loup, la sole, la limande, la langouste et la crevette. Je mentionne ces deux derniers quoique ce ne soient pas des poissons. La crevette de Barcelone et celle de Séville s'appellent langostines et franchement ce sont de véritables langoustes, grosses comme des sardines, qu'on dépouille comme des queues d'écrevisses. Il reste une chair blanche et rosée qui est la chose la plus délicate que l'on puisse rêver.

Nous ne pouvons traiter de la cuisine espagnole sans parler du *cosido*, autrefois nommé *olla podrida*. C'est un vrai dîner, à plusieurs services, en un seul plat. Il exige, parait-il, pour être bon, un talent particulier et un choix rationnel d'éléments que connaissent seuls les experts dans ces matières. J'ai parcouru bien des pays et j'ai toujours remarqué qu'on fait au plat national la réputation d'être très difficile à confectionner.

Le cosido qu'on mange ici un peu partout de Barcelone à Séville, est bon sur toute la ligne. C'est en somme une soupe aux choux que l'on garnit assez fortement avec du petit lard, de la saucisse au piment, du farci, du mouton, du lard, du bœuf, du jambon, des pois chiches, des pommes de terre, etc... On sert d'abord le bouillon aux pâtes d'Italie ou au riz. Après cela on garnit la table de deux plats, l'un contenant les viandes, et l'autre les légumes. Chacun choisit là-dedans ce qu'il préfère. On consomme encore ici beaucoup de coquillages, dont quelques-uns sont réellement agréables. Les fanatiques Catalans déclarent même qu'ils sont meilleurs que les Marennes; mais c'est une hérésie. Soyons justes et disons que leurs coquillages sont les merles de nos grives !

La charcuterie n'a qu'un défaut, c'est d'être horriblement chère. On exécute à peu près les mêmes pâtés qu'en France. Les Espagnols ont un jambon caramélisé à la surface qui est ce qu'on peut trouver de mieux dans le genre. Il se vend quinze pesetas le kilo. Ce n'est pas tout à fait pour rien !

La patisserie varie beaucoup comme couleur et comme forme; mais, comme goût, tous les gâteaux se ressemblent. On emploie souvent la confiture et aussi les pâtés de fruits dans leur fabrication.

L'art de confire les fruits a pris ici un grand développement. On cuit dans le sucre, outre les fruits ordinaires comme en France, des oranges entières, des ananas, des cédrats et jusqu'à des melons. Les Barcelonaises sont très friandes de ces sucreries. Vers les cinq heures du soir, les pâtisseries sont pleines de clients qui goûtent en attendant le souper de huit heures. Les dames du grand monde n'y manquent pas.

CHAPITRE VIII

Barcelone est fermé à l'Ouest par une énorme montagne qui la domine et qu'on appelle le Montjuich, corruption de *Mont Jovis* (Montagne de Jupiter). C'est sur le plateau de sa cime que s'élève la forteresse qui défend l'entrée du port et menace la ville étendue à ses pieds en cas d'insubordination carliste ou d'indépendance catalane. En effet, l'habitant de la Catalogne ne se croit pas Espagnol; il a la prétention d'être Catalan. Par le fait il jouit de certains privilèges des peuples autonomes. Il a sa langue spéciale qui se rapproche beaucoup de notre patois pyrénéen; il a ses journaux, sa littérature rédigée dans cet idiome, il a ses coutumes, son caractère particulier et... un esprit frondeur. Tous ces signes d'indépendance constituent chez cette population un type qui se rapproche beaucoup plus du français que de l'espagnol. L'appeler espagnol serait lui faire une injure.

Le Montjuich est pelé comme la tête d'une vieille douairière. Cela n'empêche pas qu'il est parcouru tous les dimanches par une vingtaine de chasseurs qui y trouvent à manger... les provisions qu'ils y ont apportées. Ils sont généralement accompagnés de leurs petites amies, bien armées de dents blanches et aiguës. Quan' on fait l'ascension du Mont, on les voit qui sifflent le clairet dans les anfractuosités isolées. De la route, on entend leurs rires et parfois leurs chansons à boire.

Ces particuliers et leurs compagnes sont avec les troupeaux de brebis mérinos trainant leurs longues laines jusqu'à terre et les tenanciers de quelques minuscules guinguettes établies sur la route, les seuls habitants de cette montagne.

En apparence le Montjuich ne paraît servir qu'à construire les superbes habitations des Barcelonais. Nous verrons plus tard qu'on l'utilise d'autre manière. Disons maintenant que les pierres qu'on en tire paraissent de bonne qualité, pas gélives et très résistantes.

Les nombreuses carrières exploitées ont fait de ce mont une véritable éponge. Des sentiers de chèvre parcourent la montagne en tous sens et l'on y a tracé depuis quelques années de belles routes qui conduisent, avec de fortes pentes, au plateau supérieur sur lequel est construite la forteresse qui commande la baie.

Ne quittons pas le Montjuich sans dire que cette montagne est indispensable à la belle cité catalane et que si Barcelone ne la possédait pas, il faudrait l'y implanter.

La ville est en effet à l'état de siège à peu près permanent. Les Carlistes sont le prétexte qu'invoquent les Espagnols pour maintenir et rendre indélébile cette mesure. Mais aujourd'hui les Carlistes sont un mythe qui ne peut motiver semblable rigueur. Comment faire? On agit comme nos commandants algériens dans le sud-oranais quand ils voulaient montrer au gouvernement français que la présence de nos troupes était indispensable.

Le chef militaire fait tirer, pendant la nuit, quelques coups de fusil derrière le Montjuich. On sonne l'alarme. Il y a une alerte de soldats et le prétexte est trouvé.

L'état du siège a désormais sa raison d'être : Tout le monde sait qu'on a joué la comédie, tout le monde en rit, même les journaux qui racontent et commentent l'attaque. Mais on est si bon enfant dans cet aimable pays que chacun laisse faire, vole à ses plaisirs ou à ses occupations et cherche le numéro gagnant.

Le Montjuich ne sert pas seulement à cacher les noirs complots des carlistes, il cache aussi les morts.

C'est derrière ce mont que se trouve le principal cimetière de la ville. Nous donnerons bientôt quelques détails caractéristiques sur la demeure des trépassés. Pour aujourd'hui, grimpons jusqu'auprès de la forteresse.

Là haut ! oh, là haut ! C'est splendide ! La mer d'un bleu inénarrable, confondue avec le ciel outre-mer, laissant entrevoir à l'imagination rêveuse, tout ce bassin de la Méditerranée où a commencé notre histoire : les côtes d'Italie, de Grèce, d'Asie-Mineure, d'Égypte, de Tripoli, de Tunis, d'Algérie, de Maroc dans le brouillard de l'horizon !

A nos pieds, le port immense où sont ancrés et rangés les navires qui représentent le commerce du monde entier ; et, sur notre gauche, ce géant étendu dans la vallée, Barcelone la blanche, sans toitures, avec des terrasses sur ses maisons cubiques ; et, dominant ce fouillis de demeures d'une blancheur éclatante, quelques églises disséminées, noires, aux tours vieilles et crénelées, à l'aspect sombre et moyenâgeux !

Je ne connais pas encore la rade de Naples, mais je doute qu'il y ait au monde un spectacle plus écrasant que celui-là.

Et comme contraste, en regard de cette puissante image où se mêle l'œuvre de Dieu et celle de l'homme, on perçoit une vingtaine de canons du temps de Louis XIV, pareils à ceux des Invalides, qui ont la prétention de commander la Méditerranée. Cela m'a donné, comme dans un éclair, la vision de la défense de Monaco !

Le principal cimetière, qui est derrière le Montjuich, offre plus d'une particularité intéressante.

Au lieu d'enterrer le menu peuple, on l'emmure dans des constructions de pierre et chaux de 6 à 7 mètres de haut et de longueur variable. Ces murailles sont percées de casiers et, dans chaque casier, on incruste un mort. En avant se trouve une plaque qui indique les qualités du défunt et marque son identité. Ce sont les columbarii de Rome sur de plus larges proportions et en plein soleil. On sait que les columbarii, chez les Latins, étaient souterrains et qu'ils ne contenaient que les cendres des trépassés, enfermées dans des urnes.

L'avantage qu'on retire de cette façon de procéder est d'ordre économique. On peut ainsi donner la sépulture à vingt fois plus de populace, dans le même espace. Je dis : de populace, avec intention, car les gens fortunés font ici de véritables folies pour établir les demeures funéraires de leurs proches en harmonie avec leurs vanités terrestres.

Les tombes des gens riches sont des œuvres d'art où domine le Carrare, dans lequel de très habiles sculpteurs taillent des merveilles. C'est à peu près ce que j'avais vu au Campo santo de Gènes, sauf qu'en Italie ces œuvres admirables étaient réunies et abritées sous des galeries disposées à cet effet. Ici les monuments sont placés et groupés en plein air, avec une fantaisie qui n'exclut pas le bon goût, au contraire.

L'ensemble est donc bien moins imposant qu'à Gènes ; mais quelle jolie surprise artistique, quand, tout à coup, au détour d'un sentier, bordé de murs droits, votre regard tombe sur une oasis, plantée de verdure, où s'élèvent des groupes de vierges pleurant, de femmes agenouillées, d'anges entraînant des âmes et les portant au ciel avec leurs grandes ailes blanches éployées !

Les Espagnols ont évité ici la vulgarité quelque peu risible du campo santo : ces statues représentant des maris, des fils, avec le costume moderne, pantalon, jaquette, chapeau haut de forme, ou ces demi-militaires, pompiers, gardes nationaux ou douaniers taillés dans des marbres blancs admirables de pureté. Il semble qu'il ne manque à ces compositions étranges que d'être peintes avec leurs vraies couleurs pour être absolument grotesques.

Les oasis mortuaires sont disséminées un peu partout dans l'enceinte du repos ; mais toujours elles occupent les sites les plus élevés et les plus pittoresques. Il est rare que de l'endroit où elles se trouvent on ne distingue pas la Méditerranée se profiler à l'horizon. Vraiment les parents riches qui viennent faire leurs dévotions à leurs proches ne sont pas à plaindre de réciter leurs oraisons dans un paysage si grandiose qui ne peut qu'ajouter sa poésie à leur ardente ferveur. Mais la pauvre femme du peuple, quand elle vient pleurer son mari ou son fils, n'a pour adresser sa prière qu'un grand mur avec un numéro et quelques inscriptions qu'elle ne sait même pas lire.

À voir ces chefs-d'œuvre de sculpture il semblerait que la piété affectueuse des survivants est intarissable et ne marchande pas l'expression de ses manifestations. On se tromperait bien si on croyait cela. Les morts sont très vite oubliés et même on les met en terre avec un sans gêne et une désinvolture tout à fait modernes.

De la maison à l'église, le cortège est très nombreux ; mais quel désordre ! D'abord la circulation n'est pas interrompue, de sorte que les trams, les omnibus, les voitures, les charettes, les ânes, les simples particuliers coupent le défilé où ils veulent et quand ils veulent sans aucun signe de respect pour le mort qui passe. Nous devons dire toutefois que les spectateurs enlèvent en général leur chapeau quand le corbillard est devant eux. Les invités, dont certainement le costume est très correct, n'apportent pas la même correction dans leur attitude. Les gens du cortège fument. On se groupe par trois, par cinq, par six ; on parle, on rit tout haut.

On sort des rangs pour aller saluer des dames et serrer la main aux amis. Enfin, on ne cache pas que si on accomplit un devoir, ce devoir vous emb..... ennuie. A l'église, la cérémonie est enlevée en quelques minutes et presque tout le cortège reste dehors.

Quand la bénédiction est finie, ce qui n'est pas long, on embarque les prêtres indispensables à la cérémonie du cimetière dans des voitures *ad hoc*. Les parents saluent et remercient les invités dans la rue au milieu d'un tohu-bohu indescriptible et puis montent dans des voitures avec les amis intimes. Et fouette cocher ! il faut aller à quatre kilomètres emballer le défunt !

Là, le sans-gêne et la désinvolture continuent. Comme le cimetière est en pente et que les voitures s'arrêtent à l'entrée, dans la partie basse, la plupart des invités font comme les voitures et comme les cochers. Tout auprès il y a des buvettes où l'on se rafraîchit en fumant et causant pendant que les proches grimpent avec le mort jusqu'au lieu du dépôt, accomplissent la dernière cérémonie et redescendent avec les ministres de l'église.

Alors les cochers remontent sur leurs sièges, les invités se replacent dans les voitures. Et fouette cocher ! Encore quatre ou cinq kilomètres avant de pouvoir endosser le veston et tâter le gigot ou le bifteack.

Seigneur ! Quel appétit donne le Montjuich !

On voit combien est utile cette montagne. Elle cache tout ce qu'il y a d'ennuyeux pour la vie du plaisir et de facile bonheur que mènent les habitants de ce pays enchanté.

Par delà le Montjuich s'étend une riche vallée qui se déploie le long d'une petite rivière. C'est là que sont situés les jardins des légumes qui se consomment à Barcelone. On les transporte tous les jours par le chemin de fer.

Pour en finir avec ce qui regarde les morts, disons que, malgré que les obsèques fin de siècle pratiquées ici, soient originales pour ne pas dire plus, l'administration des pompes funèbres n'en rougit pas. Elle s'intitule carrément « funeraria moderna » et avec ses

superbes carrosses d'apparat et ses non moins superbes chevaux barbes empanachés, elle vous mène ron-
dement le mort à sa dernière demeure.

Rentrons en ville avec les invités et jouissons d'un
spectacle plus agréable que celui que nous venons de
décrire.

Une partie de la Rambla a un aspect très original.
On l'appelle « San Jose » ou la Rambla des fleurs.
Comme son nom l'indique, on y a établi le marché des
fleurs. Mais ce marché là n'est pas comme chez nous
livré au caprice et au mauvais goût des marchands.
Tout le long de cette Rambla et de chaque côté sont
posées des tables de marbre blanc taillées en demi-
cercle. Ces tables supportent des appareils artistiques
de fonte garnis de cornets de métal pleins d'eau. C'est
dans ces cornets que les gracieuses Barcelonaises im-
mergent, en les disposant adroitement, leurs bouquets,
leurs panaches, etc... de façon à former à chaque table
un motif artistique agréable à l'œil. L'ensemble de ces
trophées de fleurs constitue l'ornementation générale
de la Rambla et c'est un charme délicieux pour le
regard que d'en embrasser la perspective en se plaçant
à l'un des bouts de la promenade en question. J'oubliais de dire que chaque étalage a sa fontaine ou
plutôt son robinet d'où s'échappe l'eau fraîche nécessaire aux plantes.

Je ne sais pas pourquoi il n'y a pas de fleurs dans
les jardins publics de Barcelone. Toutes celles qui
existent en ville se trouvent donc réunies sur ce marché, qui ne comprend que trois ou quatre cent mètres de longueur. Mais quelle avenue charmante et
quel ravissement de la parcourir le matin en respirant
les doux parfums qui s'en exhalent ; pourtant n'ayez
pas la fantaisie d'en acheter, elles sont horriblement
chères.

S l'on veut voir la Rambla des fleurs dans toute sa
beauté, il faut la parcourir à la Toussaint. Durant
cette période de quelques jours qui précèdent et de
quelques jours qui suivent la fête des trépassés, les

étalages sont vraiment ravissants. Il est vrai qu'à cette époque déjà tardive, la variété des fleurs n'est pas grande et que ce sont les chrysanthèmes qui en font surtout l'ornement. Mais il y en a de si coquets, si gracieux, si jolis! d'abord la série française avec ses pétales courtes, avec ses colorations vives! Et puis, la série japonaise aux pétales longues et recourbées, vermiculées dont les nuances sont si douces et si caressantes à l'œil!

L'art avec lequel les jeunes bouquetières barcelonaises disposent ces fleurs est une merveille de goût ; ce sont de vrais chefs-d'œuvre où chacune des fleuristes cherche à dépasser ses voisines par des dispositions plus savantes ou plus élégantes. Les bords de la Rambla eux-mêmes servent ces jours-là à l'ornementation générale du paseo, car on dispose à terre, entre les divers étalages, d'énormes tas de fleurs fraîches.

Les couronnes mortuaires alternent avec les fleurs isolées et contribuent, par leur diversité, à l'agrément de l'œil. Les immortelles jaunes, les violettes bleutées, les œillets rouges et blancs, quelques glaïeuls et des feuillages colorés, enfin quelques roses, voilà à peu près, avec les chrysanthèmes, la gamme des coloris dont peuvent disposer les jeunes fleuristes. Il faut avouer qu'elles s'en tirent à merveille et qu'une promenade dans ce salon en plein air est un vrai régal.

Au sommet des Ramblas se trouve la place de Catalogne. Parcourons-la en diagonale et nous arriverons au paseo de Gracia, immense avenue toute droite, tracée dans la partie neuve de l'Ensanche. Cette superbe et aristocratique promenade réunit Gracia à Barcelone.

C'est là que les musiques militaires jouaient autrefois, les soirs d'été, pour l'agrément du public. Elles jouent maintenant sur la place de Catalogne. Pendant l'hiver, il faut se contenter des musiques municipales.

Ces sociétés musicales ont en général un costume. Tout le monde a un costume en Espagne. Tout le monde se croit fonctionnaire, depuis le conducteur de tramways jusqu'au groom de cercle ou de casino. Cela ne les empêche pas, d'ailleurs, de faire de très bonne musique beaucoup moins criarde, en général, que celle des régiments.

L'heure choisie pour ces concerts est étrange à Barcelone. C'est entre onze heures du matin et midi et demie. Le lieu où on les exécute était plus étrange encore. C'était dans un petit recoin du paseo Gracia, limité par un palais et par deux routes dont l'une est incessamment parcourue par les trams qui descendent au port. Au moment où vous éprouviez des sensations délicieuses, vous étiez précipité dans les régions réelles par la cloche stridente du véhicule électrique. Si Wagner avait été là, il aurait été transporté au septième ciel ! Ce Allemand a, en effet, une prédilection marquée pour les éclats sauvages des cuivres.

La première fois que j'entendis en Espagne une musique de régiment, je fus presque scandalisé. C'étaient des cris étranges lancés par des clairons et qui affectaient très désagréablement les oreilles. Peu à peu, je me suis habitué à cette acuité de sons, mais je ne suis pas encore parvenu à les trouver harmoniques. Pourtant, quand l'Espagnol veut renoncer à ces notes suraiguës, il réussit à produire une impression mélodique qui charme l'auditeur.

On croirait que c'est en écoutant la musique espagnole que Wagner a eu la première idée de ses compositions personnelles. En effet, il y a entre ces deux manières beaucoup de points de ressemblance. Wagner comme l'Espagnol, passe successivement et brusquement d'une harmonie à une autre, sans tenir compte du nombre de mesures. L'air dans les productions musicales françaises et italiennes se composait jadis de huit mesures et quelquefois de douze. Le thème mélodique se développait lentement et finissait exactement à la dernière des huit ou douze mesures. Alors seulement, avec ou sans transition, un autre air recommençait, composé lui aussi du même nombre de mesures. De temps en temps, revenait l'air principal autour duquel le compositeur brodait quelques agréments fantaisistes et nouveaux. Telle était la musique à laquelle nos oreilles avaient été habituées depuis l'enfance. Tout à coup, Wagner change l'orchestration ! Très peu de solos, quelques duos, quelques trios et beaucoup d'ensembles, souvent admirables qui laissent flotter l'âme dans un monde merveilleux. Pourquoi faut-il que de telles extases, de tels ravissements, soient brusquement interrompus par des cris de chats à qui on a marché sur la queue, et des hurlements de tigres affamés. Sans ces exagérations, les musiques d'Espagne et du compositeur allemand seraient vraiment admirables.

J'ai enfin su pourquoi les *bandes* municipales avaient choisi pour exécuter leurs morceaux cette heure bizarre dont nous avons parlé plus haut.

C'est qu'elles mettent leur orgueil à avoir pour auditrices les richissimes grandes dames qui habitent l'aristocratique quartier de Gracia.

Or, ces élégantes personnes ne peuvent le dimanche se lever à l'aurore par suite des obligations mondaines du samedi. N'ont-elles pas, en effet, passé la soirée et une partie de la nuit à médire du prochain, à bavarder de chiffons, à danser, à boire du thé ou du chocolat et à manger des gâteaux et des sucreries ?

Comment voulez-vous, dès lors, que la jolie comtesse Stephan, qui ne compte que vingt ans à peine, puisse se réveiller avant neuf heures du matin ? Est-ce bien un réveil ? Toute somnolente encore, elle rêve que don Sebastian se décide enfin à la préférer à sa rivale, son excellente amie, la marquise Dolores... Tout à coup, une intuition de la réalité lui arrive comme un éclair. C'est dimanche, aujourd'hui, c'est un jour férié, un jour de messe et il est impossible de continuer le doux songe qu'on caresse six fois par semaine, jusqu'au déjeuner. Plus de farniente, il faut se lever.

Toute troublée, elle sonne sa femme de chambre, qui vient à l'instant, lui ouvrir les persiennes.

— Lola, préparez mes vêtements pour la messe de onze heures.

— Que mettra la « señora condesa » ?

Alors, on combine, on discute et finalement on s'arrête à la plus exquise toilette qu'il soit possible de rêver.

Quand cette grave affaire est réglée, joyeuse, la jeune femme saute de son lit, et passe avec Lola dans le cabinet de toilette où l'on entend le bruit de l'eau qui s'échappe des robinets dorés.

Après s'être crémée, poudrée, parfumée et avoir livré son opulente chevelure noire aux soins de la coiffeuse, aidée de la fidèle Lola, elle se met en devoir de s'habiller avec ce délicieux costume qu'elle a fait exécuter en secret et sur lequel elle compte pour décider don Sebastian et pour faire enrager la marquise, sa rivale.

Il est certain que l'heure marche vite quand on a de si jolis chiffons à manier et que de nombreuses glaces permettent d'en admirer l'effet. Déjà, la demie de dix heures a sonné depuis quelques minutes et l'on n'a pas encore posé sur ces boucles de jais savamment enroulées le ravissant chapeau reçu hier directement de Paris. On s'agite, on se presse, quoique ce soit le moyen de perdre encore plus de temps; on est prête, enfin.

Serai-je en retard ?

On part alors, souriante, ondulante, heureuse d'être si bien vêtue. Le chapelet est roulé en bracelet au poignet de la main qui relève la longue jupe. Comme on va faire ses dévotions et qu'il faut que nul ne l'ignore, on tient ostensiblement le joli livre de messe à fermoir d'or ; on fait tout son possible pour se donner l'allure recueillie. Mais malgré les yeux chastement et modestement baissés, quelque chose qui sonne la générale dans le cœur, donne à la jeune femme une élasticité, une aisance si apparentes, que tout le monde se retourne pour admirer ce bonheur qui passe. Quoique les paupières soient closes, à travers ses longs cils noirs recourbés, la malicieuse créature sans en avoir l'air, jouit en déesse habituée aux hommages de l'effet électrique qu'elle produit aussi bien sur les hommes que sur les femmes. Elle lit chez les uns, l'admiration, l'adoration ; chez les autres, la jalousie. Et cela la ravit doublement.

Pourtant, elle ne perd rien de ce qui l'entoure. Comment ne pas remarquer, d'ailleurs, que Mme Ger-

vasio avait la figure blêmie et toute tirée. « Sans
« doute quelque nouvelle grossesse qui se prépare.
« c'est la huitième..... et de ce train..... Mais qui
« marche en avant ? La señora Miguel avec ses trois
« échalas dont pas un homme ne l'allège..... Ah ! don
« Sebastian !..... Il va saluer la marquise ; mais il m'a
« aperçue et hypocritement il termine sa révérence à
« mon intention..... Quoiqu'il se soit bien incliné,
« afin qu'il n'y eût pas de doute dans mon esprit, j'ai
« vu le trouble de ses yeux et je me vengerai ! Certai-
« nement ce salut avait été commencé pour Dolorès ! »

On arrive à Belen, on trempe le bout du gant dans
l'eau lustrale et on va s'agenouiller à sa place habituelle en s'absorbant dans l'oraison. Plus de légèretés,
plus de mondanités. on est tout à Dieu, à la madone,
au repentir.

Cela dure jusqu'à l'élévation. Pourquoi faut-il que
juste à ce moment-là. quand la comtesse relève son
front plein de contrition ayant le cœur possédé des
choses divines, quand son âme ne ressent plus que fé-
licités paradisiaques, pourquoi faut-il, dis-je, qu'elle
aperçoive cette éternelle mante blanche de la señora
Gomez, qu'elle traine depuis un siècle..... « Et Pa-
« quita qui ramasse et met dans son corsage un pa-
« pier, après avoir rougi jusqu'aux oreilles.... Ah !
« Ah ! je savais bien..... »

On sort de l'église avec Dolorès, qu'on comble de
gracieusetés affectueuses. Don Sebastian fait une tentative pour rejoindre ces dames. Mais justement, voici
les quatre señoras Miguel avec lesquelles on échange
toutes sortes d'amabilités. Le chapeau à la main, don
Sebastian attend que ce flot de gentillesses se soit
écoulé ; mais il a été aperçu par les péronnelles. D'un
geste. elles organisent le complot. C'est la comtesse qui
prend la tête du mouvement. La marquise Dolorès
qui, elle aussi, a à se venger, devient son lieutenant.
Par gaminerie. toutes les autres entrent dans l'affaire
et les conjurées se précipitent sur les Ramblas riant,
causant, gesticulant, sans perdre de l'œil le caballero
déconfit qui marche toujours, en faisant des travaux
d'approche, derrière le bataillon sacré !

Mais les petites vipères s'en soucient comme un poisson d'une pomme!

Sur la plaza de Cataluña, la comédie continue. La générale fait évoluer ses troupes de façon à éviter le contact de l'ennemi. Et la collision n'a pas lieu.

Pendant cette lutte homérique, la musique municipale, fière d'avoir rallié autour d'elle tant de belles et riches et aristocratique auditrices, fait des efforts surhumains pour satisfaire et charmer des personnes si délicates!

Mais ces personnes si délicates ont bien autre chose à faire que d'écouter de la belle musique; elles ne s'inquiètent que de leurs petites affaires!

Seul, don Sebastian, ayant enfin compris que les jeunes démons se moquent de lui, s'approche du groupe musical, afin de persuader à ces dames qu'il n'a nulle intention de les rejoindre; mais, en réalité, son esprit est avec elles! Toujours avec elles!

Pauvre musique municipale!

CHAPITRE IX

Les Ramblas sont entourées par de belles maisons et par des hôtels d'architecture démodée ; mais ces habitations sont assez confortables. Les demeures nouvelles, construites dans l'Ensanche, ont un cachet plus actuel ; mais très peu possèdent des magasins à leur rez-de-chaussée.

Dans les Ramblas au contraire, les tiendas foisonnent et elles recèlent les plus ravissantes exhibitions d'objets de tout genre. Je crois avoir dit que le luxe de ces étalages est poussé à un degré inoui. On se croirait dans une ville de milliardaires. Hélas ! Nous verrons tout à l'heure, quand nous parlerons de la mendicité, que cette apparence de richesse n'a pas de réalité. Il y a ici, comme à Londres, l'extrême fortune coudoyant l'extrême misère.

Les trottoirs qui bordent les boutiques sont incessamment parcourus par une foule curieuse et avide de nouveautés. Ils sont d'ailleurs beaucoup trop étroits pour les piétons. A chaque instant, on est obligé par l'encombrement de se jeter sur la voie carrossable, ce qui occasionne de nombreux accidents.

Pour parer à cet inconvénient, on veut percer une nouvelle avenue parallèle aux ramblas. Elle sera la continuation en ligne droite du Paseo de Gracia et aboutira au port par la place de Médinacœli. Mais il n'y a encore qu'une amorce d'exécutée. Quand cette voie nouvelle sera terminée, une grande partie du mouvement se jettera là et dégagera les points dangereux.

Pour le moment ce projet est ajourné. La municipalité a des soucis plus immédiats. Elle construit un chemin de fer qui longera les quais et des magasins de dépôt qui donneront la sécurité qui manque aux marchandises déchargées. Ces docks sont absolument nécessaires pour un port aussi recherché que celui de Barcelone dont l'importance s'accroit chaque jour surtout depuis qu'on l'a agrandi en y dépensant tant de millions. D'ailleurs les constructions nouvelles ne manqueront pas d'une certaine beauté. La capitale de la Catalogne sait faire grand et élégant.

Nous savons en effet que le sentiment du beau, très développé chez l'Espagnol de toutes les classes, l'est peut-être encore plus chez le Catalan. Les ouvriers d'art tels que peintres, sculpteurs, marbriers, plâtriers, maçons, plombiers, zingueurs, quincailliers, ferronniers, fondeurs, décorateurs de tout genre prodiguent une souplesse et une ingéniosité de talent qui étonne l'artiste le plus imbu de notre supériorité. Il est des articles où les ouvriers espagnols sont nos émules ; mais avouons qu'il en est d'autres où ils nous dépassent largement. Il suffit de citer la lampisterie, la céramique et la cordonnerie. Jamais vous ne trouverez en France des modèles de lampes électriques, à gaz, à pétrole ou à acétylène d'un dessin aussi gracieux que celles que l'on peut admirer ici dans toutes les quincailleries, ni des suspensions où la fantaisie joue un rôle plus original.

Quant aux briquettes de ciment ou de terre cuite, les Andalous sont déjà nos maîtres depuis des siècles et nous n'avons qu'à regarder les revêtements des murs de l'Alhambra, de l'Alcasar et des patios de Séville, de Malaga ou de Cordoue pour en être convaincus.

Une des choses qui étonnent le plus chez ces peuples mêlés, c'est la prodigieuse variété de créations élégantes dans tous les genres. Il semble que chaque corps de métier veuille surpasser les autres et que chaque artisan mette son amour-propre à se distinguer de ses camarades travaillant dans la même direction. Or, je ne sais si vous pouvez vous figurer combien il faut de talent pour ne jamais imiter le voisin et pour créer toujours quelque chose d'original. Décidément l'Espagne a le génie de la fantaisie et de l'invention dans les arts décoratifs !

L'ornementation des boutiques et magasins, tant extérieure qu'intérieure offre donc de riches modèles. Portes d'entrée, devantures, plafonds, panneaux varient à l'infini. Sur cent mille tiendas, il n'y en a pas deux dont les motifs se ressemblent. Chacune a son caractère propre, individuel, marque personnelle des ouvriers artistes qui y ont travaillé avec une *pensée commune* et un souci vraiment artistique de contribuer à la beauté de l'ensemble. Rien d'étrange donc à ce que le bon goût demeure constant et l'on rencontre parfois des effets si heureux qu'on ne peut les caractériser par un autre adjectif que celui d'exquis.

Quand aux architectes ils créent tout simplement des merveilles. Les palais qu'ils édifient aux coins des bifurcations dans les grandes artères de la ville nouvelle sont de toute beauté et très variés. Il sont en opposition avec l'architecture simple, lourde et sévère des monuments antiques dont il reste des spécimens très remarquables, très curieux et tout à fait Moyen âge aux environs de la cathédrale.

Avec une population si nombreuse et une étendue aussi considérable, les divers services de la viabilité sont naturellement très compliqués. Barcelone a tenu comme toujours à faire mieux que partout ailleurs. Elle y est parvenue quelquefois.

L'enlèvement des ordures ménagères, par exemple, n'a jamais été compris comme ici. Ce sont des centaines de petits tombereaux à traction animale ou même à bras qui sont chargés de nettoyer la ville. Comme les détritus ne doivent pas être répandus dans les rues, les enleveurs vont les prendre aux divers étages des maisons et les vident dans leurs véhicules. On n'a pas ainsi le hideux spectacle de ces tas éparpillés sur les voies publiques par les chiens ou les chiffonniers. Un simple arrosage suivi d'un balayage suffit ainsi tous les matins pour maintenir la propreté. Chacun de ces tombereaux est numéroté et chaque numéro est chargé d'un certain nombre d'immeubles. Le contrôle est ainsi rendu très facile.

Il y a toute une armée de balayeurs publics qui ne laissent pas une feuille dans les paseos, dans les avenues ou dans les corbeilles des jardins. Ils travaillent du matin au soir et ils sont si scrupuleux, que les papiers que les passants laissent tomber, sont enlevés à l'instant. En parcourant le parc, j'ai vu plusieurs fois des jardiniers armés de longs bâtons avec crochets de fer, qui, sans entrer dans les pelouses, piquaient successivement toutes les feuilles mortes.

Les corbeilles des jardins publics, au lieu d'être bombées au centre, ont les bords très élevés et taillés à 45°. Les arêtes en sont indiquées par des plantes grasses à feuillage coloré de façon à bien dessiner les lignes. L'intérieur de l'espace compris entre les arêtes est rempli d'arabesques ; l'ensemble a l'aspect d'une figure géométrique qui ne tire sa beauté que de la régularité, de la symétrie et de la coloration.

C'est froid, mais cela donne une certaine impression
de grandeur voulue et finalement obtenue.

Dans mon premier séjour à Barcelone, il y a deux
ans, j'avais été très agréablement surpris de la propreté
des jardins, des squares, des promenades et des rues.
Pourquoi faut-il que cette impression ait été modifiée
à mon second séjour dans cette cité ?
Il me plaisait de faire de Barcelone sous le rapport
de la propreté une exception parmi les autres villes
d'Espagne. Il me semblait que les trente ou quarante
mille français qui résident ici avaient apporté avec eux
un peu de cette élégance artistique qui est comme le
signe de notre race. Hélas ! Je m'étais trompé.
La capitale de la Catalogne n'est plus soignée comme
autrefois. Elle laisse presque autant à désirer que les
cités d'Andalousie. Je ne chercherai pas à savoir les
raisons qui ont fait ainsi négliger les soins de la viabilité ; il suffit de constater ce triste état.

Pour agrandir le quai de débarquement du port, on
a fait disparaître un petit jardin qui s'étalait le long
du paseo de Colon et on l'a remplacé par une voie
pavée. Si les quais y ont gagné en étendue, le coup
d'œil général y a perdu beaucoup de son charme. Mais
n'oublions pas que nous sommes dans un port de mer,
dans une grande ville industrielle et industrieuse où
les nécessités mercantiles doivent primer toute autre
considération. Pourtant, comme Barcelone est aussi
une ville de touristes et une cité de plaisirs raffinés, il
est regrettable de voir ainsi disparaître l'un après
l'autre, les sites délicats ou poétiques qui charmaient
dans cette capitale.
Derrière ce rideau de palmiers et de plantes africaines, le rêveur et le poète pouvaient ignorer qu'à quelques mètres de là s'étalaient les mille marchandises
venues de tous les points du monde pour satisfaire
l'orgueil, l'avidité, la cupidité ou les passions humaines.
Le petit mur grillagé qui sépare aujourd'hui le quai
de débarquement de la route pavée, permet toutefois
d'admirer encore l'activité déployée par cette ruche de

travailleurs. Et puis, comme compensation, le regard embrasse aujourd'hui, sans qu'aucun rideau n'y fasse encore obstacle, la vue de cet immense port, le plus grand peut-être de la Méditerranée, tout couvert de navires appartenant à toutes les nations du monde; et c'est bien là un spectacle dont la grandeur vaut certainement le sacrifice d'une fugitive impression poétique ou philosophique.

En parcourant la ville on est frappé de n'y voir presque pas de toitures. La plupart des maisons sont surmontées de terrasses. Ces terrasses sont ornées, du côté de la rue, de galeries dont la richesse ornementale est toujours en rapport avec l'élégance de la construction. Elles ne sont séparées des édifices voisins que par de petits murs à hauteur d'appui. C'est sur ces plateformes que se passe une partie de la vie domestique des habitants. On y a construit de véritables buanderies, des séchoirs, et souvent même des salles de repassage. Cela donne à ces terrasses, un aspect vivant qui ne manque pas de pittoresque. Ce n'est pas tout. Il s'établit à ces hauteurs de vraies basses-cours peuplées de lapins, poules canards et pigeons. Les chiens même des divers locataires, trop à l'étroit dans leurs demeures respectives, grimpent sur ces terrasses pour se livrer à leurs ébats. Les maîtresses de maison qui ont du goût, et il y en a beaucoup, ornent les murettes de séparation avec des vases qui font de ces terrasses de beaux jardins suspendus. Le passant, lorsqu'il lève les yeux vers la cime des maisons, aperçoit ces masses de verdure fleurie et il en reçoit comme une effluve de senteurs de la nature.

Cette coutume de surmonter les maisons avec des terrasses a bien quelques inconvénients. Comme les immeubles sont à peu près tous de la même hauteur, rien n'est plus facile que de passer de l'un dans l'autre. Les amoureux en profitent. Mais cela n'a pas d'importance, car on sait que quels que soient les obstacles ceux qui aiment savent toujours les surmonter. Mais ce qui est plus grave, c'est que les voleurs font comme les amoureux, escaladent les murailles et viennent voler les lapins et les poules du voisin.

Je fus désagréablement surpris une belle nuit par deux ou trois détonations d'armes à feu qui me jetèrent dans une certaine inquiétude. Au matin, je me hâtai de questionner et j'appris que c'était mon hôtelier qui avait trouvé ce moyen héroïque et bruyant de sauver les pensionnaires de sa basse-cour.

Un autre inconvénient pour le passant de ces établissements aériens, c'est de recevoir parfois sur son chapeau, un superbe canard qui le lui défonce. C'est que le cuisinier a poursuivi le volatile sur la terrasse, dans l'intention trop évidente de lui couper le cou ; et que le canard n'a pas trouvé d'autre moyen d'échapper à son bourreau qu'en se lançant lourdement dans l'espace ! Ce canard-là ne vient pas d'Amérique, croyez-le, mais bien de la basse-cour de mon hôtel. Au reste son acte de désespoir ne l'a pas sauvé, car il a été bel et bien occis, et j'en ai eu ma part.

La mendicité est une autre plaie de l'Espagne. Elle s'exerce dans toute la péninsule avec la régularité d'une institution nationale. Elle a pourtant un avantage, c'est de former le caractère des gens nerveux en les obligeant à la patience. Je suis reconnaissant à cette tare péninsulaire de m'avoir rendu moins irritable.

Dans les premiers temps de mon séjour ici, il m'arrivait parfois d'être hypnotisé par la contemplation d'un objet artistique dans une devanture. Tout à coup, à ma gauche, surgissait un mendigot : « Señorito, la caridad ». Un autre subito apparaissait à ma droite « Caballero, la caridad ». Je sursautais comme un cabri troublé dans mes émotions absorbantes. Au début, je pestais, je m'indignais, je jetais à mes deux importuns des invectives en français auxquelles naturellement ils ne comprenaient rien. Je n'obtenais aucun résultat. Il semblait même que mes gaillards espéraient tirer de mon état nerveux les sous qu'ils imploraient de ma charité. J'ai maintenant changé de tactique. Je demeure tout simplement immobile, laissant mes deux mendigots continuer leurs litanies, et prenant mon lorgnon, je reste impassible à contempler l'objet qui a attiré mes regards. Au bout de deux minutes je suis vainqueur dans ce combat tacite et l'ennemi m'abandonne le terrain. A partir du jour où j'ai adopté ce système, les exploiteurs ont si bien mis mon facies dans leur mémoire que jamais plus ils ne se sont attaqués à ma personne.

Il y a ici un mendiant à chaque cinq pas. Il attend sa victime près des pâtisseries, des restaurants sélect, des magasins d'articles d'art, des boutiques de mode et de bijouterie. Malheur à vous si vous paraissez sensible à ces diverses attractions. Vous êtes immédiatement circonvenu par de savants travaux d'approche ; votre retraite est coupée ; votre admiration interrompue. Si, pour reconquérir votre liberté vous distribuez quelques sous, vous êtes perdu ! comme le savant procédé a réussi, dix pas plus loin des mendiants observateurs recommencent la manœuvre ; vous êtes poursuivi par une meute aboyante de malandrins ; et vous n'avez d'autre moyen d'échapper à leurs importunités que d'aller faire un tour sur la Méditerranée. Désormais, les rues fréquentées, les jardins et les promenades seront pour vous des supplices !

Maintenant, je suis à peu près tranquille. J'ai si souvent joué le rôle de silencieux imperturbable que les mendigots ont lâché leur proie. Ils me regardent comme un français halluciné et je dois leur inspirer certainement de la compassion !

La mendicité n'est pourtant pas incurable en Espagne et on a essayé de l'abolir à Séville où elle empêchait l'étranger de venir goûter les délices d'un climat divin. Le moyen employé a été héroïque. Il a fallu vêtir, nourrir et loger quatre à cinq mille miséreux véritables, ou paresseux incorrigibles !

Avec un dévouement sans pareil, les riches Andalous et la municipalité ont fondé des sociétés de secours qui vont jusqu'à distribuer de petites sommes d'argent destinées au tabac ou au petit verre *d'anisado* ou de *manzanille.*

La police locale coffrant immédiatement tout mendiant, cette plaie a disparu à peu près à Séville ; mais elle a été immédiatement remplacée par une autre. Ces fainéants qui traînaient leurs guenilles et tendaient la main, bien nourris aujourd'hui, bien logés, bien vêtus, ayant du tabac pour fumer et de l'eau-de-vie pour ingurgiter, se prélassent par milliers sur les grandes places de la cité, aux carrefours, aux angles des rues principales, s'adossent aux murs ou aux arbres, s'étendent sur les bancs, pressés, groupés, encombrant toutes les voies, tous les trottoirs et empêchant à certains endroits la circulation des piétons.

A mon dernier voyage à Barcelone, j'ai reconnu que l'autorité avait fait quelques tentatives pour détruire la mendicité. Les remèdes employés n'ont pas été sans doute aussi héroïques qu'à Séville, car il reste encore beaucoup trop de quémandeurs pleurards et surtout de ces hardis aventuriers qui se font un malin plaisir de vous suivre en vous importunant de leurs litanies.

La première fois que l'on entre dans un café à Barcelone on est surpris de la grande liberté que s'arrogent les garçons. Ils vous servent quand cela leur plaît. Ils causent avec vos voisins et viennent sans vergogne allumer leur cigare au vôtre. Ces façons-là ne sont pas celles de nos domestiques qui ont en général la correction britannique. Dans nos grandes villes de France, les serviteurs qui ont rangé leur batterie, qui ont essuyé les tables et qui attendent de nouveaux clients, se placent debout en face des consommateurs dont ils ont la charge, attentifs à leurs mouvements, prévenant leurs désirs. Ils sont, en un mot, tout à leur clientèle. En Espagne le garçon est familier, il cause avec vous, il vous interroge, il s'asseoit à vos côtés, il vous montre les articles de journaux qui l'ont intéressé ; il vous présente des billets de loterie ou des prospectus d'établissements qu'il protège.

On ne sert guère d'apéritifs dans les cafés et les consommateurs ne se réunissent pas, comme en France, entre cinq et sept heures du soir pour absorber des amers ou la divine absinthe.

Ici on ne boit guère que du café.

En Catalogne on y verse un petit verre d'eau-de-vie; mais en Andalousie, on l'absorbe pur.

Quant aux liqueurs qu'on trouve dans les établissements, ce sont la Chartreuse ou la Bénédictine et ce qu'ils appellent les « anizados », c'est-à-dire des eaux-de-vie à l'anis qui vous brûlent le gosier.

Le café se sert toute la journée, toute la soirée, toute la nuit. A vrai dire, c'est la seule consommation qu'aiment les Espagnols, mais ils l'aiment à la folie.

Les établissements de café se divisent, comme en France, en deux catégories, ceux qui sont silencieux et ceux où l'on chante ou bien où l'on danse.

Les troupes de chanteuses s'intitulent généralement franco-espagnoles. C'est en effet la France qui fournit la plupart des artistes. En revanche, c'est l'Andalousie qui a la spécialité des danseuses. Ces dernières exécutent leurs répétitions de jour vêtues de châles et de robes longues, ce qui nuit beaucoup à leur grâce. Toutefois, le soir, la mode s'est introduite de danser bras nus, décolletée et avec la petite robe courte de mousseline, comme le font nos ballerines françaises.

J'ai vu à Barcelone un autre genre de café : c'était en quelque sorte une loterie avec des numéros gagnants. Ces numéros étaient inscrits à la craie dans les cases d'un tableau de bois noir de façon à former une ou trois séries. Il n'y avait pas de tirage au sort; mais trois jeunes femmes, isolées et armées d'arbalètes, envoyaient successivement leurs flèches sur le tableau et piquaient ainsi les numéros gagnants.

Nous ne serions pas complets si nous n'indiquions ici les brasseries où le service est fait par des femmes.

Il y en a cinq à six à Barcelone, j'en reparlerai. A la brasserie suisse, les femmes sont bien habillées en suissesses; mais elles parlent le français, l'espagnol, le catalan et même l'allemand.

Je ne crois pas que la police s'occupe sérieusement de l'heure de fermeture des établissements publics. Les cafés, brasseries et débits de vin sont ouverts généralement toute la nuit et c'est principalement le matin que surviennent les rixes, les coups de navaja, triste fruit des libations qui ont précédé.

Je dois signaler avant de terminer, une brasserie d'un caractère tout spécial qui a mis en révolution toutes mes idées françaises sur l'éducation et la moralisation des enfants. Dans la salle principale est installé un GUIGNOL qui est le prétexte. La clientèle est en effet composée presque exclusivement d'enfants de sept à neuf ans. Ils sont assis par groupes de deux, de trois, de cinq, autour des tables et prennent le café comme des consommateurs ordinaires. Jusque là me direz-vous, il n'y a pas grand mal. D'abord, je ne crois pas qu'il soit très convenable que des gamins de cet âge prennent du café en dehors de leurs familles Je ne pense pas que ces réunions puissent leur inculquer rien de bon. Elles leur donnent un aplomb qui ne cadre pas avec les allures de leurs âges. Mais, ce qui est bien plus grave, c'est que tous ces moutards fument et boivent de l'eau-de-vie qu'on leur sert, comme aux grandes personnes, avec cette différence que le flacon est plus petit. Cela n'empêche pas qu'il contient encore la valeur de deux petits verres ! J'ai vu un gamin de six ans le verser tout entier dans sa tasse, qu'il essaya de boire. Mais la liqueur avait une telle virulence qu'il dut venir prendre sur ma table une carafe d'eau pour atténuer le liquide corrosif.

N'est-il pas déplorable, je le demande à tous les pères et à toutes les mères de France, qu'on tolère en Espagne des établissements si démoralisateurs. Pour moi, je fus tellement scandalisé que, pour ne pas assister au tintamare qui se produisait à la suite des libations de cette marmaille inconsciente, je me hâtai de sortir de cet enfer.

Barcelone n'est pas une ville homogène comme Paris où toute la surface du terrain est occupée par des maisons. Pour se rendre compte de sa topographie, il suffit de la comparer à une araignée dessinée sur le papier. C'est dire qu'elle se compose d'un corps central d'où émanent une foule de pattes allant dans diverses directions.

C'est le long de ces pattes que sont construites les usines de tout genre dont nous parlerons bientôt. Elles emploient une foule innombrable d'ouvriers. Ces faubourgs populeux deviennent à l'époque des grèves, des champs de bataille où se rencontrent les intérêts « opposés » du capital et du travail. Je dis « opposés » pour employer le langage socialiste ; car il est bien certain que, pour les esprits élevés et dégagés de passions, le capital et le travail ne sont pas des antagonistes, mais bien des frères Siamois inséparables concourant au même but : la prospérité de l'ouvrier aussi bien que celle de son patron.

Sensiblement dans la direction du paseo de Gracia, s'étendent les faubourgs de Sarria, de San Gervasio et de Josepets qui renferment les sites préférés où la population riche de Barcelone ne cesse pas de construire de superbes villas. La place qui réunit la grande ville aux faubourgs dont nous venons de parler, s'appelle place de la Cataluña. La presse locale s'est bien longtemps moquée de cet immense terrain vague qu'elle appelait un désert, un Sahara. De fait, l'espace était si grand que malgré la foule qui le traversait constamment dans le sens de la diagonale l'esprit restait quand même sous l'impression d'une immense solitude. Pour détruire cet effet désastreux, la municipalité a, dit-on, conçu de très beaux projets dont l'exécution est constamment ajournée, soit par manque de ressources, soit pour tout autre motif. Il est vrai de dire qu'il y avait là aussi, deux maisons qui paralysaient toute amélioration, par la série de difficultés judiciaires qui se dressaient sitôt qu'on parlait de les faire disparaître. Aujourd'hui, on les a démolies.

Le jardin qui longeait le paseo de Colon ayant disparu, il fallait utiliser les arbres, arbustes et plantes qui s'y trouvaient. Un peu hâtivement peut-être, et sans trop se préoccuper d'obtenir un tracé gracieux, la municipalité a fait transporter sur la place de la Catalogne les divers végétaux qu'elle avait enlevés au paseo de Colon. Elle y a planté aussi quelques platanes en alignement des allées.

Aujourd'hui, la place n'est plus un désert ; mais ce n'est pas non plus un square ni un jardin ; c'est une œuvre conçue à la hâte, mal venue par conséquent, et dont on aura bien de la peine à faire quelque chose de correct. La presse locale, toujours critique, l'appelle maintenant la forêt !

Une des bizarreries de la Municipalité, c'est d'avoir à certains endroits placé les trottoirs sur les parties les plus basses des chaussées et des allées qui sillonnent la plaza. De cette façon, les jours de pluie, les avenues ne peuvent être parcourues qu'en bateau.

CHAPITRE X

J'ai mis bien longtemps à savoir comment s'indi-
quaient les appartements à louer. La mode des écri-
teaux existe depuis fort peu d'années et elle n'a pas
encore conquis les faveurs du public. On marque les
appartements à louer par un petit carré de papier ou
d'étoffe blanche attaché au milieu du balcon. S'il
s'agit d'une chambre seule, le signe est porté à l'angle. Avec le système espagnol les recherches des appartements sont vite faites. D'un coup d'œil on voit
quelles sont les maisons de la rue qui désirent des locataires.

Une des choses qui surprennent le plus les Français, c'est de retrouver ici la vieille institution des écrivains publics. Il y a de longues années qu'on n'en voit plus dans nos pays; mais ici aucune femme du peuple ne sait écrire. Pour correspondre avec les parents, les amis ou les enfants il faut bien avoir recours à ces agents officieux. Ils ont leurs confessionnaux posés côte à côte sur les Ramblas près du grand marché. Leurs petites cases sont numérotées; et, de la rue, on voit les deux personnages intéressés. Les écrivains publics sont aussi traducteurs et ils remplacent les bureaux de placement pour les domestiques.

Comme pittoresque, nous pouvons aussi faire mention de ce que j'appellerai « les sédentaires », c'est-à-dire ceux qui stationnent à certains points des voies publiques et qui y demeurent jusqu'à ce qu'ils trouvent une occupation ou un motif de sortir de là. L'un de ces groupes fixes est formé par les maçons blanchisseurs. Ils résident sur les Ramblas, à la hauteur de la rue Boqueria. Certes, on blanchit énormément de maisons à Barcelone, mais pourtant que l'on emploie de lait de chaux, il y a toujours quelque badigeonneur sans travail. Alors ces solliciteurs s'arment d'un long bâton au bout duquel ils attachent un large pinceau et ils viennent, portant leur trophée sur l'épaule, s'installer au centre du mouvement, à l'endroit où la circulation est la plus difficile.

C'est sur ce même point que vous trouverez aussi, se chauffant au soleil, en attendant la pratique, les portefaix catalans. Ils ont la blouse bleue serrée à la taille, le bonnet de laine rouge des Napolitains sur la tête; et, sur les épaules, des paquets de cordes.

C'est encore là et un peu sur le côté, que se groupent les femmes gitanes, espagnoles ou mauresques, diseuses de bonne aventure, voleuses par nature, catins par occasion et qui ont la prétention de vendre quelque chose pour motiver leur présence en ce lieu.

C'est là aussi que se chauffent ces lazzaroni de tout ordre, écume des grandes villes, qui sont disposés à tout faire excepté ce qui est bien. Ostensiblement ils vendent des chiens ou les tondent, exhibent du papier à lettre, des porteplumes, des boutons de chemise ou des guides de la capitale ; ou, plus cyniquement encore se promènent au soleil, impudemment, les mains dans les poches et la cigarette aux lèvres.

Comme vivant toujours sur les Ramblas, signalons encore les hommes-affiches. Parmi eux je dois signaler celui qui s'est introduit dans une immense bottine qu'il pousse sur des roulettes et celui qui est vêtu en géant de trois mètres de haut et qui porte ses annonces à l'extrémité de faux bras. N'oublions pas, parmi ces *hommes sandwich*, deux individus déguisés en grenouilles vertes très bien réussies.

D'après l'énoncé de tous ces encombrants personnages, présents sur le même lieu, il ne faut pas s'étonner si de temps à autre il y a quelqu'un d'écrasé. Les trams électriques sont de tous les véhicules les plus homicides. On nous a dit que la Compagnie catalane qui les a établis a dû vendre son privilège et ses installations pour se soustraire aux responsabilités qu'entraînaient ses exécutions. La Compagnie allemande qui exploite aujourd'hui ces véhicules, écrase un peu moins ; mais enfin elle écrase encore très suffisamment.

Les banquiers et les changeurs donnent aussi à la grande artère un cachet d'originalité. Ces maisons sont très nombreuses et établies pour la plupart sur les Ramblas. Le travail des banques ne commence qu'à neuf heures et finit à cinq heures. Le personnel a trois heures de liberté dans le milieu du jour. C'est donc six heures en tout de travail. Il faut avouer que ce n'est pas terriblement fatigant ; mais n'oublions pas que nous sommes en Espagne. Ces banques affichent aux vitrages les papiers monétaires de tout l'univers. Elles opèrent le change et retiennent un boni très rémunérateur.

Une des choses qui surprennent le plus l'étranger lorsque son regard pénètre dans les rez-de-chaussées des maisons, c'est de n'y découvrir aucun logement pour les concierges. Ces estimables cerbères sont logés sur les terrasses ! Il est vrai qu'on installe pour eux dans les vestibules des cages vitrées dans lesquelles ils peuvent s'établir le jour. Mais ne trouvez-vous pas étrange que pendant la nuit, c'est-à-dire au moment où leur surveillance serait la plus utile, ils soient tranquillement à dormir sur leurs toitures. Ceci paraîtra moins singulier quand on saura qu'il y a dans la plupart des villes espagnoles une corporation chargée de faire le service nocturne qui incombe d'ordinaire aux concierges. C'est ce qu'on appelle les serenos ou veilleurs de nuit. Ce sont des gens, payés par les habitants, qui prennent leurs fonctions vers les dix heures du soir et qui possèdent les clefs de tous les immeubles des abonnés. Ils ouvrent les portes aux noctambules et même leur offrent une longue allumette de cire qui permet de grimper à n'importe quel étage. Bien entendu leur politesse leur attire une bonne gratification toujours acceptée d'un air très digne.

Dans certaines villes de notre midi, la même institution existe. Elle est même chargée quelquefois de clamer les heures à haute et intelligible voix afin de procurer un sommeil paisible aux dormeurs qui ont des affaires matinales.

On me signale quelques maisons neuves de l'Ensanche où les estimables gardiens des immeubles sont logés comme en France au rez-de-chaussée.

Les soirées musicales des cafés et brasseries n'ont pas ici l'ampleur et le nombre d'exécutants qu'on voit en France. Quelquefois c'est un piano seul qui exécute chaque quart d'heure de brillants morceaux. D'autres fois le piano alterne avec la guitare ou la mandoline. Mais ces auditions sont en général froides.

Comme dans toutes les stations de bains de mer, les loueurs de barques sont à la recherche de la clientèle. Ils se tiennent généralement autour de la colonne de Christophe Colomb et ils viennent vous proposer leurs services, dès qu'ils vous voient vous diriger vers le port. J'ai eu plusieurs fois la satisfaction de faire ainsi le tour de la rade pour un prix très abordable. Je dois mentionner que dans une de ces promenades, je vis deux énormes dauphins qui ne paraissaient pas du tout surpris de se trouver au milieu de coques de navires. Le rameur qui me conduisait me dit qu'ils étaient bien connus de la population maritime et qu'ils n'avaient jamais fait aucun mal.

On voit aussi dans les parties les plus passantes de la ville beaucoup de buvettes en plein vent. Quelques-unes sont encastrées dans les angles que forment les bâtisses, d'autres sont franchement placées sur les bords des grandes voies dans de très élégants pavillons beaucoup plus brillants que les kiosques à journaux.

Dans toutes les villes espagnoles, sauf peut-être en Andalousie, on aime le lait ; mais les Barcelonais semblent affectionner surtout celui de chèvre. Dans l'Ensanche particulièrement, c'est-à-dire dans la partie de la cité nouvellement construite, vers les quatre ou cinq heures du soir, les troupeaux de chèvres abondent. La race qu'on élève ici est à poil ras. Les bêtes sont rondelettes au lieu d'être maigres comme chez nous. Elles ont les tétines excessivement grosses et gonflées. En passant devant chaque vestibule, la chèvre qui a l'habitude d'y être traite y pénètre pour y recevoir de la main des bonnes ou des enfants quelques petites friandises. Ces troupeaux font de longs stationnements sur la voie publique pour permettre aux habitants des maisons voisines de venir s'approvisionner.

On doit beaucoup aimer les oiseaux à Barcelone, car tous les matins il s'établit un marché de ces petites bêtes sur les Ramblas supérieures. Tout un côté de la grande avenue est occupé par les marchands de perroquets, de perruches, aux plumages variés.

Il y a aussi beaucoup de canaris, serins, merles, pies et une foule d'autres oiseaux dont je ne connais pas le nom. Naturellement on vend là aussi beaucoup de cages de formes très variées et très gracieuses.

Si le matin, par le beau soleil qu'il fait ici presque chaque jour, on parcourt les rues marchandes de la vieille ville, on est tout à coup enveloppé par des flots d'harmonie provenant d'instruments à corde ou à vent. Bientôt on aperçoit cinq à six aveugles assis sur les bords du trottoir, qui râclent ou qui soufflent sans s'inquiéter des mille bruits inhérents à une grande cité en travail journalier. En général, les morceaux joués sont exécutés magistralement. On est si mélomane ici qu'il se forme presque instantanément autour des musiciens un attroupement qui interrompt la circulation. Comme les gens qui se sont arrêtés sont plus amateurs de sons que millionnaires, l'escarcelle du quêteur de la bande ne se remplit guère.

Avant de terminer ces lignes destinées à montrer les petits côtés pittoresques de la ville, qui, malgré leur ténuité, en marquent cependant la physionomie exterieure, signalons un petit fait qui passe inaperçu ici et qui, chez nous, paraîtrait très étrange, c'est que, chaque dimanche matin, les soldats de la garnison sont conduits à la messe au son de la musique régimentaire. En Espagne, la messe est forcée pour les militaires. En France, on regarde d'un mauvais œil les pioupious qui s'y montrent volontairement. Vérité en deçà des Pyrénées, erreur au-delà ! Ainsi va la vie !

Le parc de Barcelone a été établi sur l'emplacement de l'ancienne citadelle construite par Philippe V pour dompter la cité catalane. C'est grâce au général Prim que la démolition a pu s'opérer. Rien d'étrange donc à ce que sa statue se présente tout d'abord à l'entrée principale.

Le parc se compose de deux parties reliées par une grande passerelle de bois sous laquelle circulent les lignes ferrées qui vont en France. Une très large allée tournante, longue de deux kilomètres et destinée aux voitures, est tracée dans l'intérieur de la plus grosse part... Cette route est bordée par deux promenades longitudinales, plantées d'arbres, pour les piétons. Ces avenues elles-mêmes sont environnées de jardins aux corbeilles surélevées dont les dessins en arabesques produisent des effets quelquefois charmants, toujours agréables.

Les essences qui dominent sont le palmier, l'oranger, le bananier, le magnolia et comme plante ornementale l'aloès. Les arbres, ainsi que les arbustes à feuillages colorés, sont combinés avec grand art, de façon à produire les effets les plus heureux et souvent les plus inattendus.

Dans la partie maritime on a construit un avancement élevé en bois, muni de galeries qui permet d'aller contempler, en la dominant, la plage méditerranéenne que l'on voit se perdre dans le brouillard de l'horizon jusqu'aux côtes de France.

Des constructions de toute sorte sont disséminées un peu partout dans le parc. A droite de l'avenue des Tilleuls, c'est le Musée d'histoire. Non loin de lui s'élève le Musée Martorell où l'on a réuni les riches collections d'archéologie, d'histoire préhistorique et d'histoire naturelle. Du côté du salon San Juan se trouvent les serres qui forment trois nefs dans l'une desquelles on a tracé un jardinet fort bien entretenu.

A l'intersection des avenues des peupliers et des ormes, s'élève la cascade, magnifique monument construit en amphithéâtre. Elle est destinée à produire des effets de chutes d'eau d'une combinaison à la fois élégante et grandiose. L'ornementation générale de l'édifice est produite par des statues et de griffons, le tout est couronné, à la cime, par une Vénus et deux naïades traînées par un quadrige de chevaux marins. L'œuvre est en bronze doré. Elle est bien conçue et se détache sur le ciel avec noblesse et grandeur. De chaque côté du bassin inférieur montent de très vastes escaliers en pierre conduisant à l'Aquarium construit un peu au-dessous du quadrige.

A l'endroit occupé jadis par la citadelle se trouve aujourd'hui une grande place où se voient le pavillon de la reine régente et le panthéon des catalans illustres. Le Musée des reproductions est construit près du viaduc qui conduit à la section maritime du jardin. Là se trouvent des copies en plâtre des plus belles sculptures du monde civilisé.

Pour le public qui n'est savant nulle part et encore moins en Espagne, c'est la partie zoologique du jardin qui l'intéresse le plus vivement. Elle est installée le long de l'avenue des ormes et comprend une infinité de divisions, établies avec goût. Très accessibles et formant une seule ligne, les constructions qui abritent les bêtes sont incessamment parcourues par les curieux, les oisifs, les militaires, les bonnes, les enfants et les touristes. Tout ce monde, aux impressions vives, peut y admirer les perruches, les renards, les chacals, les perroquets multicolores, les poules et coqs des meilleures races, les pintades de tous les types, les faisans dorés et argentés, les paons blancs ou colorés, les canards variés, les poules d'eau, les grues, les cygnes blancs et noirs, les pélicans, les kanguroos, les lamas, les zébus, les brebis de toutes provenances, les chèvres à poils longs et à poils ras, le dromadaire, l'éléphant, les ours, les sangliers, les couples de lions, les panthères, les tigres, les singes, les hyènes ; et, pour terminer, les lapins et lièvres exotiques ainsi que des pigeons de toutes races.

On comprend facilement qu'une telle variété d'animaux puisse exciter vivement la curiosité du public. Ce dernier, toujours rieur et narquois, s'amuse à instruire les bêtes les plus intelligentes, tels que l'éléphant, les ours, les singes. On leur apprend à exécuter divers tours qui excitent l'hilarité générale. C'est l'ours qui paraît le plus susceptible d'éducation. Il a une patience admirable, ne se rebute jamais et est toujours prêt à satisfaire le caprice de l'homme, pour un morceau de pain, bien entendu.

Mes croisées donnent sur le port. Quand je les ouvre, le matin, pour m'habiller au soleil, j'ai le paseo de Colon, planté de palmiers, au-dessous de moi et, en face, les quais et le port tout couvert de navires. La baie a la forme d'un triangle isocèle. Un môle sensiblement parallèle à la base sépare la rade en deux parties dont la plus éloignée du sommet s'appelle avant-port. Deux passages sont réservés pour faire communiquer les deux abris. C'est sur la partie comprise entre les deux portes qu'est établi le service sanitaire. Le lazaret est contruit sur le môle de fermeture, dans la partie la plus éloignée.

La profondeur d'eau varie de 8 à 15 mètres, ce qui permet aux vaisseaux de tout tonnage d'y trouver un abri. Comme étendue, il n'y a que le port de Gênes qui l'emporte sur celui de Barcelone, qui mesure exactement 24 hectares.

Quoique l'entrée n'offre pas beaucoup de difficulté, l'alcalde a cru devoir prendre quelques arrêtés auxquels les navires qui entrent ou qui sortent doivent se conformer dans leur intérêt. Les indications de nuit sont données par des phares à feux divers, situés à Barcelone et à l'embouchure du Llorégat.

Le mouvement du port est considérable. Une foule d'embarcations à voile et à rame le parcourt incessamment dans tous les sens. Autrefois, un petit bateau à vapeur faisait le service des voyageurs entre la place de la Paz et Barceloneta ; mais les tramways lui ont fait une telle concurrence qu'il a dû disparaître pendant l'hiver.

Il n'est pas rare qu'il se produise par jour vingt entrées et autant de sorties. En consultant les qualifications des navires, on voit que ce sont surtout l'Amérique, l'Angleterre, l'Italie, la France et l'Espagne qui commercent le plus avec Barcelone. On remarquera que l'Italie ne craint pas d'envoyer ses houilles pour concurrencer celles de Cardiff, et cela devrait engager nos mines de Carmaux et de Graissessac à expédier leurs charbons en Espagne.

L'entrée du port de Barcelone est commandée par la forteresse qui domine le Montjuich ; seulement les batteries qui y sont établies sont tellement rapprochées de la mer et à une telle hauteur que leurs feux ne peuvent être que plongeants, ce qui nuirait nécessairement beaucoup à l'effet du tir en cas de guerre.

Pour compléter la défense, il faudrait établir quelque part, à 5 ou 6 mètres au-dessus de l'eau, deux ou trois batteries à feux croisés et rasants.

Dans les dix ou quinze années qui viennent de s'écouler, la municipalité a dépensé trente millions pour achever les ouvrages qui font la sécurité et la commodité actuelles du port. Toutefois, il reste encore à construire les magasins de dépôt et un chemin de fer à double voie qui longerait les quais, afin d'aider les navires au chargement, au déchargement et au transport des marchandises, jusqu'à la gare de France. Alors Barcelone sera le port le mieux outillé et le plus sûr de la Méditerranée. Peut-être faudrait-il excepter Bizerte, car il paraît que nous aurons là un refuge merveilleux pour la sécurité et la défense.

Cent à cent cinquante passagers débarquent par mer, chaque jour, à Barcelone, et il en part autant pour les pays étrangers ou les colonies espagnoles.

CHAPITRE XI

SERVICES MUNICIPAUX — Eclairage, arrosage, balayage, enlèvement des détritus ménagers. — Distribution d'eau. — Aqueducs. — Capture des chiens errants. — Pavage, vespasiennes.

MARCHÉS AUX PROVISIONS. — Organisation rationnelle. — Ouverts jusqu'à 9 heures du soir — Viandes, gibiers, légumes, fruits.

MOYENS DE TRANSPORT. — Omnibus à mules. — Tramways électriques. — Défense de cracher. — Petits chemins de fer à vapeur des faubourgs. — Chemins de fer électriques.

INDUSTRIE. — Fabriques disséminées dans les faubourgs. — Principaux articles de fabrication.

CAPITAL ET TRAVAIL. — Droit de grève et droit de travail — Ce que disent les syndicats rouges. — Ce que répondent les syndicats jaunes. — Moyens de faire cesser le conflit. — La caisse des pertes.

LE TRIBIDABO. — Vue du sommet. — La Catalogne. — Un restaurant à prix doux à 500 mètres d'altitude. — Un observatoire minuscule.

LE CONFLIT DES LANGUES. — Espagnol et Catalan. — De quel côté sera le clergé ?

Parmi les services municipaux, quelques-uns, comme l'éclairage de la ville, par exemple, sont superbement organisés. Deux compagnies électriques d'une part, et le gaz de l'autre, sont largement en mesure de satisfaire le public. Tout l'intérieur de la ville est magnifiquement éclairé. On a même poussé l'amour de la lumière jusqu'à inonder de clarté les boulevards qui réunissent Barcelone à ses nombreux faubourgs. Et comme ces grandes artères sont très longues et très nombreuses, ce doit être une source considérable de dépenses pour le budget de la capitale catalane.

L'arrosage laisse beaucoup plus à désirer. Il se fait généralement à la main, avant le balayage, avec d'immenses arrosoirs et en projetant des gouttes d'eau sur la voie publique. Quelques tonneaux d'arrosage automatique, à traction animale, mais pas assez nombreux, parcourent les paseos et les ramblas en y versant une salutaire fraîcheur. On comprendra qu'un tel système est très insuffisant pour une grande ville de plus de cinq cent mille âmes et dans un pays où le soleil a vite fait de pomper l'humidité.

Le balayage n'est pas moins imparfait. Il n'y a pas assez de chariots à balais automatiques. La majeure partie de ce service se fait donc à la main, et il faut avouer que beaucoup de rues et presque toutes les ruelles ne voient pas souvent le balai municipal. Les riverains de ces voies négligées sont donc obligés d'entretenir eux-mêmes la propreté. Ils n'y réussissent que très médiocrement.

L'enlèvement des ordures ménagères est mieux compris. Des chariots menés par des ânes et conduits généralement par des hommes, parcourent les rues. Les conducteurs montent chez les particuliers, y prennent les détritus ménagers et vont les porter dans leurs charrettes. Cette façon de faire est assurément très commode pour l'habitant. De plus, elle supprime l'épandage des ordures sur la voie publique et tous les inconvénients qui en résultent. Mais il faut avouer que le service ainsi compris est d'une complication extrême et exige une surveillance de tous les instants. Disons que si les grandes voies profitent largement de cette manière de faire, il y a aussi quelques ruelles négligées où les habitants entassent les détritus en attendant le passage problématique et variable de la voiturette aux ordures.

La distribution de l'eau se fait au moyen d'une canalisation souterraine qui ne pénètre généralement que dans les premiers étages des maisons. Des fontaines publiques, assez espacées, permettent aux citadins des étages trop élevés ou des maisons qui n'ont pas de concession, de se procurer la quantité de liquide qui est nécessaire à leur ménage.

Le service des aqueducs est déplorable, comme dans la plupart des villes espagnoles. Les égouts n'ont pas de profondeur. Ils passent au milieu des rues et sont simplement recouverts par des dalles juxtaposées, dont le cimentage laisse beaucoup de lacunes. Ces dalles étant souvent disjointes, on voit passer sous ses pieds le fleuve noir et infect qui entraîne toutes les saletés de la ville. Ce spectacle n'a rien de réjouissant ; mais, ce qui est moins agréable encore, c'est de sentir les odeurs nauséabondes qui se dégagent de ces cloaques, surtout en temps d'orage ! Il faut que l'air de la mer soit bien pur pour que tant de causes de maladies ne produisent pas une mortalité plus considérable que celle qui existe à Barcelone.

Mais si l'alcalde et ses aides montrent quelque négligence dans les services ci-dessus, en revanche, ils déploient une sévérité draconienne contre la gent canine. Il n'y a pas de ville au monde où les chiens soient plus malheureux ! Ils ne peuvent sortir que muselés ou attachés par une laisse. Et cette prescription n'est pas seulement édictée, comme en France, où on ne l'applique guère ; elle est sévèrement relevée par les agents municipaux. Des procès-verbaux sont dressés, des amendes sont infligées par le juge. Quant aux chiens errants, qu'ils portent ou non un collier avec l'adresse de leurs maîtres, ils sont saisis impitoyablement, précipités dans des coffres-carrioles, conduits en fourrière et pendus dans les vingt-quatre heures s'ils ne sont pas réclamés. La population, qui aime les toutous, est favorable à ces animaux et se montre hostile à leurs persécuteurs. J'ai vu des gamins, pendant que les agents essayaient de capter quelque délinquant, ouvrir tout à coup le coffre où étaient déjà enfermés des prisonniers, et donner ainsi brusquement la liberté à cinq ou six chiens qui ne se faisaient guère prier pour prendre la poudre d'escampette. Et le public d'applaudir !

Pour le pavage, la ville a fait bien des essais. Petit pavé alsacien, grand pavé parisien, petites dalles italiennes, grandes dalles, pavé de bois et asphalte, ce dernier fond malheureusement, pendant les grosses chaleurs d'été, même lorsqu'il est mélangé à beaucoup de sable. Le pavé en bois s'use et s'enfonce à certains endroits et produit des trous et des ornières, périlleux pour les chevaux et les piétons. On a dû renoncer à ce système pour les voies charretières, mais il produit de très bons effets pour les avenues des promeneurs. Finalement, je crois que la municipalité s'en tiendra aux petites dalles italiennes, qui semblent donner les meilleurs résultats : solidité, économie, entretien facile et propreté.

Signalons, avant de terminer, une négligence vraiment inpardonnable de la municipalité. Elle est relative aux vespasiennes. Ces établissements si nécessaires sont en nombre ridicule. A peine s'il en existe neuf ou dix sur les ramblas et les paseos de Gracia et de Colon, c'est-à-dire sur un parcours de cinq kilomètres environ, quand trente seraient à peine suffisants. Aussi il arrive que les personnes tenaillées par la nécessité, sont obligées de faire queue devant ces cambuses, comme on le fait en France devant la porte des théâtres. Un pareil supplice, infligé à une population de plus de cinq cent mille habitants par ses gouvernants, même sous prétexte d'économie, n'est pas tolérable. Les besoins qu'il s'agit de satisfaire sont impérieux et il n'est pas concevable que l'alcaldia ne trouve pas sur son budget royal les quelques centaines de piécettes nécessaires au soulagement de ses administrés !

Notez que dans les innombrables rues de Barcelone il n'existe *aucun* refuge autorisé ! Il n'y en a que sur les boulevards et les promenades.

Beaucoup de marchés sont complètement neufs. Ceux-là sont nécessairement construits avec la connaissance de toutes les commodités modernes. Les autres laissent beaucoup à désirer. L'organisation et les diverses catégories d'approvisionnements y sont un peu mêlées !

Il y a une douzaine de halles d'approvisionnement dans la ville ou ses faubourgs. Chaque quartier a

donc un lieu pour se procurer les choses nécessaires
à la vie.

Parmi les marchés neufs, il faut citer celui de San
Antonio sur les Rondas. Tout autour du bâtiment,
qui a quatre entrées principales, sont rangées les bou-
cheries, charcuteries et la poissonnerie. À l'intérieur
de ce cercle, se trouvent les légumes, et au milieu les
fruits. Les autres halles neuves ne diffèrent pas sensiblement de cette disposition générale, mais il n'en est
pas de même des vieux marchés qui sont livrés à
toutes les fantaisies des vendeurs et aussi aux anciennes
traditions. Le type le plus réussi en ce genre est le
marché de San José, situé sur le derrière des maisons
qui bordent la Rambla. Il a été agrandi, et comme il
existe depuis un temps immémorial, on conçoit le
désordre qui préside actuellement à ces divisions. Il
faut une véritable étude topographique pour se reconnaître dans ce pandœmonium bizarre dans lequel on
pénètre par sept à huit rues et par autant de couloirs.

Une chose curieuse, c'est que ces établissements
sont ouverts non seulement tout le jour, mais encore
le soir jusqu'à neuf heures ; il faut avouer que cela
doit être bien commode pour les maîtresses de maison
et les domestiques qui ont tant à faire le matin dans
leur intérieur.

Les viandes sont cotées à peu près le même prix
qu'en France. Le gibier est relativement bon marché.
La chasse amène à la consommation une quantité
considérable d'oiseaux, sarcelles, étourneaux, tourdes,
grives, merles, bécasses, perdreaux, faisans. Disons
cependant qu'il m'a paru que les fumets de ces bêtes
étaient moins odorants qu'en France. Les viandes de
boucherie sont aussi plus fades au goût.

Autour de Barcelone, il n'y a pas, comme dans les
autres grandes villes, cette ceinture de jardins maraîchers qui prépare les légumes de la consommation.
C'est loin, très loin même et derrière l'inévitable
Montjouick qu'il faut aller chercher les choux, les
navets, les carottes et les primeurs de tout genre.

Si les viandes manquent de goût, les fruits, en revanche, sont délicieux et abondants ; ils sont de plus très précoces. On mange à Barcelone, toute l'année, des artichauts, des petits pois, des radis, des haricots verts, des fèves fraîches et des tomates.

Les oranges et les mandarines viennent de Valencia et des Baléares. On donne couramment au détail cinq mondarines pour un sou et encore rappelons qu'il s'agit d'un sou espagnol, qui ne vaut que trois centimes et demi de notre monnaie.

Autrefois, Barcelone n'était desservie que par des omnibus à mules. Ils existent encore. Rien de pittoresque comme les attelages de ces animaux à longues oreilles, à robe noire en général et à jarret d'acier toujours.

Ces mules trottent des sept et huit heures de suite sans paraître ressentir de fatigue. Le prix de ces voitures est de cinq ou dix centimes et, pour cette modique somme, on parcourt plusieurs kilomètres. Toutefois, ces véhicules ne pouvaient suffire à la population. Une Compagnie catalane se forma pour établir des tramways électriques. Mais, dès le début, elle eut du malheur. Elle écrasa quelques paisibles citoyens et fut condamnée à des indemnités fabuleuses. Elle dut renoncer à continuer. Une Compagnie allemande recueillit la succession et c'est elle qui, aujourd'hui encore, possède les tramways électriques.

Les voitures dont elle se sert sont fort convenables et leur nombre, en temps ordinaire, est presque suffisant. Par économie, la Société a adopté le système de Trolley, qui est quelque peu démodé, mais dont la simplicité et la robustesse seront difficilement remplacées.

La Compagnie est très complaisante. Elle fait arrêter ses voitures à toute réquisition des voyageurs, soit pour monter, soit pour descendre. Elle n'a pas, comme les tramways de Bordeaux, par exemple, établi des stations en plein air, dans lesquels on se morfond souvent pour n'obtenir que des fluxions de poitrine.

L'alcalde avait essayé d'établir à Barcelone le système de Bordeaux, mais il a dû retirer ses ordonnances, à la suite des plaintes du public et de la très grosse diminution des recettes de la Compagnie.

A l'intérieur de ces véhicules est placardée une affiche où, « pour des motifs de convenance et d'hygiène », on invite le voyageur à ne pas cracher sur les planches. On voit que la terreur du microbe, venant d'Amérique, a traversé l'Atlantique. Il est certain que, dans un pays où les femmes portent les robes traînantes, cette mesure devait s'imposer. Malgré les trams électriques ou plutôt concurremment avec eux, travaillent les omnibus à mules dont le matériel appartient à une Compagnie catalane.

Ces deux Sociétés de transport arrivent, en temps ordinaire, à écouler à peu près l'énorme stock de voyageurs d'une cité de plus d'un demi-million d'âmes.

Mais il fallait songer aussi aux faubourgs, et alors on a dû créer trois petits chemins de fer à vapeur ou électriques pour relier au centre les extrémités de la ville. Ces petits chemins de fer à voie étroite passent dans toutes les rues à toute vitesse, en cornant presque continuellement. Il n'y a pas de barrière qui les sépare du trottoir, lequel n'est souvent qu'à un mètre de la voie. Dans de telles conditions, il est fort étrange qu'il n'arrive pas plus d'accidents.

En France, où on a la manie de réglementer tout, on aurait exigé trois mètres entre la voie et le trottoir, on aurait imposé une barrière à la Compagnie, et les exigences administratives auraient été telles qu'aucune Société n'aurait pu ou voulu s'y soumettre. En fin de compte, le chemin de fer aurait fini, au bout de trente ans, par être construit par l'Etat, mais toute une génération aurait été sacrifiée.

Ici, on fait comme en Amérique ; la corne vous crie : « Il y a danger ! » C'est à vous de vous garer.

Disséminés autour du Montjouick de Barcelonnette et dans les faubourgs de San Martin de Provensals, de San Andres de Palomar, d'Horta, de San Gervasio, de Sarria, de Corte, de Sans et de Gracia, se trouvent de très nombreuses usines qui emploient un nombre très considérable d'ouvriers.

Ces usines contribuent, encore plus que le port, à la richesse et à la prospérité de Barcelone.

Voici les principaux articles qui s'y fabriquent :

Locomotives, chaudières à vapeur, ponts et armatures métalliques, chaudronnerie, chaloupes canonnières, wagons, rails de chemin de fer, chariots et pompes pour incendie, tubes d'acier, de fer, de plomb et de plomb étamé, extracteurs hydrauliques, barques, appareils de distillation, alambics, pompes et conduits, métiers mécaniques, machines à ourdir, à blanchir, à sécher, à broyer, à nettoyer le coton, portes d'acier ondulées, chouberski et autres articles de fumisterie, tubes à circulation d'air chaud, machines à vapeur, à imprimer, à fabriquer les farines, à teindre, toute la quincaillerie, lampisterie, batterie de cuisine métallique, moteurs à vent, à régularisation automatique, kiosques de métal, charrues, voitures, yachts, feuilles laminées de tous métaux, automobiles, petites constructions fer et bois, bronzes artistiques, fontaines monumentales, presses hydrauliques, articles de serrurerie, de fonderie, de moulages, freins et monte-charges, ascenceurs électriques, machines à filer, etc.

Quelques-unes de ces fabriques ont établi des voies ferrées entre leurs installations et les gares de chemin de fer.

Barcelone fabrique encore de la porcelaine, des indiennes, des cretonnes, des coutils, des serges, des cheviottes, des alpagas, des velours de coton, des gants, fourrures et manteaux, des articles militaires, des insignes de corporations, des chaussures, des espadrilles, des filets, du papier enroulé et continu pour journaux, tous les produits céramiques, briques émaillées. etc., glaces, courroies, appareils électriques, dynamos, électro-aimants, moteurs électriques à gaz et à pétrole, tous les appareils et systèmes pour la traction électrique, trams, lits en fer et laiton. serres et norias, bascules et balances, instruments de topographie, de géodésie, d'astronomie, de calcul, de dessin, phonographes et cinématographes, microphones, cristallerie, machines à repiquer, à apprêter, à raboter les cotons et garnir les bobines, râteliers et dents artificielles, statues de tout genre, papiers à écrire, huiles et savons, crèmes et vernis pour chaussures, cartonnages, missels et ornements d'églises, tables de billard, articles de tannerie, de teinturerie, de marbrerie, tourteaux agricoles, sels chimiques, eaux et limonades gazeuses.

Il existe aussi plusieurs officines où l'on fabrique les articles pharmaceutiques, tels que liqueurs au cacao, au kola et tous les vins médicinaux, pâtes et poudres insecticides.

Enfin le domaine artistique s'y trouve représenté par de nombreuses fabriques de vitraux de couleur, mosaïques de pierres et marbres artificiels, de dorure, d'argenture, de nickelage, de peinture, de pierre de verre, d'incrustations d'or et d'argent, de reliefs et gravures sur acier, de décorations de meubles, de sculptures sur bois, de gaufrages sur métaux et sur cuir et de cuivrage des fers et bronzes.

D'après ce qui précède on comprendra combien le problème du capital et du travail a d'importance dans une ville si industrielle.

La grève a surgi cet été, fomentée par les syndicats plus que par les travailleurs. Il n'y a rien à dire contre le droit de grève. Chacun est évidemment libre d'offrir son concours, si les conditions lui agréent, de le refuser, si elles lui paraissent ou léonines ou peu rémunératrices.

Cela, personne ne le conteste.

Le point sur lequel on cesse de s'accorder est de savoir si oui non les grévistes ont le droit d'employer la violence pour empêcher leurs camarades de continuer le travail si cela leur convient. Les socialistes prétendent que oui. Ils partent de cette idée que le syndicat agit et formule ses revendications pour tous les travailleurs, aussi bien pour ceux qui font grève que pour ceux qui ne la font pas. Ils disent que si les avantages nouveaux sont obtenus, les non grévistes en profiteront comme les autres, et que, dès lors, ils doivent faire pour la cause en général les mêmes sacrifices qu'eux-mêmes.

Les syndicats jaunes répondent : nous n'avons à faire grève que si nos intérêts sont lésés. Or, ils ne le sont pas, quoi que vous en disiez. Nous sommes satisfaits de notre sort. Nous n'avons à formuler aucune réclamation ni contre les heures de travail, qui ne sont pas excessives, ni contre le salaire qui est suffisant, puisqu'il nous permet d'élever notre famille. Pour essayer d'améliorer encore notre sort, qui, en somme, n'est pas mauvais, nous ne voulons pas compromettre ce qui existe et hasarder le bonheur de notre ménage. Nous estimons que la certitude d'une besogne assurée et d'une rémunération sans aléa, valent bien quelques sacrifices hypothétiques. Enfin nous pensons que, pour que le travail ne puisse jamais chômer, il faut que les patrons soient assurés d'un bénéfice suffisant. Si l'ouvrier perd son travail il peut en retrouver un similaire dans les huit jours. Si le patron perd son avoir, sa vie entière ne pourra peut-être pas le lui reconstituer. Les armes ne sont pas égales des deux côtés. Nous risquons peu, il risque tout. Si, d'ailleurs, le capital n'avait pas l'espérance d'une forte rémunération, est-ce que l'argent viendrait créer ces mille industries qui nous font vivre ? Ce n'est pas toujours la sueur de l'ouvrier qui fait les gros dividendes. Souvent, presque toujours, c'est la bonne gestion, l'intelligence des affaires, c'est la résolution prompte et le sang-froid des conseils d'administration qui accroissent les bénéfices.

De quel droit, viendrons-nous, par nos revendications, rogner un revenu qu'ils ont acquis par le travail ? L'œuvre de la main n'est pas plus respectable que celle du cerveau, et les qualités exigées pour la direction d'une entreprise, sont autrement difficiles à acquérir que l'habileté manuelle qu'on demande aux ouvriers.

Les grévistes répondent : « Les capitalistes sont des exploiteurs ; ils s'engraissent de nos sueurs et nous laissent crever de faim. Voyez les actions de cette entreprise : elles ont été émises à 500 francs, elles valent aujourd'hui 3000 ! N'est-ce pas scandaleux ? Si vous nous abandonnez, nous ne pourrons jamais faire triompher la sainte cause des travailleurs. Vous êtes des traitres et si nous échouons, toute la responsabilité retombera sur vous. Aussi, nous ne vous permettrons pas de nuire à nos intérêts communs, et si vous n'y mettez pas de la bonne volonté, nous saurons vous forcer à abandonner le travail. Si nous vous faisons violence, c'est dans l'intérêt supérieur de toute la corporation et c'est là notre excuse. »

Dans ces conditions, le problème est insoluble.

A Barcelone on l'a résolu par la force. L'armée a fait feu sur les ouvriers grévistes et quarante ou cinquante cadavres sont venus ensanglanter les faubourgs.

La force, cette fois, a eu encore raison. L'aura-t-elle toujours ? Guillermo Graëll dit ceci : « Une des « plus grandes conquêtes des temps modernes est de « ne pas confier aux armes la solution des problèmes « intérieurs quels qu'ils soient. Le contraire est exclu- « sivement le fait de l'Espagne ».

Le mot « exclusivement » est de trop, mais enfin il est incontestable que l'Espagne est une des nations qui emploient le plus souvent l'armée à la répression des revendications ouvrières.

Il me parait qu'il y aurait un autre moyen de pacifier les esprits et d'arriver à une entente. Ce serait d'admettre les ouvriers à une participation aux bénéfices. Oui, mais s'il y a perte ?

S'il y a perte, *la caisse des pertes qui complétera la réforme y pourvoiera.*

Donc partage dans certaines proportions à déterminer et constitution sur les bénéfices d'une caisse des pertes et les grèves disparaitront, et les pavés ne seront plus ensanglantés et la prospérité industrielle acquerra la sécurité qui lui manque et sans laquelle elle ne peut pas s'assurer les commandes pour de longs termes.

La prospérité industrielle de Barcelone est évidemment la cause des revendications de la classe ouvrière. Les deux questions sont liées par la fatalité de l'état social actuel. On ne peut pas les séparer. Il faut, pour les résoudre, les faire entrer forcément dans le même cadre.

Des solutions plus équitables viendront certainement avec l'accroissement de justice qui est l'une des formes du progrès vers lequel nous aspirons. Ne désespérons pas. Souhaitons à la Catalogne la continuation de cette intensité d'activité et de vie féconde dont elle a été presque seule à faire preuve au milieu du désarroi des autres provinces.

La vue de la grande cité, assise au pied du Tibidabo, va nous faire encore mieux comprendre les causes de malentendu qui règnent entre les organismes mal agencés du Nord et du Sud de la Péninsule.

Oui, il faut entreprendre cette excursion à la Montagne du Diable. Elle est aujourd'hui très facile quoique le pic dont on va faire l'ascension, soit à cinq cent quatorze mètres au-dessus de la mer.

On prend à Gracia le tram de *Bonanova* que l'on quitte à la *Travesera* pour grimper dans celui qui arrive à la station du chemin de fer funiculaire.

De là, en huit minutes on est sur le plateau supérieur, où l'on peut jouir d'un panorama absolument merveilleux.

Barcelone s'étend à vos pieds avec sa ceinture de faubourgs et de riches maisons. Soixante villages peuvent s'apercevoir dans les diverses directions. Comme limite à cet immense horizon on a d'un côté le Canigou neigeux des Pyrénées, de l'autre le Puigmajor ensoleillé des îles Baléares et devant soi la mer bleue infinie !

C'est un des plus vastes paysages qu'il soit donné à l'homme de contempler ici-bas. Une émotion vous pénètre quand on songe que d'un seul coup d'œil on embrasse cette merveilleuse Catalogne, synthèse de l'intelligence, de l'industrie, du progrès, de la civilisation de la Péninsule. En regardant tant de richesses s'étaler sous nos yeux, nous ne pouvons que comparer cette admirable province, si lumineuse, si éclatante, à un diamant de la plus belle eau, enchassé dans un écrin vulgaire indigne d'elle. Ah! comme l'on comprend alors que forte de sa valeur et de sa beauté sans tache, la pierre la plus précieuse aspire à briser ses liens terrestres pour s'élancer vers des destinées plus brillantes où l'appellent ses origines et ses généreuses aspirations.

Mais la chaine de Prométhée est forgée par Jupiter qui craint que le géant créateur du feu terrestre lui dérobe un jour le feu sacré du ciel !

La légende prétend que c'est du sommet de ce monticule que Lucifer, un jour, montrant à Jésus le riche panorama qui s'y déroule, lui aurait dit en latin :

Tibi dabo omnia regna mundi, si, cadens, adoraveris me.

« Je te donnerai la complète domination du monde, si tu te prosternes à mes pieds et m'adores ».

On ne dit pas si Jésus lui répondit dans la langue adoptée par l'Eglise catholique.

Quoi qu'il en soit, la Compagnie des eaux a construit sur le plateau un élégant restaurant dont les prix ne sont pas trop élevés, et la Société scientifique un minuscule observatoire qui ne manque pas d'une certaine élégance.

Le monticule lui-même est entouré de montagnes boisées dont les senteurs résineuses mêlées aux émanations salines de la mer et à l'air pur de cette altitude, font de ce lieu une station de premier ordre pour la cure des voies respiratoires.

Un décret royal, en date du 21 novembre 1902, interdit l'enseignement du catéchisme en langue catalane dans toutes les écoles de la Catalogne.

A peine le décret ci-dessus a-t-il été publié que les quatre provinces catalanes se sont émues, ont rassemblé leurs comités, élu des délégués chargés d'aller apporter au gouvernement l'expression de leur mécontentement. Le principal argument du manifeste, rédigé à cet effet, était que la plupart des enfants de la campagne, n'ayant jamais entendu parler que le catalan ne pourraient rien comprendre à l'enseignement du catéchisme en langue castillane.

C'est le même argument que nos curés bretons ont fait valoir quand notre ministre de l'instruction publique a cru devoir prendre une mesure du même genre dans l'intérêt de la patrie.

Il faut pourtant que Catalans et Bretons se figurent que du moment qu'il existe une langue nationale, elle doit être, sinon parlée, du moins connue de tous les citoyens, car de toutes les causes qui provoquent les idées d'indépendance, il n'en est pas de plus importante que l'idiome parlé.

C'est la langue qui fait le peuple. On ne peut donc qu'approuver les gouvernements qui essaient de faire disparaitre les traces de désaccord entre leurs divers sujets. J'aime beaucoup les Catalans parce qu'ils ont au suprème degré les qualités françaises, l'activité, l'intelligence, l'amour du travail, mais il faut avoir le courage de dire la vérité à ses meilleurs amis ; en s'insurgeant contre l'Espagne, la Catalogne se forge des liens plus dangereux que ceux de la Péninsule, elle se met dans la gueule des curés.

Dans le conflit actuel, de quel côté vont se porter les séculiers et les réguliers ? Seront-ils pour les Catalans ou pour les Espagnols ?

Leur intérêt le plus immédiat est de soutenir la Catalogne. De cette façon, non seulement ils ne perdent pas l'influence actuelle qu'ils possèdent dans les campagnes, mais encore ils en acquerront une nouvelle auprès des libéraux des villes, luttant pour la même cause, c'est-à-dire pour l'autonomie.

O ironie des choses de ce mode ! Voici qu'un décret d'un roi trop chrétien jette le clergé dans les bras des *séparatistes* et consolide une alliance qui ne peut, en aucun cas, être favorable aux intérêts de l'Espagne ni de la couronne.

Avouons que le catalanisme a du malheur. Il a pour chefs des hommes de progrès et de liberté, mais il ne peut marcher vers ses destinées sans l'appui des cléricaux : *in cauda venenum.*

En effet, dans le mouvement séparatiste, il y a bien les grandes villes et Barcelone en particulier qui aspirent à l'autonomie ou à la fédération, mais les campagnes qui n'ont aucune idée du gouvernement provincial ou fédératif, ne veulent en réalité que le gouvernement de leurs curés ou de leurs couvents.

Dans ces conditions, on conviendra que le mouvement séparatiste républicain n'est pas dangereux pour l'Etat espagnol. Les libéraux, avant de se lancer à la conquête de leur idéal, feront bien de dégager leurs derrières en se débarassant de leurs alliés encombrants et égoïstes.

CHAPITRE XII

Le Catalan aime-t-il réellement les beaux-arts? Nous savons déjà que la musique et la danse jouent en Catalogne un rôle considérable. Mais ce sont là des arts que j'appellerai secondaires, car ils sont fugitifs et ne laissent dans notre esprit que des impressions vagues et des empreintes de beau incertaines. Mais les manifestations plus tangibles, telles qu'on les retrouve dans la sculpture et la peinture, le Barcelonais les ai-me-t-il ? Si j'en juge par les statues distribuées sur les places et promenades, par l'architecture de ses palais et de ses monuments, par l'ornementation magistrale de ses vestibules, de ses portails, de ses balcons et de ses miradors, on peut donner à Barcelone le titre de ville artistique. L'art décoratif y est en effet simplement merveilleux. Le génie arabe venant se greffer sur le goût latin a produit les plus étonnants chefs-d'œuvre du genre.

Il semble donc que la peinture, qui est une des consécrations les plus élevées de l'art, doive occuper chez le peuple catalan une place digne de son rôle d'idéalisation du Beau. Hélas! il n'en est rien. A Barcelone, la peinture paraît dédaignée. Pour ne pas mourir de faim, les peintres sont obligés de vendre leurs œuvres dans les carrefours ou des boutiques minuscules. Les citadins ignorent qu'il y a un musée de peinture. On pourrait croire qu'il est placé dans le magnifique palais des Beaux-Arts qui s'élève majestueux au salon San-Juan. Eh bien ! non; on n'y fait qu'une exposition au printemps et le splendide monument sert, la plupart du temps, à des exhibitions d'un tout autre caractère.

C'est au deuxième étage de la Lonja (la Bourse) qu'existe le musée des tableaux. Il est destiné à faire connaître les belles œuvres à une école d'adultes qui viennent y apprendre le dessin. Rien de plus étonné que le concierge de l'édifice quand on lui demande par où il faut passer pour visiter la collection. Pourtant ce musée présente quelques toiles remarquables quoiqu'il n'y en ait aucune qui soit signée des artistes espagnols de premier rang.

On m'avait signalé en ville quelques collections particulières qui ne sont pas ouvertes au public et je désespérais de pouvoir les visiter, lorsqu'en repassant par Barcelone, ces jour-ci, j'ai eu la bonne fortune d'apprendre qu'on venait d'organiser une exposition rétrospective dans le palais des Beaux-Arts et que la plupart des belles toiles qui sont la propriété des riches Catalans y figureraient.

Je n'ai eu garde de manquer une si belle occasion de me rendre compte de l'état de la peinture en Catalogne.

La superbe salle d'entrée a grand air avec ses statues, ses palmiers, ses décorations d'étendards multicolores au plafond, ses galeries où sont exposées de vieilles tapisseries ; enfin, dans le fond, un double escalier monumental. Une place, au centre du rez-de-chaussée, est réservée à l'orchestre qui joue, certains jours de la semaine, pour attirer du monde. Avouons que les charmes de la musique n'amènent pas beaucoup de visiteurs.

On pénètre d'abord dans un petit salon Louis XVI gentil, mignon, avec quelques meubles de l'époque et des imitations de peinture grisaille sur panneaux. Puis on passe dans une pièce où dominent les portraits de généraux ou de grands officiers. J'y remarque un ravissant portrait de Joseph Bonaparte, qui a régné quelques années en Espagne. La figure du jeune souverain français est douce et sympathique, son front est intelligent. Il n'y a pas pourtant dans cette tête l'étoffe d'un Napoléon. On sait qu'il a été baptisé par les Espagnols du nom de *roi des petites places*, parce qu'en effet il fit abattre beaucoup de vieilles masures pour y édifier de grands carrefours. On a disposé, dans la salle et dans les pièces qui la suivent, de gracieux meubles en marquetterie tels que : consoles, crédences, coffres, bureaux, sculptures religieuses, reliquaires et même un sarcophage. Sous des vitrines, on remarque des ivoires travaillés, des étoffes de soie, de velours ou de drap brodées d'or et d'argent, des vêtements et de riches ornements du culte, quelques vieilles faïences, des tapisseries anciennes et beaucoup de panneaux en bois peint ayant appartenu à des chapelles ou à des sacristies.

On peut s'arrêter devant un remarquable « Moïse sauvé des eaux » attribué au Corrège, devant un très beau portrait d'Isabelle la Catholique, que j'étais loin de me représenter avec cette figure douce de *pieta* : régularité des traits, sourcils bien arqués, grands et beaux yeux plutôt pensifs, bouche admirable et suave. L'ensemble de cette tête, digne des créations de Carlo Dolci, produit un grand effet.

A remarquer aussi les tableaux enfumés qui représentent les cinq sens. Ils ont de jolis cadres sculptés et beaucoup de naïveté dans la conception.

Je m'arrête un moment devant une statuette en bois de Charlemagne. Quoique ancienne, elle est d'une bonne facture.

Un très beau morceau de sculpture sur bois, c'est la statue en grandeur naturelle appelée San Alejo. Elle représente le saint couché, au repos, mais les membres bien dégagés et posés avec aisance et vérité. Je ne connais pas l'auteur de cette œuvre (les indications étant insuffisantes et le libretto n'étant pas terminé), mais sûrement elle est d'un maître créateur.

Je n'en dirai pas autant de l'auteur de la « Vierge de l'Espérance » que le sculpteur, aussi naïf dans sa création que dans sa manière grossière de tailler le bois, représente prête à accoucher.

Deux grands tableaux, l'un de Barbado, représentant Hamlet dans la grande scène de folie, au milieu de toute la cour, l'autre de Sala, *La prison du prince de Viena*, attirent mon attention et me retiennent quelques instants captivé par des qualités d'exécution remarquables

Avant de quitter le rez-de-chaussée, signalons la salle où sont exposées des peintures flamandes et italiennes avec des noms comme Téniers, Rubens, Corrège, Godolfi. Les toiles ne sont peut-être pas œuvres de si grands maîtres, mais sûrement elles ont pour auteur de très bons peintres.

Au premier étage, les salles Carracci et Viladomat sont mal éclairées. La salle Fortuny, au contraire, est aussi agréable par sa lumière que par l'heureux choix des toiles qui la composent.

Je reste un instant à contempler une *Odalisque en présence de son maître*, qui me paraît d'une bonne facture. La *Visite du docteur*, sa consultation en plein air, assis dans la campagne, à un bambin que sa mère lui présente, pendant que le père tient le cheval, est une scène prise sur le vif et d'une vérité bien observée. Dans la même salle, je prends plaisir à admirer un joli effet de lumière dans une grotte.

Toujours en suivant l'enfilade, je suis attiré par un beau bronze représentant un grand aigle attaquant un cerf. C'est un morceau de belle conception et d'excellente exécution.

Dans la salle des toiles Catalanes, Andalouses, Valenciennes et Castillanes, il y a de fort jolies choses : des eaux-fortes et des dessins à la plume de Gurri, Amaden, Monténa, Casanovas, des peintures remarquables, telles que celle qui représente *Une mélodie de Schubert*, de Mazurra. Cinq jeunes filles, vêtues de gazes aux tons exquis, dans des poses ravissantes de grâce et de vérité, donnent à cette toile quelque chose de printanier qui ravit. Plus loin, un autre tableau d'un réalisme presque brutal, *Misère humaine* : c'est un intérieur avec deux femmes, mère et fille, que la pauvreté terrasse. C'est navrant !

Mais le jour baisse et malgré mon désir de contempler encore les richesses accumulées dans cette exposition remarquable, il me faut quitter à regret cet enchantement et retrouver au bas de l'escalier le prosaïsme de la rue.

N'importe ! Les deux heures passées là ont été bien agréables et elles ont modifié quelque peu l'opinion que j'avais des Catalans relativement à la peinture.

Le plus grand théâtre de Barcelone et en même temps le plus select, est le Liceo. La salle est immense. Elle a 20 mètres de hauteur et il s'y développe cinq galeries superposées. Les conditions acoustiques y sont de premier ordre et la scène est si vaste que tous les développements de cortèges et de ballets nécessités par les œuvres lyriques. peuvent y évoluer à leur aise.

Presque toujours ce sont des troupes italiennes qui chantent des merveilles dans leur langue sonore et harmonique. Les ténors et prima-donna de Naples et de Florence viennent régaler les oreilles délicates des riches Barcelonaises. Pour les honorer, ces aimables patriciennes ne manquent pas de jeter, sous les lustres éblouissants, les éblouissements plus grands encore de leurs épaules blanches, brunes ou rosées.

J'ai éprouvé là des sensations musicales dont je me croyais totalement dépourvu jusqu'à ce jour. Il faut avoir entendu ces voix transalpines, pures comme des vibrations métalliques, pour comprendre ce que peut devenir une interprétation d'opéra lorsqu'elle est faite par de tels artistes.

On jouait la *Bohême* dont le libretto est calqué sur la *Vie de Bohême*, de Murger. Il y a là deux soli d'amour, suivis d'un duo qui ont été chantés par les deux premiers rôles de Naples. Le public qui est généralement froid et qui, en tous cas, est hostile aux manifestations, préférant savourer son plaisir en dilettante blasé, s'était électrisé ce jour-là et les acteurs ont dû revenir cinq fois sur la scène pour répondre à l'enthousiasme ou plutôt au délire que leur talent avait déchaîné.

Le « Teatro Principal » date du seizième siècle. C'est une des propriétés de l'hôpital *Santa-Cruz*. La salle a 15 mètres de haut. Deux mille deux cents spectateurs peuvent contenir dans le rez-de-chaussée et les quatre galeries.

C'est le premier théâtre d'Espagne où l'on ait joué l'opéra. On y donne aujourd'hui surtout des drames, des comédies et des ballets.

Quoique le répertoire français n'y soit pas exclusivement joué, c'est lui cependant qui fournit presque tous les thèmes sur lesquels les auteurs espagnols brodent leurs œuvres dramatiques.

On interprète ce soir *La Corte de Napoléon*, qui est tout simplement *Madame Sans-Gêne*, de Sardou, et un proverbe de Musset : *On ne badine pas avec l'amour*. La Tubau qui est une des meilleures actrices de l'Espagne et que j'ai pu admirer à Séville au théâtre San Fernando, va jouer les principaux rôles.

Au « Teatro Circo Barcelones », on donne ce soir huit actes de Zola appelés ici *la Taberna*, ce n'est pas autre chose que ce que nous connaissons en France sous le nom d'*Assommoir*.

Les *Vingt-huit jours de Clairette* sont baptisés ici *el Husar*, et l'éternel *Bossu*, qui a fait le tour du monde, joué ici en langue catalane, y est appelé d'un adjectif de ce dialecte qui a la même signification.

Vient ensuite le « Teatro de Novedades ». C'est aujourd'hui la soixante-troisième représentation d'une féérie en trois actes et vingt et un tableaux, intitulée *el Anillo magico*, l'Anneau magique, qui doit certainement avoir été inspiré par quelqu'une de nos grandes fééries parisiennes.

J'ai assisté à l'une de ces représentations. Le canevas du drame y est réduit à sa plus simple expression. Il sert tout simplement de prétexte à des exhibitions en maillot et à des ballets fort nombreux dont quelques-uns sont réellement bien réussis.

Quant aux décors, ils sont exécutés avec un certain soin, mais, sous ce rapport, les artistes locaux ont beaucoup à apprendre de nos brosseurs de toiles, qui sont arrivés à donner au public l'illusion de la nature avec des colorations appropriées à l'éclairage électrique.

Il faut citer encore deux théâtres en langue catalane : Eldorado et Romea. Dans le premier, on joue des *Zarzuelas*. c'est-à-dire de petites opérettes ou de petits vaudevilles où la musique tiendrait un rôle plus considérable. C'est ce qu'on appelle ici le genre « Chico », le petit genre.

Ne médisons pas de ces compositions qui n'ont rien d'analogue chez nous et qui sont fort goûtées ici et dans toute la Péninsule. Le public adore ces petites bluettes qui n'ont pas de prétention, mais qui prennent la vie populaire dans sa réalité, avec son brio journalier, ses plaisanteries un peu épicées, ses coutumes et ses mœurs peut-être un peu trop réalistes.

On a essayé d'introduire à Paris ce « genero chico ». L'entreprise était faite avec un certain luxe de personnages. On avait incorporé plus de cent jeunes femmes. Je ne sais pas si l'impresario ne s'est pas montré à la hauteur de sa tâche, mais l'essai a été désastreux et il a fallu que l'ambassadeur d'Espagne fît rapatrier à Madrid tout ce personnel tombé dans la plus noire des mi-

sères. Le public français ne serait pourtant pas réfrac-
taire à un genre qui l'amuserait certainement s'il était
interprété dans sa langue et si l'on représentait devant
lui des mœurs qui lui fussent propres, ponctuées de
traits d'esprit qui sentissent son terroir. Je ne m'étonne
pas qu'il n'ait vu dans la Zarzuela qu'une jolie musiquette gâtée par des comédiens très agités.

Au *Teatro Romea* on représente généralement des
saynètes et des drames en langue locale. En ce moment,
l'œuvre qui tient l'affiche a un certain mérite. Elle
est due à la plume de l'éminent Guimara, un Catalan
qui a déjà une grande réputation d'écrivain. On la
nomme *Aygua que corre*, l'eau qui court.

Ensuite vient le *Teatro Circo Tivoli*. C'est un cirque dans lequel on donne des représentations dans le
genre des Folies-Bergères de Paris : exhibitions, acro-
baties, danses, bêtes savantes, gymnasiarques, musiques grotesques, tout cela agrémenté des tours ordinaires exécutés par des chevaux, des écuyers et des
écuyères.

Au théâtre « Granvia » on joue la comédie moderne
la Dame de chez Maxim ou des parodies de pièces
connues.

Enfin, au théâtre « Nuevo retiro », c'est la zarzuela
qui fait florès.

Les autres endroits où l'on fait de la musique sont
plutôt des cafés-chantants. Nous ne reviendrons pas
sur ces établissements qui ont leur place marquée à
l'article : Danses et Chansons.

Disons cependant que la chanson catalane débitée
dans le grand théâtre de l'Eldorado, se permet souvent
de critiquer le gouvernement espagnol et la municipalité barcelonaise. Si j'en juge par les rires et la joie
manifestée par les assistants, les paroles ne manquent
pas de piment, elles paraissent spirituelles et humo-
ristiques.

Lorsqu'il se rend dans un théâtre espagnol ou catalan ou même à l'opéra italien du Liceo, le Français
éprouve une sensation bien étrange de retrouver peu à
peu au fond de sa mémoire les pièces vieillies qu'il

a entendues en France et dont le souvenir est presque
perdu. Les voir interprétées dans une langue bizarre
qu'on connaît mal, avec des gestes, des intonations,
des éclats de voix qui ne sont pas les mêmes dans la
tradition française, mais qui forment le fond du caractère catalan, espagnol ou italien, c'est courir vers des
désillusions successives.

Ce n'est pas que les acteurs soient mauvais. Ils sont
même pour la plupart excellents, mais ils apportent
sur la scène des habitudes qui détonnent avec les tex-
tes écrits pour une autre nation.

Il y a encore une chose qui gâte absolument toutes
les jouissances théâtrales : c'est la fumée de tabac. On
n'a pas l'idée de la pénible impression que fait l'apparition de cet élément infect et vulgaire dans ces asiles
du rêve ou des idées élevées. Sans doute, il est défendu
au Liceo et au Principal de fumer dans la salle. Mais
les couloirs sont si mal disposés que l'infection pénètre
partout et qu'au dernier acte, *on ne voit plus le public des loges et des galeries.* Si la scène n'était vivement éclairée, les acteurs eux-mêmes disparaîtraient
derrière un nuage.

Dans tous les autres théâtres où il est permis de
fumer, on ne peut plus respirer dès le second acte.

Abordons maintenant un autre sujet qui a un intérêt d'actualité brûlante pour la Péninsule entière. Nous
ne nous occuperons pour aujourd'hui que de la Catalogne, car c'est là que le problème se pose avec une
acuité toute particulière.

Dans la seule province de Catalogne, il y a, paraît-il,
deux mille trois cents couvents; c'est là un chiffre
formidable, mais qui se trouve en rapport avec la puissance congréganiste des autres provinces d'Espagne.
Le clergé séculier n'est pas moins nombreux. Si j'en
juge par les 44 millions que le gouvernement consacre
à son budget des cultes. Cette même Espagne n'accorde, dit-on, que 8 millions à l'instruction publique
primaire et secondaire.

Dans Barcelone seule, on compte cent soixante-quinze
couvents. Il y a des églises à chaque coin de rue et des
chapelles à chaque pavé.

Celui qui n'a pas mis le pied en Espagne ne peut se figurer ce que c'est qu'un immeuble destiné aux moines réguliers. En France, quand on voit un grand mur bien long, sans issue, avec des statuettes en niche et des portes à vasistas grillé, on dit : C'est un couvent. Mais rien de ce qui est à l'intérieur n'est visible de la rue, et il faut être des amis de la maison pour connaître le plan des constructions et les croquis des jardins et des cours. On dirait, sauf de très rares exceptions, que le moine se cache pour se livrer à ses exercices.

En Espagne, ce n'est plus ça. Vous apercevez tout à coup des palais juxtaposés, à peine clos d'une murette surmontée d'une grille dorée, à travers laquelle vous pouvez voir des massifs d'essences rares, des gazons tondus, des allées sablées, et, dominant tout cela, une église surchargée d'ornements et terminée par plusieurs clochetons à aiguille. C'est un couvent.

Le jour, il est presque constamment ouvert. On y entre par des baies monumentales, gigantesques. On traverse des parcs splendides et on arrive enfin sous des nefs à longues colonnettes soutenant des voûtes en ogive.

La pierre, le marbre, la céramique émaillée sont prodigués partout. De petites lampes brûlent dans un coin, entourées de cierges et de dévotes. Des confessionnaux sont distribués tout autour. Mon interprète appelle ces cages des boîtes à ordures, parce que, dit-il, les dévotes vont y verser toutes leurs iniquités.

Généralement, l'église du couvent est adossée au palais qu'habitent les moines ou les nonnes ; souvent les deux sexes de réguliers sont établis sous la même toiture. « C'est plus commode », dit mon professeur.

Parfois comme à San Gervasio, par exemple, une superbe grille de fer forgé et doré laisse admirer toutes les merveilles architecturales qu'elle renferme. D'autres fois, comme à Josepets, les Jésuites font étinceler au soleil des façades couvertes de métaux de marbres rouges et de clochetons aux arêtes découpées en scie. C'est leur couvent-collège, un vrai palais !

On n'a pas idée de la magnificence royale de ces

demeures. Les architectes, toujours disposés à faire grand et nouveau, en viennent à la folie. Ne sachant plus comment créer de l'inédit, ils en arrivent à renverser les lois de la stabilité.

L'église de la Sagrada familia qu'on édifie depuis vingt ans et que nous sommes allés visiter avec mon jeune éducateur présente dans sa construction des marques très sûres d'aberration mentale. A l'intérieur, la nef est encore une œuvre saine et équilibrée, mais l'extérieur ! Ce sont des colonnes de granit cannelées en spirale, reposant sur des tortues qu'elles semblent écraser et supportant une grotte colossale de pierre dont les mille anfractuosités recèlent les statues de saints et au-dessous tous les animaux de l'arche de Noé !!!

C'est insensé, c'est infernal et tout être à qui il reste une lueur de raison frémit et s'indigne de voir la richesse de ces gaillards-là employée à exécuter des tours de force aussi coûteux et aussi... inutiles.

En Espagne, les rouages gouvernementaux sont faussés par la présence d'un élément qui agit en dessous sans jamais se montrer à visage découvert. Tout le monde sait qu'il est là, qu'il gouverne la monarchie, le parlement, les finances, l'armée, la magistrature et la nation, mais il n'apparaît pas. Ostensiblement, le roi commande, les chambres légifèrent, les finances s'organisent, l'armée se prépare, la magistrature rend la justice. En réalité, c'est le clergé qui dirige tout cela par : le confessionnal, l'instruction, l'aide aux amis.

Les intérêts de la nation espagnole? On fait semblant de s'en occuper. On prononce des discours, on prône des remèdes à la situation. Ne vous y trompez pas. Toute cette réclame n'a d'autre but que de mettre dans son jeu le parti avancé, républicain et socialiste.

Honneurs, richesses, ambitions, tout s'acquiert par le clergé ! Voilà donc pourquoi il faut le clergé puissant, toujours vainqueur. Qui touche à un de ses privilèges est perdu. Fût-il monarque, ministre, ambassadeur, sa chute est certaine.

Quel système emploie l'Eglise pour arriver à asseoir

sa domination sans faire crier ? C'est bien simple. Elle joue double jeu. Supposons qu'elle veuille obtenir du roi ou du parlement une concession, une loi qu'elle juge utile pour maintenir sa prépondérance. Si le monarque ou les Cortès n'y font pas opposition, tout va bien. S'il y a résistance, en avant les grands moyens ! On fait tirer quelques coups de fusil par de misérables paysans de Catalogne, fanatisés par leur curé, et voilà les Carlistes qui bougent ! Et le spectre du Séparatisme qui se dresse !

La monarchie tremble, le roi implore l'appui de l'Eglise et le marché est conclu ; le roi et le parlement mettent les pouces.

Evidemment, le clergé ne peut jouer du séparatisme avec autant de facilité que du carlisme, parce que l'élément séparatiste se dérobe à sa direction. Pourtant, en faisant à sa volonté surgir le carlisme, il donne un regain de vigueur aux partis avancés de la Catalogne et une espérance en l'autonomie rêvée qui est toujours au fond du cœur du Catalan.

D'où vient l'antagonisme qui existe entre la Catalogne et l'Espagne ? Question très complexe. Elle date du jour de l'annexion de l'Aragon à la couronne de Castille. Isabelle la Catholique a toujours tenu en suspicion la nouvelle venue. Philippe IV avec sa tyrannie, Philippe V de Bourbon avec sa brutalité, Alphonse XII avec son amour de la paix, la Régente avec sa confiance illimitée en l'Eglise, ont bien leur responsabilité. Le clergé, la banque, Silvela, Sagasta, et enfin le Parlement, ont tellement abusé du séparatisme, qu'il est devenu une puissance belligérante et reconnue, avec laquelle l'Espagne doit compter aujourd'hui. D'autre part, l'antagonisme existe déjà dans le sang entre ces populations catalanes actives, intelligentes, travailleuses, créatrices, instruites, et les peuples du reste de la péninsule indifférents, paresseux, ignorants et orgueilleux.

Peu à peu, le voisinage de la France s'est fait sentir aussi. L'idéal gouvernemental n'a plus été la monarchie affaiblie qui avait perdu toute la puissance expansive de la nation ; cette monarchie qui avait laissé échapper l'Amérique, les Flandres, l'Autriche, le Portugal, Cuba, les Philippines.

Il s'est porté vers le fédéralisme latin englobant la Belgique, la France, l'Italie, l'Espagne, le Portugal, avec Gênes, Marseille, Barcelone, pour commander la Méditerranée et le reste du monde ! Idée grandiose, s'il en fut, qui promet l'émancipation et la liberté aux peuples méridionaux et surtout la délivrance de cet ennemi qui entraîne fatalement la mort de tout ce qu'il touche : le clergé !

La couronne d'Espagne fait sûrement fausse route. Au lieu d'essayer de donner satisfaction aux sentiments libéraux de la Catalogne et de beaucoup d'Espagnols, en gouvernant comme le conseille Leroux, avec la démocratie, le suffrage universel, la séparation de l'Eglise et de l'Etat, elle prépare une répression draconienne.

Au contraire, il faut laisser l'Eglise à sa mission d'apostolat. Il faut lui enlever l'instruction publique, le pouvoir politique et le droit de posséder.

Par exemple, n'est-il pas honteux que l'on exige des candidats aux postes et télégraphes un certificat de bonne conduite délivré par le curé de leur paroisse ? C'est une façon de jeter l'une des grandes administrations de l'Etat dans les bras des hommes noirs et d'accroître encore un pouvoir qui est déjà beaucoup trop considérable.

Si la royauté perd la Catalogne et peut-être Bilbao avec ce système, elle l'aura bien voulu.

Il est de mode, dans la haute société en Espagne, comme en France, d'être du parti prêtre. Les uns disent que c'est par genre, les autres, par conviction ; moi, je dis que c'est par intérêt. Le prêtre n'est-il pas là toujours pour maintenir les misérables dans la résignation, la pauvreté et l'humilité ? Les riches et les nobles pourraient-ils trouver un auxiliaire meilleur pour leur égoïsme et leur soif de jouissances ?

J'ai vu, un jour, à Barcelone, un jésuite sortant d'une voiture armoriée. Deux gentilles dames ouvraient la portière. Un jeune homme aida l'homme de Dieu à descendre, puis releva son manteau pour lui faciliter la marche. Sous un somptueux péristyle, deux autres jolies Espagnoles l'attendaient. Il fut à l'instant entouré de cet essaim de jeunes femmes et c'est dans cet équipage ravissant qu'il monta le grand escalier de marbre de l'hôtel princier où on l'introduisait. J'ai pensé à l'une des scènes les plus réussies de Tartufe et il m'est venu sur les lèvres le mot typique : « Le pauvre homme ! »

CHAPITRE XIII

Disons-le tout de suite et très nettement : c'est une heureuse bonne fortune, un vrai régal pour les yeux affamés de *non vu* que de se trouver à Barcelone pendant la Semaine sainte. La plupart des observations que nous aurons l'occasion de faire s'appliquent d'ailleurs à Madrid. Remarquons toutefois qu'à Séville, les choses se passent bien différemment, ce qui nous forcera à les décrire.

Les vapeurs venus d'Afrique et des Canaries ont apporté des ballots de feuilles d'un palmier spécial à ces chaudes régions et les marchands ont installé ces

« palmes » sur la Rambla de Cataluña avec des branches de laurier, d'olivier et d'autres arbustes verts. Des femmes assises prennent possession de cette matière, la disposant de mille manières, avec la science ornementale et un peu puérile qui est le fond de la race ibérique. Elles les tressent, les ornent de fanfreluches, en font de petits chefs-d'œuvre d'une grâce enfantine, mais exquise et raffinée qui, bon gré mal gré, attirent le regard et le retiennent charmé. Le coup d'œil est ravissant. Les longues et flexibles palmes recourbées, pareilles à celles qui servirent à l'entrée de Jésus à Jérusalem, sont alignées par ordre de grandeur le long de châssis *ad hoc*. Sur des tables recouvertes de linges blancs s'étalent les petits ouvrages artistiques dont nous venons de parler, mêlés avec des ornements de paille auxquels sont attachés des fruits confits, comme on a l'habitude de le faire chez nous aux branches des arbres de Noël. Ces petits étalages en plein vent sont assaillis par une population affairée, remplie d'enfants aux convoitises surexcitées. Les mamans disputent les ressources de leur portemonnaie, quelquefois un peu aigrement, aux appétits trop peu économes de leur progéniture. Les marchands, au contraire, instinctivement d'accord avec les marmots, poussent aux dépenses extrêmes. Finalement ce sont les bambins qui triomphent et emportent sur les épaules des palmes d'une hauteur démesurée, encore alourdies par de gros rubans de soie et des pendeloques de fruits confits.

Le matin du dimanche des Rameaux tout ce monde se répand dans les rues et surtout sur les Ramblas où le coup d'œil devient féerique. Parmi les fleurs et les bouquets étalés en hauteur des deux côtés de la voie, on n'aperçoit que palmes dorées qui s'agitent au soleil. Comme ces longues feuilles sont lourdes et difficiles à manœuvrer, il arrive fréquemment que les enfants ont bien vite assez d'un plaisir si pénible et ils les passent à leurs parents. Ceux-ci les prennent en rechignant bien plus par devoir que par plaisir. On voit à leurs mines piteuses qu'ils sont très ennuyés et

qu'ils se sentent ridicules d'arborer ces *machines-là*.
Ceux qui ont des bonnes, confient ces trophées embar-
rassants à ces petites montagnardes aux yeux *bébêtes*
et aux manières empesées, dont les bras sont déjà
surchargés de feuillages verts pour toute la maisonnée,
y compris les voisins, et qu'on doit faire bénir pour
clouer au retour au-dessus des lits, près du bénitier.
On voit aussi passer, *très affairés*, des porteurs et des
porteuses de grandes corbeilles dans lesquelles sont
déposés d'immenses bouquets destinés à être bénits
pour porter bonheur aux habitants du logis.

On croit beaucoup ici à l'efficacité de ces feuilles et
de ces fleurs. Elles restent toute l'année suspendues
aux murs et doivent préserver l'habitation de toute
malveillance satanique. Les bénitiers et les herbes sèches ne sont pas les seuls talismans qui sont chargés
d'interdire la maison à Satan et à ses œuvres malveil-
lantes. J'ai, suspendues sur les murs de ma chambre,
deux tapisseries brodées sur soie et encadrées, l'une
représentant une Vierge aux longs cheveux blonds et à
robe blanche, l'autre, un Jésus irradié de rayons d'or.
Le premier tableau porte en exergue, en espagnol mal
orthographié par des catalans : Marie, protège cette
maison et ceux qui l'habitént, l'autre : Seigneur, aide-
nous puisque tu es notre Sauveur.

Nécessairement, puisque nous sommes en Espagne,
toutes les vanités sont de la fête. Les hommes plas-
tronnent avec leurs diamants et toute la quincaillerie
de leur double chaîne de montre et de leurs poignées
de cannes d'or et d'argent.
Les civils arborent ce jour-là le chapeau à haute
forme, la redingote longue et la bottine vernie. Les
militaires étalent toutes leurs dorures, toutes leurs
aiguillettes et tous leurs plumets. Ceux qui ont droit
à des ceintures de soie à glands d'or, les étendent avec
complaisance sur leur ventre. Les figures s'efforcent
d'être graves, mais le gonflement d'orgueil qu'elles
recouvrent se trahit et s'échappe au moindre incident
en sourires charmants et en volubilité de paroles gra-

cieuses. De leur côté les dames se pavanent dans leurs plus beaux atours. Elles stationnent longuement auprès des tables des fleuristes, qui, ce jour-là, font des affaires d'or. Les enfants parés comme des chasses, sont tristes parce qu'ils sont constamment grondés de froisser leurs cols, ou de salir leurs habits ou leurs bottines. Ils cherchent à entraîner leurs parents vers les étalages de crécelles ou de marteaux de bois. Quand ils aperçoivent une pâtisserie, leur insistance prend un caractère tyrannique et volontaire à laquelle il est bien difficile de résister. C'est qu'en effet il y a là un amoncellement de gourmandises de tout genre, mêlées de la façon la plus bizarre. Vous verrez des galantines de volaille et des pâtés de foies gras, recouverts de gélatine dorée, alterner avec des madeleines, des jésuites, des gâteaux à la chantilly, tout cela verni, ornementé de dessins de sucre de toute nuance. Vous y contemplerez toute l'arche de Noé, avec la couleur qui convient à chaque bête. Anes, chèvres, brebis, mules, lièvres, cochons, éléphants, sont associés entre eux de la manière la plus inattendue. Par exemple, vous verrez un lapin, accroupi sur ses pattes de derrière portant dans les deux paniers jumeaux de son échine, des singes, des carottes et des polichinelles, et aussi des barques naviguant sur le sable, dont les mâts supportent des maisons de campagne ou des clochers. Enfin tout ce que l'imagination la plus émancipée peut rêver de drôleries et d'enfantillages. Ces devantures sont assaillies par une foule de bébés, de dames, de nourrices et de paysans qui s'extasient, poussent des exclamations et se communiquent tout haut leurs impressions souvent plus que naïves.

Des marmitons à costume blancs portant de grandes corbeilles de fruits confits et de gâteaux montés traversent cette foule gourmée avec mille précautions pour ne pas endommager leurs fragiles édifices de sucre, beurre et farine. Sur les trottoirs, le long des paseos, sont rangées de petites boutiques et des étalages en plein vent qui présentent, à la convoitise des futurs citoyens de l'Espagne, des marteaux de bois et

des crécelles à voix criarde pour remplacer les cloches
qui doivent aller à Rome jeudi et vendredi prochains.
La Rambla des fleurs présente un spectacle charmant.
Les fleuristes se sont surpassées. Le jour des Rameaux
est un de leurs meilleurs jours de vente. Les bouquets
faite qu'elles confectionnent, sont immédiatement portés à l'église voisine et, après y avoir été bénits, ils feront l'ornement de la table paternelle et, plus tard,
des diverses chambres de la maison.

Au milieu de toute cette animation les familles
s'abordent avec force gestes exubérants. Les dames
s'embrassent et manifestent leur joie. Puis elles exa-
minent leurs toilettes réciproques. Ce sont alors de
petits cris d'oiseaux effarouchés, en apercevant pour
la première fois un bijou, une dentelle, un ornement
qu'on ne connaissait pas. Du bout des lèvres, elles font
des compliments à leurs amies ravies et tandis qu'elles
exhalent au dehors une satisfaction que commande la
politesse, elles entassent au-dedans des provisions
d'envie et de malignité qui se feront jour le plus tôt
possible.

Les environs des églises sont envahis par une véritable cour de miracles, de pauvres plus ou moins authentiques, plus ou moins estropiés, à l'air pleurard,
qui implorent la pitié et viennent mêler leurs lamen-
tations aux manifestations des personnes qui font conver-
sation en se communiquant l'expression bruyante de
leurs joies. Il y a là aussi, rassemblés et turbulents, des
masses de gamins du peuple, arborant leurs palmes recourbées, grimaçant des simulacres de cérémonies religieuses, se battant, se disputant, et faisant somme
toute avec leurs crécelles ou leurs marteaux un bruit
infernal. Les mamans affolées ajoutent à ce tintamarre
les cris arrachés à leurs entrailles maternelles par
leurs gamins qui se poursuivent et se poussent jusque sous les roues des voitures et des tramways électriques aux sonneries stridentes.

Inutile de dire que la fête qui a commencé à l'église
et à la rue se poursuit l'après-midi à la maison. La

cuisinière, débordée par un surcroît de besogne, tient cependant à présenter ses chefs-d'œuvre culinaires, ceux pour lesquels elle a l'habitude d'être chaudement complimentée. Ce jour-là elle se surpasse. Sur toutes les tables de famille s'étalent des gâteaux, des crèmes et des vins mousseux. Dans les intérieurs aristocratiques le repas se poursuit jusqu'à quatre heure du soir. Alors les dames courent à leurs toilettes et les hommes à l'écurie pour faire préparer les voitures et veiller à la bonne tenue de leurs harnachements.

C'est que ce jour-là toutes les vanités se donnent rendez-vous au paseo de Gracia. De cinq heures à la la nuit, les deux grandes allées latérales sont noires de monde venus là pour admirer les équipages des heureux de la terre et les toilettes des riches grandes dames de l'aristocratie ou de la finance. Des gardes civils, montés sur des chevaux blancs, de sang arabe, coiffés de casques allemands, en cuir bouilli, sont chargés de maintenir l'ordre. Immobiles sur leurs montures, ils se placent à toutes les bifurcations, en travers des voies, tout infatués du rôle important qu'ils jouent en donnant des ordres aux laquais du high-life.

Et par-dessus ces petitesses et ces sottises, la nature suit sa loi fatale et inéluctable. Le printemps est arrivé. Les feuilles tendres des platanes frissonnent sous les brises chaudes d'un soleil radieux qui évolue dans un ciel outremer sans nuage. L'astre suprême poursuit sa marche journalière et superbe sans s'inquiéter de nos petites misères et très peu sensible d'ailleurs à nos vanités minuscules.

Le spectacle que produit Barcelone le Jeudi saint est réellement étrange. A partir de midi, il semble que la grande cité intellectuelle, industrielle et avide de plaisir ait disparu pour faire place à une ville morte. Tout à coup, au milieu de la plus grande activité, la rue se transforme. Toutes les charrettes, tramways et voitures ont disparu, tous les magasins ont fermé leurs devantures. Plus d'ouvriers, plus de patrons et de commis affairés, plus aucune transaction. Un silence glacial, lugubre, plane sur la capitale et les rues, les promenades, les jardins prennent l'aspect de cimetières. A midi, le cœur de la Catalogne a cessé de battre, il appartient au génie de la Mort. Toute flamme est éteinte, toute activité tarie et les voies où s'agitait naguère une vitalité fiévreuse sont devenues des allées silencieuses de nécropole incessamment parcourues par des êtres vêtus de noir. Barcelone porte le deuil, le deuil d'un Dieu qui n'a peut-être jamais existé. La chrétienté entière est oppressée, émue, tremblante, inquiète, malheureuse et terrifiée, parce qu'elle vit sous l'oppression d'une colossale erreur historique.

En effet, cette croyance à la mort du Christ est un reste de l'ancien culte solaire pratiqué de tout temps en Asie et en Egypte sous des formes diverses et des noms différents. C'est le culte d'Adonis, d'Osiris ou d'Apollon, fables poétiques et ravissantes qui ne font que désigner l'hymne éternel que l'humanité a chanté et chantera toujours après l'hiver à la palyngénésie printanière, source d'éternelle espérance. Les organisateurs du christianisme du second et du troisième siècles de notre ère étaient eux-mêmes si peu sûrs de leur personnage principal qu'ils n'ont pas osé lui donner un nom ; ils l'ont appelé d'adjectifs : Jézeus Cristos, qui, dans toutes les langues d'Orient, signifient : pur, sacré, et désignent les incarnations divines. L'on sait si ces transformations de la divinité ont été multiples ! Bouddha seul, pour sauver la création, en a opéré plus de mille.

Donc, en plein vingtième siècle, nous sommes ici dans une nécropole antique, Thèbes, par exemple, où toute une population de vivants était occupée à ensevelir ses morts.

Pourtant, les trois ou quatre mille ans qui nous séparent des beaux jours de la capitale des nomes égyptiens nous ont favorablement transformé la physionomie de la grande ville de Catalogne.

Quelle que soit l'impression douloureuse que présente l'arrêt brusque de la vie, avouons qu'il se déroule à Barcelone, pendant ces deux jours de mortification, un spectacle d'un charme infini. Autour des églises, vers lesquelle se rend la foule, on ne voit que soldats et officiers chamarrés, faisant étinceller au soleil les dorures de leurs uniformes. Il y a là aussi l'inévitable agglomération de marmots, aux instincts toujours pervers, qui, armés de marteaux de bois et de crécelles criardes, remplacent très désagréablemnent les cloches disparues. Leurs cadences, exécutées sur les dalles, produisent autour du temple un tapage infernal. Si on pénètre dans une de ces églises, on est frappé par l'obscurité qui y règne et que des centaines de cierges, distribués dans le chœur, ne peuvent dissiper. Les saintes images sont exposées et une foule de gens prosternés font leurs prières pendant qu'un flot de peuple pénètre dans la grande nef par une porte et en ressort par une autre donnant l'impression d'un fleuve qui coule incessamment. Cette promenade à la *queue-leu-leu*, où les chrétiens sont serrés comme des sardines en baril, est ce qu'on appelle dans le monde dévot la *visite des églises*. Inutile de dire qu'aux entrées et aux sorties se produisent d'inévitables bousculades et des attouchements plus ou moins voulus qui provoquent la colère chez les uns et des plaisanteries salées chez les autres. Devant les portes de sortie, sont groupés des jeunes gens à l'air insolent et gouailleur qui regardent passer les jeunes filles en faisant tout haut les réflexions que l'on devine.

Le plus grand attrait de ce jour de deuil, qui reste gravé dans le souvenir de celui qui a pu jouir de ce spectacle, c'est le retour de toutes les femmes au costume national. Elles ont choisi dans leur garde-robe noire ce qu'elles ont de plus riche, des soies, des laines, des dentelles. Comme il fait généralement chaud à cette époque de l'année, aucune ne porte de vêtement de dessus, de sorte que la taille se dégage avec toutes ses grâces naturelles. Il a y ici une règle à laquelle pas une personne du beau sexe ne se soustrait : c'est de reprendre pendant ces deux jours la gracieuse mantille noire qui était autrefois le signe caractéristique de l'Espagnole.

On exhibe plusieurs genres de mantille, les unes très longues que l'on drape sur les épaules en forme de mantelet, ce sont les plus élégantes. D'autres, plus courtes, encadrent la figure et les deux bouts viennent se rattacher par un bijou sur le côté de la poitrine. Enfin, les dernières sont plutôt des voilettes très transparentes, mouchetées de points noirs. Comme les colorations de la peau sont généralement jaunes, ces mantilles favorisent bien le visage et le blanchissent si bien que des personnes qui ne sont pas jolies deviennent, sous ces dentelles, très agréables à regarder. Il est vrai que les yeux de jais étincelant qui dominent ici, donnent toujours un charme spécial aux physionomies féminines.

Quant aux personnes qui, peu dévotes, sont pourtant forcées de chomer par suite des coutumes religieuses de la majorité, elles n'ont, pendant ces deux jours de deuil, que bien peu de distractions. Plus de théâtres, plus de concerts, plus rien que les guinguettes et les cafés. Ces établissements qui profitent de toutes les fêtes sont très prospères en Espagne. Ils font pendant ces deux jours des recettes fabuleuses, car ils ne désemplissent pas. Voilà encore comment la religion moralise!

Mais le peuple économe qui ne veut pas dépenser son argent et qui n'est guère dévot ici, que va-t-il faire de ce congé forcé? Il a le Montjouick, cette merveilleuse montagne qui sert à tant de choses à Barcelone. Il a le Tibidabo, une hauteur de plus de cinq cents mètres, d'où l'on voit à la fois les Baléares et les Pyrénées. Dès midi, des marchands de friandises, de fruits secs et d'oranges s'établissent à l'entrée des routes, chemins et sentiers qui conduisent à ces éminences pour tenter la gourmandise d'une foule qui ne songe guère à pleurer le décès de son Dieu. Revêtue de ses gais costumes voyants du dimanche, exubérante, gesticulante, rieuse, gaie, vivante en un mot, elle grimpe joyeusement toute chargée de provisions de bouche qui seront consommées là-haut entre le bleu du ciel et le bleu de la Méditerranée.

Les inévitables malingreux, manchots, boiteux se trouvent là, bien entendu, presque aussi nombreux qu'aux portes des églises de la ville, car ils savent que le peuple est bon et généreux et qu'il ne sait pas prendre un plaisir sans y faire participer le misérable.

J'ai compté que sur le Montjouick seulement, dans la journée du jeudi, il a dû y avoir, pendant quatre heures, bien près de quarante mille personnes de tout âge et de tout sexe.

La journée du vendredi saint me réservait une surprise. Mon sommeil fut interrompu, le matin, par des chants d'un caractère particulier. C'était une procession qui déroulait sa double théorie de femmes desdeux côtés du paseo du Colon. Ce spectacle dont nous ne jouissons plus en France depuis longtemps, reporta ma pensée vers une époque qui pouvait bien avoir sa poésie, mais qui représentait le triomphe du clergé. Les accessoires du culte étaient ici portés par des individus vêtus en Chaldéens ! Vous voyez que, même vingt siècles après, l'Eglise chrétienne n'a pas pu se dégager des traditions puisées en Asie et que ses officiants portent les mêmes costumes que les fidèles d'Adonis. Elle traîne sa robe de Nessus par dessus ses prétendues nouveautés religieuses.

Les interdictions à la circulation sont maintenues le vendredi jusqu'à midi. Mais il s'y ajoute ce matin-là une aggravation particulière : le marché des fleurs et le marché des oiseaux ont complètement disparu des Ramblas. La municipalité, esclave du clergé, ne laisse qu'un exutoire aux instincts humains, elle ferme avec soin toutes les portes sur la vie intellectuelle et n'ouvre que celles de la goinfrerie. La *boustifaille* peut se donner libre carrière.

En effet, au milieu du chômage général, trois corporations seules travaillent : les limonadiers, les pâtissiers et les pêcheurs.

Ces derniers ont la besogne plus rude. Ils sont nuit et jour à leurs filets et à leurs bateaux pour suffire au défaut de viande de boucherie. On dit qu'en France tout se termine par des chansons. C'est que nous sommes un peuple spirituel. En Espagne, où l'on a affaire à des gens positifs, tout se termine par un *gueleton*. Les pâtisseries ont des gâteaux spéciaux pour toutes les fêtes de la semaine, afin de stimuler plus souvent l'ouverture des bourses. Le dimanche des Rameaux ce sont les pailles tressées et des fruits confits qui leur servent d'ornement général ; le jeudi et le vendredi saint, ce sont les bêtes de l'arche de Noé qui les agrémentent ; enfin, le jour de Pâques, on fabrique les *Monas* ; ce sont des pâtisseries dans lesquelles sont encastrés des œufs durs. Bien entendu qu'à l'apparition de chaque espèce de gourmandise, les enfants, les jeunes gens et les femmes se laissent tenter.

Le silence lugubre des rues est troublé le vendredi matin par les sociétés musicales d'aveugles qui donnent leurs concerts en plein vent. Comme il n'y a pas de circulation de voitures, elles occupent le centre de la chaussée et comme tout le monde s'ennuie ferme on se groupe autour de ces mélomanes en nombre tel que la rue Ferdinand-VII, qui est cependant une des plus larges de la ville, est tout à fait obstruée pendant près d'une heure.

A dix heures, cependant, le canon de la forteresse a annoncé que Jésus vient de ressusciter. Ce canon, qui est aux ordres du Clergé, me fait rêver. Je trouvais déjà suffisamment bizarre que le tambour sonnât la générale dans l'église quand le Divin Maître pénètre dans le pain azyme. Malgré cet avertissement guerrier, la circulation et les transactions commerciales ne reprennent qu'à midi. Mais les enfants ne peuvent pas attendre jusques-là, ils parcourent les rues en courant et en frappant de leurs marteaux de bois les devantures fermées et les portes des maisons.

CHAPITRE XIV

Les peuples de l'Orient ont toujours aimé à savourer les voluptés des danses lascives. Les spectacles offerts par les almées et les hétaïres leur étaient aussi nécessaires que le sont pour nous les cirques, les théâtres et les cafés-concerts. Ils trouvaient là des distractions d'un ordre spécial qui répondaient bien à leur nature à la fois matérialiste et rêveuse. Les ballerines étaient alors bien plus estimées qu'aujourd'hui. Elles faisaient

partie de la haute société de ces temps. Elles consti-
tuaient en quelque sorte l'aristocratie de la galanterie
chez les peuples asiatiques et plus tard chez les Grecs,
les Romains et les Arabes. Il ne se donnait pas de fêtes
élégantes sans qu'elles y fussent appelées. Elles étaient
les héroïnes, les reines de ces réunions qui dégéné-
raient presque toujours en orgie dont elles devenaient
bacchantes.

Reines, elles l'étaient à double titre : par la beauté
et par la culture de l'esprit. La belle ordonnance de
leurs formes plastiques, condition indispensable de
leur profession, séduisait d'abord les yeux, exaltait les
sens et produisait sur les assistants cet état hypnotique
rêveur qui est d'un charme si doux.

Dans les vieilles sociétés, où la femme se trouvait
plutôt esclave et reléguée aux travaux grossiers, les
courtisanes seules étaient instruites. Cela tenait sans
doute à leur oisiveté qui permettait à leurs facultés
intellectuelles et artistiques de s'alimenter aux sources
de la littérature, de la poésie et des arts. Danser,
chanter, scander de beaux vers en s'accompagnant sur
le luth ou la lyre, peindre l'intérieur de leurs demeures et les diverses pièces de leurs vêtements, consti-
tuaient les multiples attractions par lesquelles, en outre de leur beauté propre, elles séduisaient les hommes
d'élite et les riches oisifs. Leurs grâces les attiraient,
leurs talents les retenaient.

Les personnages les plus considérables par leur situation ou par leur intelligence formaient une cour assi-
due à ces hétaïres et les riches demeures de ces filles
galantes servaient de lieu de réunion à ce que la société d'alors avait d'intellectuels. C'est chez elles que
se traitaient, comme plus tard chez les grandes co-
quettes des dix-septième et dix-huitième siècles, toutes
les questions d'art, de littérature, de philosophie et
toutes les affaires concernant la cité ou la nation. Bien
des guerres sanglantes ont été décidées dans ces asiles
de paix, de plaisir et d'élégante corruption.

Les ballerines d'Espagne ont été toujours appréciées

dans l'antiquité par la grâce de leurs corps souples et
voluptueux et par la prodigieuse variété de leurs attitudes, que leur beauté rendait irrésistibles. Les écrivains latins ont chanté les belles filles de Cadiz. Mais
la vieille Gadès n'était pas la seule région qui fournit
de charmantes chorégraphes aux orgies des patriciens
de Rome.

L'Andalousie, qui de tout temps a possédé les plus
beaux types féminins, entretenait de courtisanes et de
danseuses tout le monde latin. La province devait ce
privilège à l'heureux mélange de sang africain et de
sang ibérien qui a produit des merveilles de beauté
dans le sud de la Péninsule.

La pénétration du monde païen par le christianisme
bouleversa les conditions des vieilles sociétés. La nouvelle doctrine renversa les idées qui avaient cours jusqu'alors. La vie de ce monde, ce bien tangible, réel,
qui procurait à tous joie, bonheur, allégresse des
cœurs, exaltation des sens, fut sacrifié à la vie hypothétique future. L'objectif de félicité que l'antiquité
plaçait ici-bas fut transporté là-haut, quelque part,
dans... le ciel. Pour mériter ce ciel, la religion du
Christ exigeait l'abandon de tous les plaisirs, le châtiment constant de ce corps dans toutes ses manifestations sensuelles, même les plus délicates, comme la
peinture, la musique, etc. L'œil, le nez, la bouche, la
main, les sources de félicité que les dieux du paga-
nisme avaient si paternellement et si généreusement
distribuées à l'homme pour transmettre à son cerveau
les sensations douces et agréables furent regardées, par
le dogme nouveau-né, comme les agents les plus sûrs
et les plus dangereux de la perdition de l'autre existence. C'est sur ce terrain sensuel que la bataille devait se livrer implacable jusqu'à ce qu'il y eut mort
de l'un des deux combattants, de l'une des deux croyances. Comme le péril était grand et le succès douteux,
la récente doctrine dut mettre en batterie tout son arsenal de défense. Elle prit à une religion asiatique,
qu'elle avait déjà dépouillée de ses dogmes, une arme
terrible : l'enfer. C'était un lieu de châtiments éter-

nels, espèce de volcan, toujours en éruption, où étaient précipités ceux qui avaient failli par le corps. On espérait ainsi achever par une terreur effroyable la défaite des sens que les espérances seules de paradis auraient été impuissantes à vaincre.

On parvint au but, mais à quel prix ? Nous allons le voir. En effet, c'est au moyen des cinq sens et de deux facultés morales, l'observation et la comparaison que se produit la connaissance. C'est par ces sept éléments que l'homme, physiquement un des plus faibles animaux de la nature, parvient à discerner les effets et les causes, à créer la science, à la faire servir à ses besoins. Finalement, c'est par eux qu'il domine toute la création par laquelle il semblait qu'il dût être asservi, tant il y avait de disproportion de forces entre elle et lui.

Le christianisme, en broyant les sens, rendait inutiles les deux autres facultés morales qui ne peuvent rien sans leur appui. Il s'en suivit naturellement un brusque arrêt dans le progrès. La loi du développement intellectuel qui régit l'évolution des siècles, fut suspendue et les nations qui avaient épousé la nouvelle doctrine, telles que l'Italie, la France et l'Espagne entrèrent dans une ère d'impuissance et d'obscurantisme : l'ère chrétienne !

Tout le Moyen Age n'a été qu'un long martyre de l'intellectualité, qui a cédé aux passions fanatiques d'une secte sacerdotale, poussent à la guerre d'extermination des croyances rivales. Ce que cette religion d'amour et de charité a versé de sang humain est inimaginable. Soyons généreux et ne rappelons que les croisades asiatiques et européennes. En fait, sous toutes les guerres entreprises pendant près de deux mille ans, même de nos jours dans les grands conflits franco-allemand et hispano-américain, il est facile de discerner la main du clergé qui poursuit un seul but : sa suprématie sur la société civile.

Malgré tout, la société civile s'est constituée. Patiemment, longuement, en laissant bien des morts sur le champ de bataille, elle a fait sa place au soleil. C'était la revanche des sens !

La science a été créée ; une ère de paix et de prospérité relative a remplacé l'ère chrétienne, l'humanité a repris conscience de ses forces mises par erreur au service d'une idée anti-fraternelle, elle a établi pour la première fois la solidarité des peuples ; elle a donné naissance à la pitié et adouci la rigueur de la justice des hommes. La voici maintenant qui, à son tour, entreprend la lutte contre son ancien oppresseur : le clergé.

La Révolution française d'une part, de l'autre l'établissement de la dynastie de Savoie sur le trône d'Italie ont donné l'essor libérateur à deux des grands peuples latins, mais l'Espagne est restée en arrière. Elle est bien en retard sur ses voisines de la Méditerranée.

Pourtant, la logique eût voulu qu'elle se fût affranchie la première. Le sud hispanique n'a été conquis, en effet, par Ferdidand III que depuis six cent cinquante ans, et encore Grenade a-t-elle résisté cent quarante ans de plus à l'invasion chrétienne. La date étant récente, on eût pu croire que tout au moins les provinces méridionales secoueraient plus facilement le joug imposé par les chrétiens. Il n'en fut rien. Les Arabes conquis préférèrent la vie et les biens de ce monde à leurs dogmes religieux. Ils se convertirent en masse à la nouvelle doctrine exagérant les pratiques extérieures du culte nouveau, mais gardèrent, dans leur for intérieur, l'âme sensuelle de l'oriental.

Voilà comment il se fait que l'Andalousie, la province en apparence la plus religieuse de l'Espagne, a cependant conservé les mœurs des peuples asiatiques et africain. Grenade qui fut annexée la dernière, l'année même de la découverte de l'Amérique, va nous donner un exemple typique de cette persistance de l'esprit païen, cinquante ans après sa conversion.

Sait-on sur quel grave sujet le conseil municipal réuni dans son palais de la place Vivarambla, le 2 novembre de l'année 1538, portait sa délibération ? On ne le devinerait pas.

Il prenait un arrêté par lequel il déterminait les obligations auxquelles devait s'astreindre le « père » d'une « mancebia » vis-à-vis de ses « pupilles ». (On ne m'accusera pas d'employer des mots trop crus). Il décidait donc gravement que chacune d'elles devait avoir sa « botica » (chambre) fermant à clé, son lit, deux bancs, une chaise, un zarzo (châssis) avec un paillasse et un matelas de laine et une chandelle chaque nuit. Il était adjoint au « mancébiste » de changer de draps tous les huit jours. Le « père » ne devait prélever pour la location de ces meubles et de l'appartement que vingt maravédis par jour. De plus, il devait fournir à chacune de « ses pupilles » pour nourriture, deux livres de pain quotidien et une petite livre de viande à chaque repas, plus un demi-quartier de vin et, selon l'époque, des choux, des navets ou des aubergines, en *quantité suffisante* et comme dessert, du fruit au déjeuner et de la salade au repas du soir. enfin..... une rave ! ! ! Tout cela pour le prix de vingt-cinq maravédis perçus journellement. En cas de non exécution de ces ordres, l'amende pour le délinquant était fixée à deux mille maravédis qui se doublaient à la récidive.

Je ne puis mentionner ici, parce qu'ils sont trop nombreux, les détails curieux, minutieux et vraiment paternels dans lesquels entrent ces bons conseillers municipaux pour sauvegarder l'intérêt de ces jeunes filles, incapables par elles-mêmes de se défendre contre l'avidité de leurs hôteliers. Ils révèlent pourtant des âmes douces qui ne regardent pas la prostitution comme un vice haïssable, mais simplement comme une nécessité sociale qui doit être reçue par les hommes qui en profitent avec respect et reconnaissance. Une telle conception donne la clé des rites antiques de Babylone. Elle explique mieux que ne le ferait un savant commentaire. beaucoup de passages bizarres de l'Ancien Testament et du Nouveau. Rappelons, en effet, que chez les Juifs et les Sémites, au dire même des historiographes chrétiens, Jésus montre toujours une indulgence orientale pour les pécheresses qui suivent sa prédication. L'hétaïre Marie de Magdala (Madeleine) qui s'attacha aux pas du Christ et qui ne l'abandonna qu'après sa résurrection fut toujours traitée par lui avec douceur et une délicatesse de sentiment qu'on ne retrouve plus dans ceux qui se prétendent ses successeurs.

Voyez, en effet, ce que fait Philippe IV. En 1625, il lance une Pragmatique traitant de l'extinction de la prostitution qui, jusqu'à lui, était tolérée et réglementée.

Pour arriver à son but, il ne trouve pas d'autre moyen que de faire arrêter toutes les filles publiques et de les jeter dans les galères ! ! !

C'était là un roi très chrétien !

La place qu'occupait la fille qui fait commerce de son corps dans les vieilles sociétés nous expliquera celle qu'elle a encore chez les Espagnols et en général chez les peuples qui ont conservé les traditions païennes de l'Orient. D'ailleurs, comme ce sont la vanité, la paresse et la misère qui constituent les quatre cinquièmes des *rameras*, les habitants de la Péninsule ne peuvent pas se montrer bien rigoureux pour une catégorie de personnes qui n'a, en somme, que les vices et défauts inhérents à leur état social.

Il faut avouer aussi que les nations qui sont à la tête de la civilisation, contribuent pour une large part à effacer la distance qui sépare la femme honnête de la femme légère en exaltant sans cesse cette dernière.

L'Espagne fait comme l'Angleterre, l'Allemagne, la France et l'Italie. Elle calque ses institutions modernes sur les leurs et cela avec autant plus d'ardeur que ces créations répondent mieux à son tempérament. C'est ce qui fait que nous allons retrouver ici toutes les corruptions du reste de l'Europe avec un peu plus de cynisme et de laisser-aller.

Certes, il y a chez nous une presse pornographique constituée par quelques grands journaux, par de nombreuses illustrations et par une forte série de romans légers. Il existe en plus ici une véritable petite biblio-

thèque de volumes minuscules faciles à dissimuler
dans la poche qu'on appelle la bibliothèque du « Bou-
ton ». Je n'en dirai pas davantage.

Les expositions de peinture et de sculpture, celles
des librairies et des kiosques, celles des boîtes automatiques ne sont pas sensiblement différentes de ce
qu'on voit chez nous. Il est de même des étalages de
chromos et de cartes postales. Sur ces articles, la note
grivoise ne dépasse guère celle de nos pays.

L'apparition du suffrage universel et du journal à
un sou, ont changé les conditions sociales. Les choses
de la politique, de la littérature et de l'art, ne se traitent plus aujourd'hui dans les palais des courtisanes
ou dans les salons dorés des grandes dames. Les habitudes se sont démocratisées. Les clubs, les cercles,
les casinos, les cafés et les buvettes sont les lieux ordinaires des réunions. Les familles même ne donnent
presque plus de soirées musicales ou dansantes ou littéraires. Elles exigeraient une correction de manières,
de costume et de ton qui ne peuvent s'accommoder
avec le sans-gêne et le débraillé qui ont envahi nos
mœurs. Ne regrettons pas trop les habitudes anciennes
elles ont fait leur temps et si elles revenaient, on les
traiterait de rococo.

Le bien le plus grand qui résulte de cet état de
choses nouveau, c'est que les barrières des classes disparaissent. Quel que soit le mal fondé des distinctions,
noblesse, bourgeoisie, peuple, il y avait certains signes
qui pouvaient laisser croire à leur réalité. La fortune,
l'urbanité, la politesse, l'éducation, l'instruction, le
goût des arts, étaient autant d'obstacles qui empê-
chaient la pénétration et le mélange des castes. Aujourd'hui, la fortune est instable, elle passe facilement
d'une main dans l'autre. L'urbanité et la politesse ne
sont pas un monopole et les gens du peuple n'ont qu'à
être bons et naturels pour être bien élevés. L'éducation et l'instruction se donnent simultanément dans
toutes les écoles et à tous les degrés de l'enseignement.
Reste le goût des arts. Eh bien ! grâce à nos nombreux
musées, à nos squares, à nos jardins, à nos grandes

expositions, aux merveilleux palais qui s'édifient partout, grâce à la lithographie, à la gravure et photographie peintes, grâce aux chromos, grâce aux cartes postales, grâce à la presse imagée, grâce à la librairie enfantine et aux écoles de dessin, l'éducation de l'œil se forme chez tous et partout et l'on peut dire qu'aujourd'hui on devient artiste sans le savoir. Il en résulte que ce qu'on appelait « le monde », c'est-à-dire le groupe de familles et d'individus qui possédaient spécialement le goût des choses raffinées, n'est plus fermé, il s'est tellement étendu, que tous les citoyens peuvent en faire partie.

Pourtant, comme le changement a été très rapide et qu'il s'est opéré en un demi-siècle tout au plus, il reste encore bien des angles à adoucir dans le vulgaire, surtout en Espagne. Les gens du peuple se montrent là bien plus grossiers que chez nous. Le sans-gêne et le débraillé y arrivent aux dernières limites. C'est ce qui fait que, sauf très peu d'exceptions, les salles de théâtres et de café ont toujours l'air de n'être fréquentées que par des *voyous*. L'absence de manchettes, de plastrons et de cols blancs, la mauvaise teinture des vêtements, la simplicité campagnarde de la plupart des chaussures, les attitudes vulgaires, les gesticulations forcées, nous transportent dans un monde qui vaut cependant beaucoup mieux que son apparence.

Quoiqu'il en soit, ce monde-là est avide d'instruction, curieux de nouveautés. Il adore les spectacles de tout genre, et tous les lieux de récréation sont constamment remplis par lui.

Quel est l'enseignement qu'il trouve là? Nécessairement, il est en rapport avec le public qui fréquente ces attractions. Nous allons le voir.

Les grands théâtres donnent de la belle musique avec de bons artistes italiens pour la joie des oreilles et des ballets très décolletés pour la récréation des yeux.

Les petits théâtres représentent des *Zarzuelas* ou des féeries. La zarzuela est, comme je l'ai dit ailleurs, une sorte d'opérette dont la musiquette se déroule sur un libretto enfantin et souvent grossier. Le milieu où se passe l'action est toujours commun et les sentiments exprimés sont de même ordre. La plaisanterie est salée et soulignée par le geste qui l'accentue encore davantage. Je ne parle pas ici bien entendu des théâtres où l'on joue le drame et le répertoire français. Dans ces derniers, ce sont les œuvres d'Alexandre Dumas père et fils, de Scribe, d'Ohnet, et surtout de Sardou, qui y sont représentées. C'est marquer ce qu'ils sont.

Quant aux féeries, on y trouve, comme chez nous, des exhibitions de femmes plus ou moins nues, seulement la plastique des figurantes diffère de la nôtre, parce que le type féminin de beauté n'est pas le même en Espagne. Ici, on aime la femme grassouillette. Toute les rondeurs sont donc soulignées par les maillots collants. Le goût français, qui a un idéal svelte et maigre se trouve au premier abord un peu choqué, mais il ne tarde pas à changer d'avis, car en somme la structure féminine, par sa destination à la propagation de l'espèce, doit s'éloigner de la forme d'échalas, préconisée par les journaux de modes qui n'ont pas à s'occuper de la reproduction, pas plus que de l'amour des sens.

L'excès d'un côté est d'ailleurs aussi malheureux que de l'autre et le bon goût doit se cantonner dans le juste milieu qui peut constituer un type suffisamment rapproché de la beauté parfaite.

C'est dans les petits théâtres, les cafés-concerts et les Music-Halls, que les poses, les attitudes et les gestes acquièrent le plus de lubricité.

Presque toutes les ballerines, lors même qu'elles exécutent des danses d'un caractère tout à fait différent, esquissent des coups de reins orientaux qui n'ont aucune raison de se trouver là. Quant à celles qui sont chargées de la chorégraphie de la Syrie, de la Chaldée et de l'Egypte, elles arrivent à une audace de réalisme qui est le véritable simulacre de l'acte du coït. J'ai vu deux ballerines, dont l'une costumée en homme, rapprocher leurs centres jusqu'au point de les faire presque toucher, se livrer devant le public enthousiasmé à des aller et retour d'un réalisme tout à fait exact. Les déhanchements et les mouvements cyniques des rondeurs postérieures, sont jeux d'enfant pour ces jeunes personnes qui vous jettent ensuite leur sourire provocant. Une superbe almée qui dansait à la persanne sur un tapis les pieds nus et le corps transparent sous la gaze, brillamment éclairée par des flots électriques répandus des galeries sur ses admirables formes, a tenu plus de vingt minutes les spectateurs sous le charme de ces poses voluptueuses et excitantes. Rien ne peut exprimer l'art avec lequel ces orientales savent faire valoir et présenter les diverses beautés de leur être aux curiosités et aux appétits frémissants du public.

Les chanteuses ne sont guère moins démonstratives que les ballerines. Elles soulignent par leurs attitudes, la polissonnerie qu'elles débitent. De cette façon, elles achèvent d'expliquer ce que les paroles qu'elles prononcent ont la pudeur de gazer un peu. Elles simulent avec leurs doigts des attouchements pour les deux sexes, en poussant de petits cris de satisfaction bestiale qu'elles rendent encore plus exacts par les contorsions de leur personne entière.

Les cirques et gymnases n'ont pas voulu rester en arrière de ce dévergondage qui est à l'ordre du jour. Eux aussi sont arrivés à la note sensuelle, d'abord en habillant les écuyères et gymnasiarques avec des maillots couleur de chair, ensuite en faisant exécuter les exercices des bêtes par des montreuses ou dompteuses vêtues le plus sommairement possible. Il y a même des cirques qui poussent la condescendance pour les goûts du public, jusqu'à engager des coryphées de ballet qui donnent des divertissements lascifs.

Quand il s'agira de l'Andalousie, nous aurons occasion de parler des danses *flamencos* exécutées autrefois par les seules filles gitanes originaires de l'Egypte des pays barbaresques ou de la Syrie.

Disons ici que le flamenco est un genre.
Il ne se cantonne pas dans la chorégraphie seule. Il

embrasse la littérature, la peinture, l'imagerie, la musique et en général toutes les manifestations artistiques des sens. D'Orient, il s'est introduit en Espagne par les Maures, les Juifs, les Arabes et les gitanos. Il s'y est fortement implanté et aujourd'hui nous le trouvons partout, maître en quelque sorte de l'Espagne entière.

Qu'est-ce donc que le flamenco? Posée en ces termes, la question est insoluble. C'est comme si on demandait qu'est-ce que l'électricité? Tous les savants resteraient muets. Mais si nous ne pouvons pas donner une définition claire et nette, nous pouvons cependant dire que ce « genre » se manifeste extérieurement par des gestes excentriques, l'audace des poses, les bravades matamoresques, les gaietés forcées et bruyantes, et l'extrême lasciveté ; en somme, par l'exubérance et l'exagération en tout.

Quand elle chante, ou qu'elle danse, la jeune personne qui va se livrer en public à la frénésie du flamenco, doit apparaitre toujours *coiffée du chapeau d'homme*. Ce *sombrero* est ici un symbole : il signifie que la femme est sous l'influence de l'*amour physique*.

A l'instant où elle entre en scène, la musique prend une notation spéciale sacrée, connue de tous les spectateurs et particulière à tout l'Orient Méditerranéen.

Ces accents très anciens, étranges, commencent à jeter le trouble dans les cervelles des assistants. Mais voici que presqu'immédiatement ces notes bizarres sont soulignées par des ondulations des hanches accusant les *forte* et les *fortissime* de l'orchestre ; par de brusques et rapides avancements du centre, marquant très nettement les désirs amoureux. Le chapeau est saisi d'une main fiévreuse et promené tout autour du corps de la jeune fille. Alors, ce corps s'exalte, s'enfièvre, se passionne, bondit, trépigne avec rage. Les bras, les jambes, les pieds semblent sous l'empire de la danse de Saint-Guy ; l'Almée parcourt la scène en long, en large, en soulevant ses jupes par devant et donnant avec le chapeau de l'air à des choses enflammées. — Enfin, n'y tenant plus, elle s'arrête, le torse affaissé, le ventre proéminent, plaque le sombrero sur son abdomen et à l'abri de cet écran, elle exécute très carrément sa part de la mimique exacte de l'union des sexes.

Pour finir par un coup d'éclat elle ramasse ses jupes entre les cuisses, s'accroupit, précipite d'un geste brusque et inconscient le chapeau dans les régions secrètes, fait un mouvement canaille du rein, se relève en désordre et s'enfuit, non sans avoir lancé dans les rangs pressés du public ce chapeau simulacre d'homme, devenu inutile après la satisfaction.)

Il nous reste à parler d'un divertissement qui est ici bien à la mode, qu'on donne journellement dans beaucoup de petits théâtres et de music-halls et dont le public ne se lasse jamais, c'est la représentation de la *Pulga*, la Puce. Je crois d'ailleurs que ce spectacle est aussi fort en vogue en France. Quoi qu'il en soit, l'Espagne y ajoute ses épices, son flamenco.

Voici : Une femme en chantant sent tout à coup la morsure d'une puce. Elle s'interrompt pour rechercher l'indiscrète bestiole dans les proéminences pectorales. C'est une occasion pour les faire plus ou moins surgir au corset. Mais la maligne créature, plus indiscrète qu'on ne pense, s'est réfugiée plus bas. Alors on enlève tous les vêtements qui peuvent nuire à sa recherche : tablier, boléro, robe, corset, de sorte que la dame reste sur scène, en apparence du moins avec sa chemise seule.

Jugez si l'on rit ! La belle fait alors des perquisitions dans ses dessous, exhibant des mollets et des parties de cuisses aussi haut que le permet l'audace de l'exécutante. Quand la personne est habile, l'œil du spectateur peut rôder aux alentours de la *forêt* sans jamais l'apercevoir. Ce jeu de cache-cache fait beaucoup rire et les spectateurs semblent y prendre un plaisir extrême.

L'action se termine par la saisie de la délinquante qui est précipitée sous le pied, où son écrasement produit un effet toniturant de bombe encore accentué par le tambour.)

Les *foyers* des petits théâtres, des cafés concerts et des music-halls sont des salles spéciales où les actrices viennent se reposer après la représentation, ou attendre leur tour de paraître en scène. Ces salles sont très accessibles. Le public masculin les fréquente beaucoup, attiré qu'il est par la grâce des chanteuses ou ballerines. On n'exige à l'entrée pour laisser pénétrer les hommes dans le sanctuaire qu'un veston convenable et un peu de tenue. Les dames apparaissent soit en costume de ville, soit décolletées en robes de théâtre, suivant qu'elles ont terminé leur travail journalier ou qu'elles ont encore à jouer leur rôle.

Inutile de dire que toutes ont, parmi les hidalgos, jeunes ou vieux qui sont là, leurs préférés, leurs *amis de cœur*, ou de bourse qui les invitent à *consommer*. Ce sont alors autour des tables de marbre, des fusées de rires perlés, lancées surtout pour faire croire aux amies jalouses que l'on s'amuse beaucoup dans ce coin là. Mais personne n'est dupe. Chacun voit que cette gaieté est trop bruyante pour n'être pas factice. Presque toujours il existe à côté du foyer une salle à manger, des cabinets particuliers, et des chambres à coucher avec service de jour et surtout de nuit.

Dans les brasseries à *camareras* (à servantes), les choses se passent à peu près de la même façon, sauf qu'ici ce sont les filles elles-mêmes qui servent les consommations et qui viennent vous prier de les inviter. Les chefs de ces établissements s'entendent avec les pécheresses, leurs employées, pour pousser les clients à la dépense. S'il se trouve un naïf, il est vite entouré d'un essaim de jeunes beautés qui s'abreuvent aux frais de son porte-monnaie, payant leur quote-part en gentils sourires et câlineries banales.

Des prospectus alléchants sont distribués sur les *paseos* et les *ramblas*, dant le but d'attirer les étrangers dans ces repaires. Ces papiers annoncent effrontément qu'à tel endroit il y a une brasserie « servie par dix ou douze jolies femmes ». Ils font bien observer qu'on trouvera dans les dépendances de l'immeuble, des chambres à prix modique et des restaurants de jour et de nuit avec cuisine espagnole ou française de premier ordre. — Il ne ne faut pas avoir la moindre confiance dans ces promesses mensongères.

L'art de la réclame a acquis ici une perfection inouïe.

Pour faire des dupes, il n'est rien de tel que les Maures, les Juifs, et les Espagnols. Ces industriels savent se composer des visages honnêtes et candides qui déconcertent l'acheteur et jettent dans le piège tous ceux qui manquent d'expérience en ces matières. C'est surtout en Espagne que l'on peut dire que le marchand ment avec placidité et conviction. Prendre l'argent où il se trouve en donnant en échange le moins possible de travail ou de marchandises, enfin payer l'écart en *monnaie de singe*, tel est le problème poursuivi et résolu par tout bon maître de *tienda*.

Quelquefois les brasseries à femmes affectent des airs distingués en affichant des soirées musicales ou dansantes dont les alléchantes annonces flamboient sur les murs des places publiques. Mais là encore il s'agit d'exploiter les nigauds. Presque toujours on ne trouvera dans ces bouges qu'un mauvais piano qui exécutera une valse toutes les demi-heures. Quant aux almées, elles sont fournies par le personnel ordinaire des servantes ou *camareras*, qui danseront avec leurs tabliers, ayant encore sur l'épaule la serviette qui sert à essuyer es tables et les verres.

On le voit, les théâtres, les cirques, les brasseries fournissent, en réalité, un personnel nombreux et très varié, à la prostitution plus ou moins élégante. La plupart des foyers et des salles de consommation ne sont que des stations avouables où la chair humaine attend preneur à la course ou à l'heure. Par le fait, la différence avec les « mancebias » est minime. D'un côté, plus de franchise, de l'autre, plus d'hypocrisie, voilà tout.

Nous allons terminer ce très long chapitre sur la prostitution en disant que les *rameras* libres sont ici très nombreuses. Elles respectent pourtant la rue beaucoup plus qu'à Paris. Leur clientèle habituelle est tenue de se rendre à domicile. Elles l'attendent sur leurs balcons, en faisant des petits travaux d'aiguille, cachées derrière les stores *réglementaires* qui doivent embrasser toute la fenêtre. Ces balcons sont, en général, de véritables parterres de fleurs.

Dans les quartiers pauvres, ces croisées storées sont très nombreuses, et comme la misère s'y fait sentir davantage, les dames des balcons se permettent, malgré les règlements, de faire de petits signes aux passants pour les engager à entrer. La police, très paternelle pour ces délits, fait semblant de ne rien voir. Il faut bien que tout le monde mange !)

CHAPITRE XV

L'arrivée à Séville offre une surprise à celui qui veut étudier cette capitale des Rois Maures.

En effet, la gare M. Z. A., fort bien aménagée, a un caractère architectural fortement mauresque.

La visite des bagages n'est pas trop ennuyeuse et

les employés d'octroi semblent même s'excuser d'être
obligés de vous faire ouvrir les malles. Il est vrai que
j'arrivais par un express et que les serviteurs de l'Etat
et des Villes sont toujours prudents en Espagne. On
ne sait jamais si l'on a affaire à un prince, un député,
un ministre ou à tout autre gros personnage capable
de vous faire payer cher un manque d'égards.

La compagnie Madrid-Saragosse-Alicante n'a pas
concédé le privilége du transport des voyageurs et
des bagages à une entreprise spéciale. Ce sont les hôtels qui envoient leurs omnibus.

Or, celui où je devais descendre m'avait averti, non
seulement qu'il n'avait pas de véhicule à l'arrivée;
mais encore que je devais me tenir en garde contre les
cochers libres qui voudraient m'entraîner dans d'autres hôtels.

C'était vrai. Mon automédon voulut m'amener à la
Fonda de France, à laquelle il avait sans doute vendu
son âme; et j'eus beaucoup de peine à lui faire comprendre que puisque c'était moi qui payais, il devait
me porter rue Departidor, no 16, où je devais trouver
la pension del Sr Dn Martial Benito, un patio ancien,
une bonne table, un hôte jovial. C'était plus qu'il n'en
fallait pour justifier mon insistance. Dans sa réponse à
ma demande de renseignements le Sr Dn Martial,
m'avise en effet que sa maison est placée sous la protection d'Ignace de Loyala et du Sacré-Cœur (sagrado
Corazon) de Jésus. Il m'avertit qu'on ne reçoit dans
son logis que des personnes de la meilleure société, ce
qui chatouille les instincts vaniteux qui pourraient
être en moi. Je m'efforce donc d'être tout fier d'habiter
le *Palacio* devenu pension bourgeoise, à prix modeste,
de la calle Departidor, no 16.

Cette façon originale de mélanger dans le même
prospectus les bonnes manières, les divins cœurs de
Jésus et de Marie, le grand fondateur de l'ordre des
Jésuites et la mauvaise cuisine d'Espagne me sembla
tout d'abord caractéristique de la vie Sévillane. Elle
m'inquiète pourtant. Ce n'est pas là l'impression que

les voyageurs sont habitués à trouver en général dans le capitale de l'Andalousie qu'on nous représente comme une autre Capoue, comme un autre Paris, rempli de beautés langoureuses et faciles, de chants et de danses aux molles ondulations et d'une éternelle gaieté qui est comme la fleur que produit naturellement le chaud soleil et le ciel bleu. Ce n'est donc pas sans une certaine appréhension que je me laisse installer dans une chambre rudimentaire dont aucune ouverture ne ferme et dont l'unique croisée donne sur une ruelle.

Ma pension bougeoise participe de l'hôtel et du couvent.

L'hôtelier, le grand Martial Benito, est mort, il y a six mois, et son neveu lui a succédé sans le remplacer. Don Benito était, parait-il, extrèmement aimable et gracieux. Son héritier est lugubre, ne parait pas s'occuper beaucoup des voyageurs, laissant ce soin à deux anciens serviteurs qui ont de la bonne volonté, mais qui ne possèdent ni l'éducation ni le tact qui conviendraient au chef d'un établissement cosmopolite de cette importance.

La maison est un ancien couvent franciscain. Elle est composée de plusieurs immeubles réunis par des cours, des corridors et des patios. Et comme les étages ne sont pas aux mêmes hauteurs, on trouve des escaliers un peu partout. Malgré cela elle a grand air.

L'humidité du rez-de-chaussée est combattue par des revêtements de briques émaillées aux dessins bizarres. Ces briques que l'Alcazar et l'architecture arabe ont mises à la mode, se retrouvent partout à Séville dans le bas des habitations, les escaliers et les cours. Don Martial était très intelligent. Il avait essayé d'approprier les cellules des moines, et d'en faire des chambres. Il y avait installé des lits à moustiquaires, des toilettes de marbre, des armoires à glace et des fauteuils en bois tordu de Vienne, à bascule. Mais, pas de sonnette, pas de gaz, encore moins d'électricité ! Si l'on avait besoin d'eau chaude, il fallait descendre

dans les cuisines pour la commander ; et, si l'on voulait éviter les courants d'air ou fermer la porte ou la
fenêtre, il fallait bloquer ces ouvertures avec des
chaises, des fauteuils ou des serviettes.

On pense bien que je ne suis pas resté longtemps
dans cette prison payante et incommode, malgré l'ama-
bilité des pensionnaires avec lesquels j'avais déjà noué
de très agréables relations.

La première chose à faire à Séville, c'est d'aller admirer Murillo avec lequel on a déjà fait connaissance
au Louvre et à Madrid. Avant d'entreprendre la visite
du Musée, je voulus visiter *Santa Blanca* où se
trouve un tableau du maître. L'Eglise, ancienne syna-
gogue, est située dans le quartier Juif, qui constitue
l'une des parties les plus antiques de la ville. Elle était
fermée, ce jour-là, ce qui arrive souvent en Andalousie, dans l'après-midi. Alors, pour ne pas perdre
le fruit de ma course, je me suis mis à parcourir les
innombrables ruelles étroites qui s'étendent et s'enche-
vêtrent autour des vieilles murailles de l'Alcazar, près
desquelles était construite la maison de Murillo.

Je m'intéressais vivement à ces patios primitifs, à
ces cours plantées où l'on aperçoit, de la rue, les
détails de la vie intime des habitations : des femmes
aux oripeaux éclatants qui cousent accroupies, des
mères aux seins bruns qui allaitent, de grosses africaines qui savonnent les linges de la famille, des
gamins aux grands yeux, aux membres secs et muscu-
leux, qui jouent et fument la cigarrette.

Tout à coup, sur la place de *Los Refinadores*, bordée d'un côté par les anciennes fortifications du palais
Maure, j'aperçus en pleine lumière, ensoleillée, seule
au milieu de la place, une grande et svelte fille, portant la petite amphore grecque sous son bras. Les
longs vêtements flottants et trainants achevaient l'illusion. Je m'approchai. Sa figure avait le cachet juif.
Son corps était admirable et très visible sous une robe
aussi diaphane que rudimentaire. Elle portait des cheveux courts et frisés. Si cette fille avait été vêtue à la

Grecque et lavée, on aurait cru à l'apparition d'une Hébé. Il y a ainsi dans le peuple, des traditions ethniques et esthétiques qui se conservent à travers les âges, on ne sait comment.

Nous avons vu que la forme des vêtements de dessus varie peu dans les diverses provinces espagnoles. Elle est encore plus uniforme en Andalousie.

Généralement, pour l'homme, c'est une pèlerine taillée en rond, en plein drap, formant par suite de sa coupe de longs plis verticaux. Le péninsulaire se drape en relevant le côté droit de cette *cape* et en le rejetant sur l'épaule gauche. La cape prend aussi une tournure de peplum qui n'est excusable et possible que chez des peuples paresseux et contemplatifs, car elle paralyse les deux bras et rend toute action impossible.

Pour l'Andalouse, c'est un châle à longues franges qui se pose, pour les jeunes, en travers, de façon à former sur les côtés, de longs plis pendant jusqu'à terre. On ne peut nier que ce vêtement soit par lui-même gracieux. Il a de plus, quelque chose d'antique qui ressemble vaguement à une clamyde. Avec la robe traînante, la femme a une apparence de fille grecque ondulente et l'effet produit par la démarche est captivant, d'autant plus que la personne est souvent jolie et qu'elle porte des fleurs dans ses cheveux, même dans la rue. Les vieilles ont le châle plié de façon à dégager les bras et il retombe en pointe très bas, sur la robe, par derrière et par devant. C'est affreusement laid.

Il n'y a qu'un reproche à faire à ces vêtements de dessus, c'est que la forme du corps disparaît pour ne laisser que des ondulations. Aussi, l'Andalou et l'Andalouse n'attachent-ils que peu d'importance aux habits de dessous ; et la femme ne porte même pas de corset. Elle cache ses formes arrondies sous un fichu de laine fermé sur la poitrine.

Quand la jeune femme veut être *faraude* (macarena) elle adopte, surtout pendant les fêtes, pour ses châles, des couleurs claires avec des franges qui atteignent cinquante centimètres de longueur. Ces châles de cérémonie sont ornés de broderies de couleurs voyantes. Ce sont en général, de très grosses fleurs.

Lorsque ces dames dansent la Sévillane ou les autres danses Mauresques, elles se drapent, en rejetant comme les hommes, un coin de châle sur l'épaule gauche. Elles dégagent ainsi un bras dont la main vient s'appuyer sur la hanche. Comme cette hanche remue voluptueusement avec la partie basse du corps, la partie supérieure se solidarise avec les jambes par les bras; alors toute la femme devient ondulente autour du centre.

Quand ces mouvements sont exécutés ou plutôt rythmés avec mesure aux accords des voix des assistants qui frappent dans leurs mains, ou à ceux d'une musique *ad hoc* avec castagnettes, on est transporté dans un monde à part où l'amour physique règne en maître et où la pudeur n'a que faire.

C'est une mimique énivrante de l'acte d'union des sexes exécutée par la femme seule comme le veut la tradition orientale, avec je ne sais quoi de rêveur qui est donné par la langueur de la musique et la cadence stridente de l'acompagnement.

Une ondulation plus forte et vous avez la danse du ventre des peuples asiatiques. L'espagnole et surtout la Sévillane ne dépassent jamais la mesure. Elle indique mais ne souligne pas. La gitane, au contraire, arrive à la grossièreté et à l'indécence sous prétexte de conserver les rites *flamencos* de l'Egypte.

J'ai laissé entendre que la femme andalouse ne soigne que sa tête et son pied c'est-à-dire les deux seules parties du corps qui soient visibles sous ses amples vêtements. Les cheveux étant le principal ornement de la *mujer*, c'est sur eux qu'elle porte toute son attention.

Il est rare qu'elle se coiffe elle-même. Il n'y a guère que les filles de service qui ne se fassent pas coiffer parce que les exigences de leurs maîtres ne leur permettent pas une telle perte de temps.

Toutes les ouvrières ont leurs coiffeuses. Ces artistes capillaires qui consentent à arranger artistiquement leurs *cabellos* pour trois pesetas par mois, donnent à toutes les têtes le même cachet, celui de la mode du jour.

Actuellement, cette mode est d'arrondir les cheveux sur le front et les côtés en les gonflant jusque sur les oreilles. Quant au chignon, il est formé sur la partie supérieure ou postérieure de la tête et orné d'une fleur naturelle.

On ne saurait imaginer combien cette fleur apporte de gaieté dans la rue. On se croirait presque au bal. De fait, on y est à la *feria* qui a lieu vers le milieu d'avril, dans les prairies. Là, les femmes adoptent le joli costume andalou, se couvrent de fleurs la tête, le sein et le bas de la robe et dansent en public les danses locales.

Pour en finir avec les robes, je dirai ceci : les dames s'habillent avec les étoffes françaises. Chapeaux, fourrures, etc... viennent de Paris. Quelques couturières et les plus remarquables surtout sont de nationalité française. En tous cas, ce sont les modes de notre pays qui dominent en Andalousie. Il n'en est pas ainsi en Catalogne, où l'on a des modes locales. L'ornementation des toilettes est souvent espagnole et cela se connait au goût du clinquant et du voyant qui est particulier à ce peuple.

Les robes, ici, sont toutes d'été, même au mois de décembre et de janvier, excepté pour les grandes dames. Elles sont empesées et taillées à queue par derrière. Elles traînent dans la rue et on comprend tous les inconvénients que cette façon d'agir doit avoir au point de vue de la propreté et de l'hygiène.

De temps à autre, les femmes ouvrent leurs grands châles pour les remonter sur les épaules. Elles semblent ainsi de gros papillons qui déploient leurs ailles.

C'est gentil.

L'âme espagnole est bonne, affectueuse, paresseuse et chevaleresque. Le péninsulaire aime sa femme, ses enfants, ses concitoyens et sa ville. Il se bat, d'ailleurs, pour son pays avec courage sinon avec enthousiasme.

La bonté de l'Espagnol et surtout de l'Andalou se trahit au dehors par mille attentions pour se proches, ses amis, ses serviteurs, même pour les étrangers, surtout les Français. Il a envers eux des manières souvent calines et presque féminines. S'il rencontre un ami, il lui prendra une main dans les siennes, lui donnera les paroles de bienvenue avec un bon sourire, plongera affectueusement ses yeux dans ceux de son compagnon, lui passera le bras autour du cou, de la taille, l'invitera à venir chez lui, ou au café, ou au restaurant, sera tout disposé à lui être agréable de toute façon ; et, de fait, il se dédoublera, se multipliera pour lui éviter une course, une peine quelconque. On voit qu'il ne s'appartient plus, qu'il est tout entier à celui qu'il aime.

Comme il doit être attentionné et gracieux pour une femme ! Comme il doit la cajoler et la rendre heureuse ! Et comme la femme possède, à un degré encore plus grand que lui, ces qualités du cœur, on comprend que l'amour soit pour cette nation l'affaire la plus importante de la vie. Je n'ose pas dire la seule occupation digne d'un homme d'honneur et d'une femme honnête.

J'ai eu la bonne pensée d'aller visiter la maison où mourut Murillo, le 3 avril 1682. Elle appartient aujourd'hui à don Jacobo Lopez Cespero. Elle porte le numéro 7 de la plaza de Alfaro, près des remparts de l'Alcazar.

Avec une extrême obligeance et une grande modestie, le jeune propriétaire du palais me montre les trésors artistiques qui y ont été accumulés par son père.

Au rez-de-chaussée, un Velasquez et quelques autres bonnes toiles. Le véritable musée forme une suite de salons et de galeries bien éclairées au premier étage.

Là, j'ai pu, pendant plus de deux heures, admirer sans gêne des meubles anciens, merveilleux, entre autres un coffre d'incrustations d'ivoire sur ébène et des tableaux de grands maîtres de peinture : Ribera, Moralès, Zurbaran et six à sept toiles de Murillo.

Je dois aussi faire mention d'un très bon Van Loo de l'école française, ainsi que de quelques tableautins de batailles qui paraissent appartenir à notre manière.

J'ai vu, là aussi, le portrait de Murillo qu'on croit fait par lui-même. C'est une tête puissante, au front large et penseur, aux sourcils contractés, aux narines dilatées et aux maxillaires vigoureux. Ces caractères physiologiques indiquent une nature fine mais volontaire, puissante mais passionnée. J'ai été vivement impressionné.

Les Murillos qui m'ont le plus frappé au Musée de Séville sont : n° 28 *Saint Thomas faisant l'aumône*, que le maître appelait « *mi cuadro* », mon chef-d'œuvre ; n° 30 *Adoration des bergers* ; n° 17 *Pe-, tite conception*. Avec les autres et ceux que j'ai vus soit à Madrid, soit au Louvre, soit chez M. Lopez Cespero, je conclus que la manière de Murillo est large et précise, sa coloration ternie par le temps, mais brillante, sa composition et sa perspective ramassées, mais justes ; sa lumière exacte et ses créations de vierges et d'enfants ravissants de beautés propres. Les figures d'hommes demeurent expressives de l'action qu'elles indiquent. Elles sont quelquefois idéalisées comme le Saint-Thomas du 28 et les bergers du 30. Lorsque les tableaux étaient plus récents et qu'ils possédaient le vrai coloris du maître, ils devaient produire un grand effet. Maintenant que le temps a affaibli les couleurs, c'est surtout la correction du dessin, la distribution savante de la lumière, la pureté des types, la beauté, l'habileté et la hardiesse de la composition qui nous ravissent.

Je suis étonné que quelques auteurs modernes refusent délibérément à un tel artiste les qualités qu'il possède cependant au suprême degré : l'audace, l'émotion, la personnalité, l'énergie de la couleur et du dessin. Et tout cela parce que le temps où il vivait étant très religieux, l'artiste des couvents et des sacristies a dû forcément traiter beaucoup de sujets mystiques.

De telles accusations sont injustes.

N'a-t-il pas, en effet, de l'audace le peintre de l'*Enfant prodigue* et du *Teigneux de l'Académie de San Fernando de Madrid*? N'a-t-il pas de l'émotion celui qui a conçu et exécuté cette scène poignante et muette du *Jeune mendiant de Madrid*? N'a-t-il pas de l'énergie dans la couleur et dans le dessin le novateur de la *Rebecca à la fontaine*, du *Ressuscité* et du *Moïse au rocher*?

N'est-ce pas un coloriste aussi impeccable que Rubens, celui qui a tiré de son cerveau les *Conceptions* si larges de touche, si harmonieuses de couleur, si nobles d'attitude et pourtant si simples de dessin?

N'est-ce pas un tempérament que cet artiste génial, qui n'a vu que Madrid et qui, isolé dans son Andalousie, a créé, par la seule puissance de son intelligence et de sa volonté, cent chefs-d'œuvre que les musées européens se disputeraient si l'Espagne ne tenait à les garder.

On lui reproche de ne pas être l'homme de són temps et de son pays. On est injuste; car, dans un pays de religiosité grossière et dans un temps d'idées vulgaires et banales, il a fait plus que de représenter ces vilenies, il les a poétisées, il a créé l'inconnu, il a donné une forme admirable à l'intangible.

L'homme qui n'a eu pour maître qu'un froid académicien, qui, pour vivre, a dû vendre ses premiers tableaux aux foires de Séville, qui s'est formé presque seul, qui a toujours cherché à se perfectionner, qui a changé au moins trois fois de procédé, qui a été réaliste et idéaliste avec la même aisance, qui est resté toujours élevé dans ses compositions, qui possède mieux que nul autre la science des lumières, l'artiste robuste et sain qui n'a pas cessé de créer du nouveau, ce puissant qui n'a vécu que pour son art, mérite d'être remis à la première place, car c'est celle que lui accorde l'histoire impartiale et celle qu'il a largement gagnée.

En imposant à l'Arabe le joug espagnol, les vainqueurs lui ont aussi inculqué leur religion.

Or, qu'était-ce que cette doctrine chrétienne?

Une anomalie pour les Sémites.

Elle faisait de la vie une préparation à la mort ! Elle disait : Il faut souffrir dans sa chair, renoncer au bonheur terrestre, n'avoir qu'un but ici-bas : éviter l'éternel enfer. Les sens étant les ennemis de l'âme, il faut les contrarier, les affaiblir, les réfréner. Plus de festins, plus de spectacles, plus de danses lascives, plus d'amour, plus de p......ums, plus d'accords mélodieux.

Or, que donne-t-on en échange ? La prière en ce monde et une félicité hypothétique dans l'autre.

Telle est la croyance à laquelle les catholiques prétendent asservir un peuple qui n'est rien moin qu'ascétique, qui aime la vie avec passion et pour lequel la mort n'est que le passage à une existence encore plus sensuelle que celle de cette terre.

On comprend l'antipathie de l'Arabe pour un enseignement aussi contraire à ses traditions, à ses mœurs et à ses aspirations.

Comme il était le vaincu, il s'inclina, mais tout son corps révolté protesta.

Il devint catholique de nom ; mais il resta de fait fidèle à la religion vivante de l'Islam. Il alla à la messe, au confessionnal, à la procession, mais il ne renonça à aucune des satisfactions sensuelles qui étaient dans son sang oriental.

En Andalousie, où l'Arabe a longtemps dominé, où il s'est mêlé à la population locale pendant des siècles, la protestation tacite fut plus énergique et plus invincible que partout ailleurs.

De guerre lasse, il s'établit un compromis entre les deux religions.

Pour obtenir l'apparence de la soumission à ses règles inflexibles, le catholicisme fit des concessions.

Et c'est ainsi que se sont conservées à travers les siècles les traditions de danses orientales, de bonne chère, de galanterie, de chansons et de fleurs parfumées qui existent un peu partout en Espagne, mais qui sont surtout caractéristiques en Andalousie.

Hélas ! à mesure que nous nous éloignons de la conquête, ces traditions arabes s'en vont.

A Séville, on s'efforce de les conserver, on les maintient par la *feria*, par des concerts ; mais les lignes ferrées nivellent tout, effacent les coutumes, atténuent les différences de mœurs et l'on voit poindre le jour où l'Andalousie elle-même ressemblera aux autres provinces de l'Espagne.

Je suis allé passer deux heures au « Concierto Filarmonico », qui est l'ancien salon d'Orient et où, disait-on, on conserve encore les traditions chorégraphiques d'Egypte.

La première partie était un ballet espagnol. Elle a été exécutée par six danseuses en costume bleu à paillettes, à robe courte non décolletée. La grande ballerine attitrée et son danseur venaient de temps à autre rompre la monotonie de l'exercice par des pas plus savants et plus aériens.

En somme, ballet très inférieur à ceux de nos théâtres et beaucoup moins de vaporeux et de poésie dans les costumes.

La seconde partie, qui est toute l'école « flamenco », manque absolument de distinction et frise la vulgarité la plus crapuleuse.

Six femmes du peuple, vêtues en poissardes, avec des robes claires, sont rangées en cercle avec deux hommes qui ont la prétention de chanter. Les six « mujeres » frappent dans leurs mains en mesure. De temps à autre, l'une d'elles se détache, comme grisée par la cadence, et vient sur le devant de la scène exécuter... quoi? Est-ce une danse? En tous cas, ce sont des contorsions du ventre, des reins, du torse, sans la moindre grâce et d'un réalisme révoltant.

Après que la danseuse, exténuée, a repris sa place, on fait une pause assez longue. Puis une autre almée reprend le même exercice, en le soulignant encore davantage.

Et cela dure, paraît-il, jusqu'à minuit !

. . . .

On me dit que ces danses « flamencos » ou bohémiennes sont très intéressantes quand elles sont exécutées par de jeunes et jolies gitanes dont les corps gracieux ont une souplesse inouïe. Je veux bien le croire; mais les « mujeres » à gros ventre du concert philharmonique ne m'ont inspiré que du dégoût.

Je préfère de beaucoup les danses andalouses sur lesquelles j'aurai plusieurs fois l'occasion de revenir dans cet ouvrage.

Les derniers jours de décembre et les premiers de janvier forment une succession de fêtes qui mettent toute la population de l'Espagne en liesse. Les chemins de fer amènent dans les centres urbains des flots de ruraux qui remplissent de pittoresque les rues et les places des cités. Ils y apportent leurs costumes, leurs étonnements, l'argent péniblement gagné aux champs et ne rapportent chez eux que le souvenir de faux plaisirs et peut-être un peu de rêve qui embellira désormais leur rude labeur journalier.

Quatre grands événements contribuent l'un après l'autre à produire cette pléthore des villes.

D'abord la loterie, la grande loterie de « *Navidad* », avec huit millions de pesetas pour les trois premiers lots! Parmi les vingt loteries annuelles que le gouvernement sert à la convoitise de ses sujets, c'est celle-ci qui offre aux joueurs les combinaisons les plus nombreuses. Aussi la *suerte de Navidad* met-elle en ébullition toutes les têtes espagnoles en leur faisant perdre le sens de la réalité. En cet instant, il passe sur la Péninsule ibérique comme un vent de folie, la folie des richesses.

Les cervelles, une fois en danse, ne s'arrêteront que lorsque les bourses seront à sec.

Dieu sait s'il y a à Séville des occasions de les vider : les hôtels, les fondas, les cafés, les posadas, les buvettes, les brasseries, les boutiques d'étoffes, de bijouteries, de jouets, sans compter les Andalouses qui dansent la « flamenco » ou chantent la « zarzuela ». Tous ces petits propriétaires de la campagne, tous ces paysans, venus pour savoir plus promptement qu'ils ont perdu leurs beaux douros, ne s'en retourneront pas chez eux sans en semer d'autres sur les pavés.

Beaucoup resteront jusqu'à la Noël. La Noël, la fête pantagruélique par excellence, le temps des bonnes ripailles, des grandes beuveries ! Epiceries, pâtisseries, rivalisent pour leurs étalages. Dans toutes les familles, on fait, ce jour-là, de la bonne cuisine, et les rues, places et carrefours s'emplissent du parfum des casseroles,

On ne fait pas ici le réveillon, comme en France, et les victuailles ne s'entassent, dans les intérieurs, que pour le repas de une heure de l'après-midi. A considérer la solitude et la tristesse des rues et des promenades, durant ces bombances, on peut juger que la vie, pendant ces trois heures, s'est réfugiée autour des tables. Vers les cinq heures, pourtant, la population, devenue gaie, se répand enfin à l'extérieur.

A peine est-on remis des travaux gastronomiques de cette chaude journée et de ses lendemains, qu'il faut se préparer pour les batailles du 1er janvier.

Cette année, le premier de l'An est la plus belle journée qu'on puisse voir. Ici, on ne la consacre pas aux cadeaux. C'est à la Noël et aux Rois qu'on fait la distribution. Elle n'en est pas moins fêtée à l'église et à la ville. Au dernier coup de minuit, toutes les cloches se mettent en branle, et toute la matinée, les personnes pieuses se rendent aux cérémonies du culte. De leur côté, les municipalités mettent des tapis aux balcons en signe d'allégresse et déploient les drapeaux aux couleurs nationales, rouge et jaune.

Le public, lui, ne fait ni démonstration politique ni religieuse.

Il se livre simplement et franchement à tous les plaisirs, surtout à ceux de la table.

Jamais le paseo de « Delicias » n'avait été si brillant. Le temps était printanier ; aussi y avait-il un grand concours de cavaliers et de nombreuses voitures remplies de dames aux toilettes délicieuses, toilettes parisiennes, car à Séville, le high-life est plus correct que dans tout le reste de l'Espagne.

La troisième des causes qui enlèvent les campagnards à leurs champs pour les amener dans les villes est le jour des Rois. C'est une fête à la fois religieuse, politique et familiale. Il semble même qu'elle ait un caractère surtout militaire.

Les monuments et les cercles sont pavoisés, les cloches retentissent et il y a dans l'air comme une allégresse. De toutes parts, on rencontre des officiers en grand uniforme, en voiture découverte, allant faire des visites à leurs chefs ou aux autorités. Cette corvée, qui s'exécute en France au premier de l'An, est retardée en Espagne jusqu'aux Rois.

Les rues sont animées, le paseo des « Délicias » très brillant. La ville conserve son aspect de fête durant la soirée et une bonne partie de la nuit.

Encore une autre fête ! C'est celle du jeune souverain d'Espagne. Celle-ci se célèbre avec grande pompe.

Hier, je ne sais combien de coups de canon l'ont annoncée. Elle aura, cette année, un stimulant de plus, car elle coïncide avec l'arrivée à Séville du Ministre des travaux publics, venu pour inaugurer les œuvres de défense de la ville contre les inondations du Guadalquivir.

L'*Alcaldia* a pris sa physionomie des grands jours : drapeau national, cordons de globes de gaz, etc...

Ce qu'il y a de particulièrement original, c'est que le portrait à l'huile du jeune souverain est exposé à l'un des balcons du palais de l'*Ayuntamiento* du côté de la place San Fernando. Il est gardé par deux sentinelles qui doivent rester absolument immobiles pendant le temps de leur faction, qui dure quinze minutes.

Le renouvellement des factionnaires qui a lieu chaque quart d'heure, est très original. L'ancien s'enfonce dans les dessous, et le nouveau fait son apparition comme chez Guignol. Deux rideaux servent d'ailleurs à masquer la substitution.

Cette petite comédie paraît amuser beaucoup la population, car il y a sur la place, un millier de personnes qui stationnent pour assister à l'escamotage.

Pour recevoir, le Ministre on avait convié à *l'al-*

caldia, dans un banquet monstre et cérémonieux, tout le ban et l'arrière ban des amis du gouvernement. Fonctionnaires et civils étaient en tenue de gala : ceux-ci en habit à queue de morue, ceux-là dans leurs costumes éblouissants de dorures.

Il doit y avoir en Espagne, et à Séville en particulier, beaucoup de personnes de très haut mérite, car je n'ai jamais vu tant de gens décorés. Beaucoup de civils portaient leurs insignes attachés au cou à la place de la cravate blanche.

La plaza Nueva était noire de monde. On était venu là pour contempler les traits peints du jeune monarque et pour se montrer les personnages importants qui montaient ou descendaient le grand escalier de l'*Ayuntamiento*.

On pense bien que la musique militaire ne manquait pas à la cérémonie. Toute la soirée, la foule a été grande dans les rues de Tétuan et des Sierpes. Certainement, la moitié des habitants de la ville s'était concentrée dans ces deux rues et sur la place San Fernando. A certains moments, la circulation était presque impossible.

Cela faisait bien l'affaire des voleurs.

Il y en a énormément à Séville. Il paraît, qu'hier, veille de la fête du roi, en plein jour, vers les 5 heures du soir, un voleur s'est précipité sur une dame et lui a brusquement arraché le paquet de pandeloques, qu'il est de mode pour ces dames de porter à leur ceinture, enlevant ainsi, d'un seul coup, une montre, une chaîne, un porte monnaie, etc... L'attaque a été si rapide, que le filou a pu s'échapper malgré qu'il y eût au moins cent personnes sur la place San Fernando.

J'ai moi-même, de mon balcon, été témoin d'une tentative du même genre.

Une de ces Anglaises sèches et longues que la Grande-Bretagne a coutume d'envoyer sur le continent, arpentait à pas de géant la place San Fernando, tenant à la main un superbe parapluie de soie rouge comme en portent en Andalousie, les gens du high-life. Au moment où elle franchissait le trottoir, un voleur saisit le *paraguas* par derrière et tente de le lui arracher. Mais il a affaire à une rude femme qui fit face au danger. Elle agrippe l'objet en litige avec ses deux mains, donnant des coups de pied dans les tibias de l'adversaire et poussant des cris d'anglaise en courroux. La défense est si héroïque que l'assaillant prend la fuite... Mais il emporte le trophée ne laissant que la poignée dans les doigts crispés de l'insulaire. Furieuse de son insuccès, la dame se met à courir après le larron. Des passants, avertis par ces cris britanniques, barrent le passage à son antagoniste. Il est bientôt saisi par les alguazils, et incontinent mené à l'*Ayuntamiento*. L'anglaise triomphante, marche derrière le cortège, le chapeau sur l'oreille et brandissant les deux tronçons de son parapluie reconquis.

Cette race saxonne a au moins une qualité : la ténacité.

Puisque nous sommes sur le chapitre des délits, parlons un peu des crimes qui sont nombreux en Espagne où peu de personnes savent commander à leurs nerfs.

Disons à la louange de nos bons voisins qu'il est rare, même très rare, que le vol soit la cause de l'assassinat. Presque tous les crimes sont passionnels. Ils ont pour mobile : l'amour, la jalousie, l'ambition, la colère.

On rend les courses de taureaux responsables de ces coutumes sanguinaires. Je ne dis pas qu'elles n'entrent comme facteur très appréciable dans la criminalité; mais la facilité avec laquelle la navaja sort de la poche de l'assassin pour entrer dans le ventre de l'adversaire tient surtout au déséquilibre nerveux de cette population. Les habitudes d'indolence affaiblissent le système musculaire des Espagnols. Les passions sexuelles, très vives ici, agissent dans le même sens. Finalement, le muscle manque de force, il ne peut pas contrebalancer le nerf. De là, le nombre fabuleux de coups de couteau qui se distribuent journellement dans la Péninsule.

Et puis, il y a aussi à tenir compte de l'alcoolisme qui fait ici autant de progrès que dans le reste du monde. On me cite un alcoolique qui, aujourd'hui même, vient de distribuer vingt-huit coups de *navaja* à sa belle-sœur, parce qu'il l'accusait à tort, ou à raison, d'être la cause de sa séparation avec sa femme.)

CHAPITRE XVI

Dans l'hôtel où je suis logé on n'a pas encore adopté, pour les repas, le système des petites tables, si commode pour les voyageurs. La table d'hôte se dresse majestueusement chaque soir et les quarante convives qui l'occupent ont l'air de festoyer dans un banquet. Les hommes, sans être astreints à l'habit, sont cependant corrects. Quant aux dames, elles saisissent avec plaisir cette occasion journalière d'étaler leurs plus belles toilettes et leurs plus beaux bijoux.

Une table d'hôte, à Séville, ne ressemble en rien comme composition de convives à ce que nous avons l'habitude de voir chez nous. En France, il n'y a guère autour de la nappe que des commis voyageurs et quelques pensionnaires célibataires, employés du gouvernement ou des banques.

Quand une dame se hasarde à s'y asseoir, on peut être assuré qu'elle n'a pu faire autrement. Dans la capitale andalouse, ie nombre de personnes du beau sexe l'emporte souvent. Cela donne à la réunion un caractère de fête qui ne manque pas de charme.

Inutile de dire que le voyageur de commerce vantard, et bavard, est à peu près inconnu ici. La plupart des convives sont des pensionnaires qui viennent passer sept ou huit mois d'hiver pour respirer l'air pur et se réchauffer au soleil. Ce sont des gens riches et en général bien élevés. Il suit de là que les rapports qu'ils ont entre eux sont convenables et de bon ton.

Je ne puis pas résister au plaisir de tracer l'instantané de quelques-uns de ces personnages. Leurs physionomies entrevues serviront à faire connaître les types ordinaires de ce que l'on appelle là-bas : la colonie étrangère.

Pour plus de clarté, nous allons diviser nos convives en indifférents antipathiques et sympathiques.

Nécessairement le monde des indifférents est le plus grand.

Ce sont des viticulteurs d'Alicante ou de Malaga, de gros marchands d'huile d'olive, des hommes d'affaire, des gens des environs ayant procès au tribunal, des parents ramenant leur progéniture dans les collèges, des dames qui renouvellent leurs toilettes de la saison, des solliciteurs de tout calibre, des jeunes gens qui jettent leurs gourmes, des vieux qui se distraient, des ingénieurs qui viennent surveiller les installations de tramways ou d'éclairage de leurs sociétés, des touristes voyageant seuls ou en famille, quelquefois par bandes ; des paysans andalous qui mettent les coudes sur la table et parlent quelquefois un langage trop libre ; des personnes venues pour assister quelqu'un des leurs dans les opérations chirurgicales ; des officiers de marine marchande de Southampton, du Danemarck ou de la Suède, de la Grèce, du Portugal ou de Marseille, aux figures énergiques, aux manières frustes, à la parole brusque, cœurs d'or, têtes d'enfer, sachant à la fois commander et obéir ; bien d'autres encore que leur insignifiance ne dispense d'esquisser.

A signaler, parmi ces occasionnels, une grosse créole suivie d'une non moins énorme dame de compagnie qui se sont rendues à Séville pour fuir la grève de Malaga en pleine effervescence. La dame est si indolente qu'à peine si elle a la force de porter sa fourchette à sa bouche. Sa caravériste la sert, lui coupe la viande, lui pèle les fruits..... Rita les appelle : les ballons captifs.

Plus dégourdi est un marchand d'huile d'une quarantaine d'années, marié pour la quatrième fois et qui raconte à qui veut l'entendre qu'il a dix-huit enfants et que le dix-neuvième est en route : « Je ne sais comment cela se fait, c'est fatal ; il me suffit de regarder une femme ». Rita l'a baptisé : l'Éternel Créateur.

Faut-il mettre aussi dans cette catégorie ce petit gringalet qu'on appelle Pédro, ancien employé d'un magasin de nouveautés, devenu millionnaire ? On l'accuse d'avoir été l'homme de paille des frailes. Il est d'une douceur angélique, d'une politesse presque obséquieuse. Très galant avec les dames, il leur offre des fleurs qu'il a cueillies ou des billets de concert ou de théâtre qu'il a eus gratis. C'est dire qu'il n'attache pas les chiens avec des saucisses. Son esprit n'a pas beaucoup d'envergure. Il peut faire tout au plus le tour de la pluie et du beau temps, des navires du port et du paseo des Delicias. C'est le doyen des Huespédes. A ce titre il occupe un rang d'honneur. Au reste, quelle que soit sa place, il n'est jamais ni encombrant ni gênant. Rita l'appelle : l'agneau aux œufs d'or.

Et ce Norvégien, à la longue moustache blonde, à la taille de géant, aux épaules d'Hercule, à la voix de femme, aux pieds et aux mains Charlemagne. Il ne comprend absolument rien à nos langues méridionales.

Chaque jour il se présente à table en compagnie de son dictionnaire qu'il consulte cinq bonnes minutes pour commander les œufs à la coque. Isolé dans sa langue du Nord, il ne peut communiquer avec personne. Rita seule le devine. Cette drôlesse s'en amuse comme le chat d'une souris. Elle lui enseigne le castillan tout de travers pour égayer la galerie. L'homme des neiges voit bien qu'on le berne ; mais le moyen de gronder cette fille qui lui montre à la fois trente-deux dents, ses deux talons et des rondeurs fuyantes s'élevant dans les escaliers ! L'étranger a quitté son pays brumeux pour guérir ses rhumatismes au soleil de l'Andalousie. Il les enveloppe chaque nuit dans des draps de flanelle qu'il a apportés de là-bas.

Les antipathiques ne sont pas très nombreux, cinq en tout. C'est d'abord le ménage Retamino qui vient du Galice. Le mari a passé sa vie derrière l'Atlantique où il a pêché à la fois sa fortune et sa compagne. Il se sert de la seconde pour guérir ses crampes d'estomac et les indigestions que lui donne la première. Don Retamino, qui ne dort pas, est nécessairement très nerveux. Son caractère est difficile et susceptible. Il ne peut pas souffrir la contradiction. Si on n'est pas de son avis, ses yeux s'injectent et se transforment en boules de loto et sa voix prend le ton suraigu de l'ut de la troisième octave. Sa femme lui passe la serviette mouillée sur le front pour éviter l'apoplexie, elle lui entoure le cou de ses gros bras, l'appelle son Juanet chéri. Le petit bonhomme disparaît derrière sa grosse moitié. Ils sont tous les deux si laids et si comiques que cette scène intime devient encore plus ridicule. On sent d'ailleurs que les paroles de la dame ne sortent que des lèvres, elle parle pour la galerie. Bientôt elle interrompt ses démonstrations pour commander à la cuisine du thé, du tilleul et du chocolat. « Ce pauvre Juanito, il a tant besoin de soins ! » Don Retamino, lui, absorbe son dîner, avale ses tisanes et son chocolat tout en continuant à discuter avec son fausset exaspéré. Le lendemain, au déjeuner, la grosse dame paraît seule. Elle raconte au maître de logis que son pauvre chéri n'a pas fermé l'œil de la nuit, qu'il y a à peine cinq minutes qu'il s'est assoupi. Il n'a jamais faim ni soif, pas plus qu'elle d'ailleurs, qui a, comme son époux, un estomac déplorable. Le maître doit joliment gagner sur leur nourriture ! Quand elle a bien débité son chapelet, elle ingurgite d'un air contraint, un très gros repas et commande pour son mari des ris de veau, deux œufs sur le plat, et un tout *petit* macaroni, avec, pour dessert, *simplement* une crème chantilly : « Surtout n'oubliez pas une demi-bordeaux », crie-t-elle, en montant quatre à quatre les escaliers, pour être plus rapidement aux ordres de son seigneur. Rita explique que le ménage est une société funiculaire avec deux wagons de subsistances dont l'un monte plein de la cuisine à la chambre ; et dont l'autre n'apporte que les plats essuyés en descendant de la chambre à la cuisine.

Enfin, viennent les Anglais. Encore un ménage. L'homme est un gros poupard sans poil, lourdaud, pédant, impoli, n'oubliant jamais les meilleurs morceaux dans les plats. Il ne salue personne, étant tout empoissé de morgue et de supériorité méprisante. L'hôtel lui appartient. Il veut le meilleur logement, le mobilier le plus frais. A table, il redemande jusqu'à trois fois des ragouts qu'il préfère ; et quand il est bien rond, il ne se gêne pas pour fumer la pipe, avant que les convives soient sortis. Sa femme a des manières, beaucoup de manières, trop de manières ! Elle parle l'Espagnol et voudrait créer dans sa chambre garnie un petit salon de papotage et de bonne tenue. Elle met son ambition à offrir à son five o clock ses affreux biscuits britanniques et de l'eau chaude. Elle voudrait, aussi, de temps à autre, donner une petite soirée dansante avec musique, monologues et comédies. Comme la personne est affectée, qu'elle manque de grâce et de naturel, elle ne trouve pas à remplir ses banquettes. Chaque soir elle se présente chatoyante de soie aux couleurs tendres, éblouissante de diamants. Sous ces beaux accoutrements, elle est encore plus laide qu'une guenon sous des oripeaux de cirque. Elle minaude, elle ronronne, elle fait la précieuse, elle voudrait bien imiter les belles dames du grand monde ; mais elle met à son rôle tant d'afféterie, de gaucherie et de préciosité qu'elle ne parvient qu'à se classer parmi les épicières de la cité ou les marchandes de sardines de Douvres.

Quand, à force de tendre des piéges, elle a enfin jeté le grappin sur une naïve fille d'Ève, elle l'accapare, l'accable de prévenance, la martyrise et la rend si ridicule, que la pauvre victime est obligée de crier au secours pour reprendre sa liberté.

Voyant que l'hôtel qu'elle habite lui est plutôt hostile, elle se rabat sur celui d'à-côté. Il y a là une pauvre femme disgraciée de la nature, mal fagottée, haute comme un chou, rousse et grelée de peau, ridicule de costume. La donzelle vit seule. Tout Séville la connait, « cette vilaine anglaise qui marche à grands pas britanniques », appuyée sur un grand parapluie qui la dépasse et qu'elle tient par le milieu du manche. C'est cette horreur de la nature qu'en désespoir de cause elle est allée dénicher. Elle l'a amenée deux ou trois fois dîner à son hôtel ; et, finalement, elle lui a fait donner une petite chambre à côté de la sienne. La *nabote* ne devait pas être très aimable, car, peu à peu, ces liens si affectueusement chauds au début, se sont refroidis et, en dernier lieu, le couple d'Albion a planté là son *amie* et est allé chercher un nouveau gîte. Rita appelle ce ménage « le matrimonio Ténédor » (le mariage fourchette), parce que, dit-elle, chacun des conjoints a sûrement une fourchette quelque part.

Il s'agit maintenant de photographier le bel Andalou, la perle de Séville. J'ai hésité longtemps à lui assigner un rang dans ma galerie de convives. Il se passe en effet pour lui quelque chose de bien étrange ! Tous les hommes sont d'accord pour le classer dans les antipathiques. De leur côté, toutes les femmes le déclarent très sympathique.

En désespoir de cause, je le colloque ici, entre les deux camps.

Vers les sept heures et demie, notre héros apparaît

dans l'embrasure de la porte d'entrée du *comédor*. La table d'hôte est au grand complet ; une seule chaise est vide vers le milieu. Il passe dans l'assistance comme un vent d'émotion. Un silence relatif s'établit. Peut être quelques cœurs féminins battent-ils un peu plus rapidement. Toutes les dames se penchent sur leur assiette ; mais de façon à ne pas le perdre de vue.

Lui s'avance ; salue les convives d'un regard circulaire, arrêtant ses yeux sur ceux des jeunes dames avec l'expression à la fois câline et féline qui leur est propre.

Il est superbe ! Grande taille, belle carrure, figure mâle, moustache noire cirée, des yeux de Gitane amoureux, le teint mat des Andalous arabes. Comme les Africains, il a le pied et la main adorables.

Pas de bagues, pas de chaîne de montre, pas de brillant à la cravate.

C'est *Lui* qui est le diamant.

Il est serti dans une garniture de lys candide : veston, gilet, pantalon, cravate, col, manchettes, plastron, chaussures, tout est blanc, d'une pureté de teinte merveilleuse.

Il s'assied, prend son courrier qui est bien en vue sur son verre. Ce courrier se compose de sept à huit lettres journalières et de divers formats. Il les jette, d'un geste ennuyé, dans son assiette, prêt à les engouffrer dans la poche de son habit.

Cela veut dire : « Lettres d'affaires, je lirai ça plus tard ». Et toute la table le traduit ainsi.

Subitement, *Il* a un tressaillement. Parmi les missives, il en a vu une qu'il saisit avec empressement. *Il* en examine la suscription. *Sa* figure rembrunie s'éclaire. Un doux sourire apparaît sur *ses* lèvres.

C'est la préférée, pensent les dames.

Lui ne regarde personne, *Il* est tout entier à son bonheur.

Le garçon l'a servi ; le potage est devant *Lui*. Mais, il s'agit bien de manger !

Il décachette fiévreusement le poulet, l'approche de ses narines, hume avec délices son parfum de muguet, et lit, en laissant *ses* impressions se photographier sur sa figure.

A n'en pas douter, il s'agit d'un rendez-vous.

Il tire sa montre. Sera-t-il à temps?

Garçon ! Servez-moi tout de suite, je suis pressé.

Si les dames osaient elles se lèveraient toutes pour le servir, tant elles sont attendries par ce drame d'amour qui se joue devant elles.

Le domestique, ému lui aussi, vole, et met trois plats à la fois devant *Lui*.

Il y touche à peine, jette brusquement sa serviette et disparait saluant très bas sans regarder personne.

— Dieu ! Qu'*Elle* doit être aimée !.....

Pour *Celui-là*, Rita ne disait rien.

Un jour qu'une dame l'interrogeait, elle répondit très émue :

— Que voulez-vous ? Il est pauvre. Obligé de faire des économies, il va quitter l'hôtel pour aller vivre avec..... sa bonne amie.

— Et cette bonne amie?

— C'est sa blanchisseuse; mais il ne l'aime pas!

Le mot était sanglant, mais Rita n'y avait attaché aucune malice. Elle le plaignait très sincèrement.

La chronique dit que la pauvre fille n'avait pas pu échapper au charme du beau séducteur..... et que si elle avait été riche..... Mais Rita était pauvre, tout à fait pauvre, surtout depuis qu'*Il* était venu à l'hôtel.

Il nous reste à parler des sympathiques.

Commençons par mes voisins de table. Ce sont de jeunes mariés, américains, voyageant déjà depuis deux ans ; ils passent leurs hivers dans les pays chauds à cause de la santé de Madame. Elle parait, en effet, souffrante. Elle est tout en longueur et a la flexibilité d'une liane. Sa tête, sans être belle, est expressive par la bouche et les yeux qui indiquent une bonté fine et délicate. Ses cheveux noirs, abondants, encadrent bien une tête qui n'acquiert sa beauté spéciale que lorsqu'elle regarde ou prend la parole. Son mari paraît bien plus jeune qu'elle. Il est tout frisé, blond et rose comme un jouvenceau. Il adore sa compagne, l'entoure de soins affectueux, la soutient quand elle monte les escaliers, lit ses désirs dans l'expression de ses traits et les exécute aussitôt.

C'est un couple fort tranquille, travailleur, restant avec plaisir dans l'appartement qui lui est réservé, ne parlant guère qu'avec moi et toujours en français. Nous causons de choses intéressantes : banques, négoces, transit, voyages, pièces et documents historiques, questions sociales, littérature de tout pays, tout cela avec convenance et discrétion.

Le champ intellectuel de ce couple est très vaste et j'y rencontre chaque jour de nouveaux filons d'une grande richesse.

Ils ont pour voisins, du côté opposé, les Anglais dont j'ai parlé plus haut. Bien entendu que ces insulaires à la recherche de connaissances qu'ils puissent dominer, ont essayé de les accaparer. Comme ils se servaient du même idiome, ils pouvaient penser que cela était suffisant. Tout en restant polis, les jeunes gens les ont éconduits et se sont dégagés avec beaucoup de tact.

— Je n'aime pas les Anglais, en général, me dit un jour l'Américain :

« C'est une race égoïste et brutale. La guerre du
« Transvaal a dévoilé leurs turpitudes et leur hypo-
« crisie. Décidément, ils n'ont que des appétits. Com-
« me les fauves, ils font cent fois le tour de la victime
« choisie ; et ne s'élancent sur elle que lorsqu'elle est
« à terre. Arrogants avec les faibles, lâches avec les
« forts, ils n'ont aucune générosité dans l'âme et res-
« tent sourds à toute justice. Ils n'ont d'autre mobile
« que l'intérêt. Vilain peuple, race de hyènes ! »

— Mais, sans vous blesser, cher Monsieur, l'Amérique, à Cuba..... ?

— Je vous entends. Oh! nous c'est bien différent.
« Nous avons la doctrine de Monroë, qui nous établit
« uniques défenseurs des petits états de notre conti-
« nent, dont les Anglais et les Allemands, sans nous,
« ne feraient qu'une bouchée. L'oncle Sam ne veut
« pas de l'Europe dans ses affaires. Sa terre est assez
« riche pour lui suffire. Chacun chez soi ! »

Cela était dit simplement, sans gestes, d'une petite voix dont la douceur n'excluait ni la fermeté, ni la virilité.....

..... Ils sont partis après la feria.

Nous devions nous revoir en Touraine, l'été passé; mais des événements inattendus m'ont retenu dans le Midi.

Maintenant, il est trop tard. Leur trace est perdue. Que Dieu les protège !

Sensiblement, au milieu de la table se trouve le personnage principal, celui qui, au vu et su de tout le monde, a exercé des fonctions administratives importantes. Il porte nom andalou Riva. Ses frères, dans l'armée, la magistrature, le parlement ont acquis des situations de premier ordre. Ses sœurs sont comtesses ou marquises.

Riva est d'une simplicité extrême, ce qui est l'apanage des véritables grands seigneurs de tous les pays. Il a la passion de l'indépendance, et c'est pour cela qu'il refuse l'asile que lui offrent ses proches, préférant vivre à l'hôtel, dans une chambre quelconque. Il est là depuis sa retraite qui remonte à plus de vingt ans. Sa politesse est exquise envers tout le monde; mais elle emprunte, quand elle s'adresse aux jeunes femmes, un parfum de galanterie raffinée qui sent son Don Juan d'antan. On dit qu'il a beaucoup aimé les dames..... autrefois! Cet autrefois est, en somme, très lointain, car il se donne quatre-vingt-six ans; et, par coquetterie, il cache près d'un lustre. Il n'est nullement courbé, marche sans canne, enveloppé de sa cape comme un jeune hidalgo; et, si n'était un tremblement nerveux de ses mains, ce serait un très beau vieillard.

Il est en escarmouche continue avec sa voisine, une demoiselle Dolorès, à la voix surélevée, qu'il se plaît à taquiner et à mettre en mauvais cas, toutes les fois que l'occasion se présente. La donzelle est fortement toquée. Elle compte bien cinquante printemps et ne refuserait pas de sacrifier une virginité qui lui pèse à un amour sanctifié quelconque. Comme le vieux Riva a de l'esprit, une décision prompte et il sait mettre les rieurs de son côté, il simule le prétendant tantôt timide, tantôt audacieux. La table entière marque les coups, en riant.

Dolorès n'a qu'une manie : se marier. La ville ne

lui a pas fourni le fiancé rêvé, elle a pensé qu'elle le trouverait plus facilement à l'hôtel. Elle s'habille chaque soir avec des robes claires de jeune fille, et Rita lui persuadant que M. Z... a des intentions, la naïve minaude en regardant señor Z... La table, mise au courant, surprend les œillades, tandis que l'intéressé qui ne sait rien, considère avec terreur ce demi siècle ridé qui l'embrase de ses derniers feux.

Le lendemain, M. Z... est remplacé par M. X... et la même scène se reproduit.

Dolorès est très simple d'esprit.

Il nous reste à esquisser les ménages Taxilo et Gonzalès. Ils roulent tous les deux autour de la quarantaine, avec un lustre de moins pour les dames.

Pepita Taxilo est Andalouse, très forte, avec de beaux yeux noirs et le teint créole. Palmira Gonzalès est maigre avec des yeux bleus et le teint jaune maladif.

Pepita vient de Huelva pour suivre son mari qui a des affaires intermittentes à Séville. On dit qu'il gère, près de la frontière portugaise, des mines de mercure qui lui donnent des bénéfices énormes. Palmira vient de Saragosse pour soigner une maladie dont le nom n'est jamais prononcé, ce qui n'empêche pas Mme Gonzalès de montrer à ses amis une liste effroyablement longue de remèdes inefficaces qu'elle a déjà employés en vain.

Les deux maris adorent leurs compagnes qui, du reste, leur rendent leur affection au centuple. Ils dévalisent ensemble les joailliers de la rue des Sierpes et couvrent leurs dames de cadeaux princiers. Taxilo serait le modèle des époux s'il n'était joueur. Chaque soir, il se fait râfler une centaine de pesetas. Pepita, qui redoute les suites de la funeste passion de son mari, lui dépêche la petite Lola, sa fillette, avec commission de ramener son père. La salle de jeu est attenante et le petit voyage n'entraîne pas péril. Sitôt que Taxilo aperçoit sa fille, il s'écrie : « Enfin, voilà le bonheur qui m'arrive. »

Il fait asseoir Lola à ses côtés, lui donne deux gros

baisers et reprend ses cartons. Chose singulière ! Chaque soir, la chance tourne à ce moment et le joueur rentre généralement dans ses déboursés. Gonzalès, lui, n'a pas de défaut. Il n'a qu'une passion : sa femme. Celle-ci craint, du reste, que le vent lui emporte son mari. Elle le soigne presque maternellement. Chaque matin, au déjeuner, elle tire de ses poches de petits paquets de poudre blanche qu'elle verse avec des précautions infinies, et à dose différente dans leurs verres respectifs.

Le Brésilien Ramirez, qui parle français, me fait signe de l'œil et, me montrant le manège de Palmira, me dit en français, pour que les intéressés ne le comprennent pas :

— Faut-il tout de même qu'ils aient une fameuse santé pour avoir pu résister depuis vingt ans à tant de drogues.

Les dames s'adorent. Elles sont tout le jour l'une chez l'autre, et la Gonzalès qui aime les enfants et qui..... ne peut pas en avoir ne se lasse pas d'embrasser Lola et de la combler d'attentions et de cadeaux.

Vous savez, me dit un jour Ramirez, en sortant de table, j'ai su le nom de la maladie de Mme Gonzalès. C'est une maladie de matrice.

— Ah bah ! mais alors, le mari qui prend les mêmes remèdes ?

— Dame ! c'est le comble du dévouement conjugal !

Rita, qui écoutait, partit d'un grand éclat de rire. Personne ne soupçonnait qu'elle connût le français.

Rita ! toujours Rita ! D'où sort-elle, cette Rita ? Qui est-elle ?

Patience ! C'est le moment de vous la présenter.

Trente-quatre ou trente-cinq ans, grande et maigre, sans poitrine, taille superbe, figure de chafouin, nez relevé, yeux fripons, dents blanches, cheveux d'un noir d'ébène, très frisés ; tel est le galbe physique.

Au moral, pas la moindre tenue, gamine comme à douze ans, audacieuse comme un page de la cour de France, ayant toujours quelque sottise en tête, quelque polissonnerie sur la planche... et le rire toujours prêt.

Oh! ce rire adorable, perlé, qui déride les plus moroses, qui fuse comme la poudre et se communique avec la rapidité de l'éclair.

Dès qu'on voyait Rita on riait. Pourquoi? Je ne sais. Il y a des natures qui engendrent l'antipathie; celle-ci créait la joie autour d'elle, sans le vouloir, comme Jourdain faisait de la prose.

Il paraît qu'elle avait été mariée, du moins on le disait. En tous cas, elle avait deux filles qui, chaque soir, venaient lui soutirer les quelques sous qu'elle avait gagnés de *propina* pour aller manger des gâteaux ou boire un verre de Manzanille.

Elle avait suivi son... (mettons que ce fût son mari) à Cuba où il avait été tué raide à la tête de sa compagnie. Elle demande une pension, mais, soit que ses droits ne fussent pas très authentiques, soit que le gouvernement espagnol n'eût pas d'argent, ce qui lui arrive souvent, elle ne put rien obtenir.

Tant bien que mal, elle fut rapatriée avec ses bambines qu'une tante lui prit pour quelques pesetas mensuelles.

Rita était espagnole, c'est-à-dire orgueilleuse. Elle regardait le travail comme déshonorant. Habituée à ne rien faire à Cuba, où elle était servie par trois domestiques et où elle avait une voiture à ses ordres du matin au soir, elle continua cette vie de paresse à Séville.

Toutes ses ressources y passèrent et finalement, après avoir abusé du Mont-de-Piété, elle vint se réfugier à l'hôtel, où elle ne tarda pas à se faire une place à part entre les domestiques, les hôtes et les maîtres. Tout le monde l'aima, la choya. C'était à elle qu'on s'adressait toujours, parce qu'elle était si gentille, si aimable, si avenante, qu'on était sûr que la chose demandée allait être exécutée avec ponctualité, soin et célérité.

Peu à peu, elle avait donc acquis là une situation très enviable, et Rita eût pu être heureuse si elle n'eût pas eu un défaut.

C'était un défaut capital. Elle s'attachait aux maîtres, aux *huespedes*, à tous ceux qui l'approchaient. Bref! elle avait trop de cœur.

Quand elle le vit, *LUI*, elle fut éblouie, foudroyée. Elle tomba dans le piège, comme le moineau caqueteur dans la gorge du serpent. Ce señor ne craignit pas d'en profiter. Quand il en eut assez, il partit pour aller recommencer son manège avec d'autres natures affectueuses et candides.

Pauvre Rita !

Voici maintenant un des hommes les plus développés qu'il m'ait été donné de rencontrer dans la vie. Je fais son esquisse avec plaisir, parce que je l'ai beaucoup aimé, m'étant lié avec lui par le cœur et par le cerveau.

Ramirez est d'origine brésilienne. Il appartenait au second lit d'un père remarié très tard, de sorte qu'il possédait des demi-frères et des demi-sœurs déjà mariés, quand il n'était encore qu'un gamin.

Devenu orphelin, il dut suivre l'aîné qui habitait Paris. C'est là qu'il commença ses études, au Lycée Henri IV. A partir de son baccalauréat, qu'il prit à dix-huit ans, il alla en Allemagne, où il reçut l'instruction supérieure dans diverses universités. Il y fit, paraît-il, de très fortes études scientifiques.

Il aime beaucoup ce pays, dont il parle admirablement la langue et où s'est écoulée sa jeunesse d'étudiant. Tout vieux qu'il est aujourd'hui, quand il se remémore cette époque, il est encore ému et plein d'un saint enthousiasme.

Son séjour en Espagne eut lieu vers la vingt-cinquième année. Il avait son grade d'ingénieur et était attaché à des travaux qui exigeaient son domicile à Madrid.

C'était l'époque des proscriptions qui suivirent, en France, l'attentat du Deux-Décembre.

Madrid renfermait beaucoup de Français dissidents qui s'y étaient réfugiés en hâte, pour éviter d'être envoyés à Lambessa.

Il se lia avec trois de nos compatriotes : le duc de Férolles, légitimiste d'abord, plus tard orléaniste, qui avait fait partie d'un cabinet avec Guizot; un ancien député montagnard nommé Delavalle, et un conseiller municipal de Paris, combattant des barricades, qui avait été professeur au Lycée Henri IV. Il s'appelait Montels. Tous trois étaient des esprits ardents, chercheurs, remueurs d'idées et pressentant déjà la magnifique évolution industrielle qui allait se produire à la fin du siècle. Quoique appartenant à des partis politiques différents, ces trois hommes s'aimaient et s'estimaient. Il est vrai qu'ils avaient un point commun en politique : la haine de l'empire et de l'empereur Napoléon III.

Dans un voyage qu'ils firent en Portugal, ils avaient découvert, sur les montagnes du versant Océanique, une mine de plomb argentifère qu'ils étudièrent, sondèrent, et finalement achetèrent à deniers communs.

Ramirez fut naturellement désigné pour opérer les premières fouilles et faire les analyses qualitatives et quantitatives. Il se trouva que l'affaire était excellente et qu'elle pouvait être exploitée dans des conditions très avantageuses. Il suffisait de percer un petit tunnel et de construire une voie ferrée de 10 kilomètres pour avoir un débouché sur un port de l'Océan. Le transport devenait ainsi si peu coûteux qu'on pouvait expédier les minerais en Angleterre pour y être fondus sans qu'il fût besoin de construire d'usine sur les lieux.

Il ne manquait que des capitaux. Ramirez et le duc, qui avaient des relations en Angleterre, partirent pour Liverpool. Ils exposèrent leurs affaires à la maison Lloyd et Bulton qui expédia deux ingénieurs au pays de la mine.

Finalement, l'affaire se conclut et l'exploitation commença. Elle tint beaucoup plus qu'elle n'avait promis : le 5 o/o dévolu à Ramirez produisait par an 80.000 francs.

Habitué à une vie frugale et médiocre, notre travailleur infatigable fit nécessairement des économies. Il se maria et eût quatre filles dont l'une épousa un colonel anglais, l'autre un général français, la troisième un ingénieur électricien allemand, et la dernière un grand d'Espagne qui avait une résidence princière près de Malaga. Les hasards de la vie poussèrent l'électricien à New-York, où il avait fondé une société pour le transport des forces. La fille qu'il emmenait avec lui, Valentina, était la préférée de Ramirez. Chaque deux ans, elle débarquait à Bordeaux avec sa famille, et le père promenait toute la smala, suivant la saison, en Italie, en Suisse et en Allemagne.

Comme il avait été veuf de bonne heure et qu'il avait conservé le caractère énergique et indépendant, il ne voulut pas se résigner à finir ses jours chez l'une de ses filles. Il s'établit à l'hôtel, dans un appartement qu'il avait meublé en partie, et c'est là que je l'ai connu, déjà vieux, mais toujours aimable, le corps un peu fatigué, mais l'esprit alerte, enthousiaste, et le cœur d'or.

CHAPITRE XVII

Rien ne peut rendre le pittoresque des rues de Séville ! D'abord il n'y en a pas une qui soit droite. Toutes sont tordues et recourbées dans des sens divers. Si, sur la foi de l'amorce, vous vous engagez dans l'une d'elles, vous risquez fort, à la sortie, d'être loin du point où vous voulez aller. L'une de ces voies a sept tournants, bien d'autres sont presque aussi trompeuses.

L'étroitesse des rues est nécesssaire, dans les pays chauds, pour combattre les effets du soleil, mais ici on pousse trop loin cette nécessité, et si l'entrée des maisons n'était pas ouverte, les voitures écraseraient les passants. J'ai vu des ruelles si étroites, que deux hommes, pour s'y croiser, sont obligés de se ranger le derrière contre les murs.

A part quelques rues privilégiées et modernes où l'on a soigné les façades, celles-ci sont généralement fort simples. Les balcons, les croisées et les miradors et la porte d'entrée, en sont les seuls ornements extérieurs. Mais combien cette pauvreté architecturale est amoindrie et même rachetée par la coquetterie que déploient les habitants de ces demeures. Comme nous l'avons dit, les portes de dehors s'ouvrent sur une entrée terminée par une belle grille laissant admirer la richesse du patio. Quant aux balcons, il y en a qui disparaissent complètement sous une profusion de fleurs et de feuillages du plus heureux effet. Enfin, les miradors et les grilles des fenêtres, sont derrière les vitrages, garnis à l'intérieur, de tulles, de dentelles, de soieries, qui constituent une décoration merveilleuse.

Les Andalouses déposent sur les bords des terrasses une suite de vases de fleurs ; dont les feuillages se détachent sur le ciel bleu, quand ils ne retombent pas en longues franges sur la façade.

Les maisons des villes mauresques et particulièrement celles de Séville, possèdent toujours, au rez-de-chaussée, deux pièces. La première, située à l'entrée, sert de refuge au piéton, quand une voiture parcourt la rue. Elle n'a aucun ornement, aucun meuble. Toutefois, le carrelage est très soigné, lavé tous les jours ; il est souvent en marbre blanc, et les murs sont revêtus, en partie, de briques émaillées, formant de jolis dessins.

La principale pièce de la maison : le *patio* vient immédiatement après. Elle en est séparée par une grille de fer ouvragé qui parfois est une véritable chef d'œuvre de ferronnerie.

C'est dans cette seconde pièce qui sert de salon à la famille, en été, que sont accumulées toutes les richesses d'art et les commodités de la vie.

Sur les mosaïques du sol reposent des caisses de palmiers et les plus rares fleurs tropicales. Des fontaines jaillissantes apportent un peu de fraîcheur dans ces patios (quelques-unes de ces fontaines sculptées en marbre blanc sont ravissantes). On y prodigue les statues, les tableaux de maîtres, les meubles d'art. Un grand et beau vitrage apporte une lumière crue, qu'on tamise en été par un léger velum de couleur. Tout autour de ces patios sont rangées des colonnes de marbre, reliées entre elles par des arcs romans, ou orientaux, lesquelles supportent la galerie du premier étage. Toutes les chambres de la maison s'ouvrent sur cette galerie terminée par une balustrade à jour qui permet à tout le personnel de la maison de voir ce qui se passe au rez-de-chaussée et de causer avec les personnes qui s'y trouvent. C'est dans ces patios, qu'en été, se réfugie la vie intérieure des habitants. C'est le salon des fêtes, des danses, de la musique et des autres réjouissances.

De la rue, à travers la grille, le passant peut prendre sa part de ces joies, car la porte n'est jamais fermée.

Dans les maisons des quartiers pauvres, les patios ont le caractère de cour intérieure. On s'y livre à toutes les besognes ménagères : lavages, savonnages, épluchages de légumes. On y pratique aussi tous les travaux ; car c'est la seule pièce éclairée, toutes les autres prenant jour sur celle-là.

Certes, dans toutes les villes du monde on trouve des individus portant avec eux toutes leurs marchandises. Mais nulle part ils ne sont aussi nombreux qu'à Séville. Ceux d'ici se distinguent également par les choses bizarres qu'ils vendent. Ils sont légion ceux qui parcourent les paseos, les rues, présentant des crabes, des crevettes, des *camarones,* des marrons, des pois chiches et des *cascaouëts*. Les crabes, les crevettes, les camerones sont cuits, les marrons sont crus ou grillés et les pois chiches et les cascaouëts sont torréfiés. Au parc, il m'est arrivé souvent de compter un plus grand nombre de ces industriels que de promeneurs. Je me demande ce que peuvent gagner ces gens-là dans une journée et j'arrive à des centimes bien peu rémunérateurs. Au reste, ils prennent leur métier en patience. Ils s'asseoient souvent à côté de leur minuscule boutique, et se contentent d'énoncer les articles de leur vente, quand ils voient passer quelqu'un.

Parmi les bizarreries de l'Andalousie on doit signaler les marchands d'eau. Ils portent gaillardement une grande cruche (alcaraza) sur leur épaule et trouvent des amateurs en tout temps. L'eau qu'ils vendent est excessivement fraîche ; car le vase poreux laisse s'évaporer extérieurement une partie du contenu. L'évaporation produit le refroidissement sur le récipient, et sur le liquide qu'il contient.

D'ailleurs ce climat doit donner soif. Le plâtre contenu dans les vins espagnols, les piments qui sont le principal condiment de la cuisine de ce pays, enfin le soleil ardent et la poussière qu'absorbent les bronches, sont des causes suffisantes pour expliquer cette altération permanente de la population.

Les buvettes en plein vent, disséminées autour du parc, près du port, et dans les paseos où circule d'ordinaire la foule, sont fréquentés très assiduement par des buveurs d'eau édulcorée de sirops parfumés à l'anis, à l'orgeat ou au manzanille. Il est peu d'Andalous qui absorbent des eaux-de-vie. Ils laissent ce vilain défaut aux marins anglais.

Si je n'avais jamais habité le palais solitaire du señor don Martial, je ne saurais que de nom ce que c'est qu'une sérénade. Tout au plus pourrais-je me souvenir des concerts nocturnes représentés sur les scènes parisiennes par des personnages à manteaux couleur de muraille.

Les sérénades ne se donnent en effet que dans les

rues peu commerçantes, où habitent les gens tranquilles. C'est le cas de la rue Departidor, où j'ai logé une
quinzaine de jours, en arrivant à Séville.

Une nuit, vers les deux heures du matin, je fus
réveillé par les accords d'une musique délicieuse qui
semblait venir du ciel, tant elle était ravissante. Le
premier moment de surprise passé, je compris que les
musiciens étaient dans la rue. Je m'approchai de la
croisée pour les regarder. Ils étaient cinq à six avec
des guitares et des violons. Ils se dissimulaient de leur
mieux dans l'ombre des maisons, et l'un d'eux, l'amoureux probablement, tenait ses regards dirigés vers une
fenêtre qui ne s'ouvrit pas; mais derrière laquelle,
bien sûr battait vivement un cœur de jeune fille.

L'exécution dura fort longtemps. On joua environ
six ou huit morceaux des meilleurs maîtres italiens
ou espagnols, ils étaient séparés par des intervalles de
silence profond qui duraient de six à dix minutes.

La nuit qui suivit celle-là, à la même heure, les
mêmes musiciens revinrent et jouèrent des morceaux
encore plus délicieux.

D'après la direction des regards du jouvenceau qui
commandait la troupe de mélomanes, je compris que
la jeune personne à qui il adressait ses hommages,
était la jeune fille d'un officier qui faisait partie des
convives ordinaires de notre table d'hôte.

En descendant le Montjuich, à Barcelone, j'avais
un jour, entendu le bruit saccadé des castagnettes.
M'étant approché, j'avais pu voir un bal à l'orientale
avec des exécutants professionnels. Le public n'est là
que spectateur.

Il y a beaucoup de ces danses dans les quartiers populeux de toutes les villes espagnoles. En les parcourant, le dimanche, l'oreille est frappée par des sons de
flûte, de guitare, de violon et de castagnettes. C'est
sûrement quelque « mujer » qui se tortille et fait la joie
de la galerie.

La femme danse ici en naissant. On voit des gamines de quatorze ans qui se trémoussent dans la rue,
sitôt qu'elles entendent la « cachucha ». Quelque grâce

qu'ait d'ailleurs la femme espagnole à exécuter des mouvements rythmés, elle n'arrivera jamais à poétiser cet exercice parce qu'elle est mal fagottée. Qu'elle danse chez elle ou dans la rue, elle ne découvre ni sa poitrine ni ses mollets, ni ses cuisses, de sorte qu'on ne voit que des paquets de vêtements qui n'ont rien d'aérien ni de sylphique.

La belle Otero elle-même avait, malgré sa souplesse merveilleuse, les mouvements lourds et saccadés, parce que l'œil ne les percevait qu'amplifiés par les jupes et les châles.

Et puis, les pieds sont cachés ! Or, c'est dans les pieds que résident les neuf dixièmes de la grâce de la danseuse. Ils touchent si peu et si légèrement la terre qu'ils semblent de petites ailes palpitantes et infatigables.

On danse donc beaucoup dans toutes les villes d'Espagne, mais généralement on danse mal dans le peuple. Pour jouir de cet exercice, en dilettante, il faut aller dans les établissements où la femme est costumée en ballerine, ou bien il faut assister aux bals de la « feria » dont nous reparlerons plus loin. Là, les danses espagnoles sont réellement ravissantes.

Un jour, en parcourant la rue Cuna, à Séville, j'entendis un orgue de barbarie et des castagnettes. Je m'avançai et, dans une petite impasse d'une rue voisine, j'aperçus deux jeunes filles de quatorze à quinze ans, déjà bien formées, qui dansaient la Sévillane. Les mouvements étaient très gracieux et d'une extrême souplesse. Lorsque ces enfants me virent, elles mirent leur amour-propre à exécuter de leur mieux la danse de leur pays. Je leur donnai une petite gratification pour les remercier du plaisir qu'elles m'avaient procuré. Elles ne l'acceptèrent qu'après que leurs parents, qui étaient présents, le leur eurent permis. Le souvenir de ce bal minuscule m'est resté présent à la mémoire et j'oublierai difficilement l'agrément que j'y ai trouvé. C'est là que j'ai eu pour la première fois la révélation du charme spécial aux danses andalouses.

Je dois aussi mentionner, pour donner une idée de

la passion qu'on a ici pour la chorégraphie, une autre scène de danse en plein vent au parc Marie-Louise, exécutée par une belle fille en costume Sévillan. Elle était seule, debout, pendant que ses compagnes, assises sur l'herbe, autour d'elle, l'encourageaient de leurs cris et de claquements de main qui scandaient la mesure.

Beaucoup de pensionnats de jeunes filles ne craignent pas de se donner en spectacle sur les paseos des jardins publics, en se livrant à ces distractions préférées.

Je n'ai pas vu Naples et ses lazzaroni ; mais je ne crois pas qu'il y ait en Europe une population qui compte tant de gens prenant le soleil et tant de paresseux buvant la volupté du *farniente* en bayant aux corneilles.

Ces lézards sont rangés en groupes partout où luit un rayon, pourvu que l'endroit soit placé de façon à leur promettre quelque distraction. La place Nueva en est remplie. Le long du café de la Perle, contre les murs des hôtels voisins et sur les cent dix bancs de la plaza, on les voit debout, assis ou étendus, fumant toujours, bavardant quelquefois..... et regardant. Que regardent-ils ainsi toute la sainte journée, immobiles et les yeux fixes ? Ce qui se passe autour d'eux, évidemment ; mais surtout ce qui s'agite en eux, dans leur for intérieur, dans leur imagination inépuisable, dans leur rêve continu, éternel.

Quand on étudie l'Espagne, il faut bien par force jeter un coup d'œil sur ce triste problème de la misère du peuple. Elle est atroce. Ce qu'on en voit dans les rues est inénarrable.

Je veux bien qu'elle soit en partie due à la paresse invétérée des gens de basse classe et à ce préjugé aussi stupide qu'orgueilleux que le travail des mains est déshonorant. Mais les hautes classes n'ont-elles pas aussi leur part de responsabilité ? Ont-elles fait jusqu'ici le nécessaire pour attaquer à la fois la paresse et le préjugé en rémunérant largement le travail ? Nous verrons plus tard les effets de l'aumône. Ils ont été désastreux. Grâce à elle, Séville a pu abolir la mendicité ;

mais elle a été remplacée, le jour même par le vagabondage urbain.

Il y a ici des milliers d'hommes et d'enfants qui n'ont rien à faire. Ne possédant pas d'argent de poche pour aller au cabaret ou jouer au bouchon, ils s'entassent pêle-mêle au coin des rues et encombrent les trottoirs. Ils sont les maîtres de toutes les voies par leur passivité, et si vous êtes pressé, il faut faire le tour de cet obstacle immobile.

Les lézards ne se dérangent jamais. Il n'y a que les voitures et les trams qui puissent les mobiliser.

Est-il vraiment possible de croire que si l'industrie créait des ateliers, une partie de cette population, avide d'argent, ne s'y jetterait pas, ne fût-ce que pour échapper à l'ennui qui la ronge? Il existe, d'ailleurs, des précédents qui tendraient à prouver que l'homme du peuple est susceptible de travail, même en Andalousie, lorsqu'il y est invité par un intérêt suffisant.

La fabrique des tabacs, par exemple, occupe cinq mille ouvrières, qui se trouvent ainsi soustraites à la paresse, à la saleté, à la prostitution et au vagabondage. Malheureusement, les services rendus par cette industrie locale tendent à diminuer chaque jour. L'invasion de la machinerie fait qu'il n'y a plus de recrutement nouveau. A mesure de la disparition de la main-d'œuvre, la machine la remplace. Il n'est pas difficile de prévoir le jour où presque tous les cigares et toutes les cigarettes seront confectionnés automatiquement. Que deviendront alors ces cinq mille jeunes filles? Hélas! c'est bien facile à prévoir. Elles iront grossir l'armée du vice.

Un second exemple a été donné par l'industrie des bouchons. On sait que l'Espagne et l'Andalousie, en particulier, ont de grandes forêts de chêne-liège qui sont exploitées régulièrement. Une partie de ces écorces est expédiée directement en France, en Angleterre et dans d'autres pays. L'autre est convertie en bouchons sur les lieux mêmes. Il y a à Séville huit ou dix fabriques de ce genre qui donnent du pain à deux ou trois mille ouvriers. Mais cette source de richesse pour le peuple est au moment de se tarir. Les droits perçus par le fisc deviennent si onéreux que les patrons, pour trouver bénéfice, sont forcés de diminuer la paie des ouvriers. Ceux-ci se sont mis en grève. Le gouvernement fera-t-il la sourde oreille et, pour gagner quelques misérables piécettes, va-t-il jeter sur le pavé cette partie si intéressante de la population ?

L'encombrement des employés dans les magasins, où ils sont à peine payés, la foule de portefaix qui envahit les gares, de décrotteurs et de petits étalagistes dans les rues, prouvent que le peuple veut travailler, mais qu'il ne peut pas.

Pourquoi ne peut-il pas? Est-ce que la matière première manque? Est-ce qu'il n'y a pas ici les plus belles laines du monde? Est-ce que la cordonnerie ne trouve pas des cuirs de première qualité? Est-ce que les bois durs et tendres ne sont pas aussi bons qu'ailleurs? Et les fers? Et les métaux de toute espèce? Et le mercure? etc...

L'Espagne est le pays de l'Europe le plus riche pour les minerais divers. Pourquoi ne fabrique-t-on pas à Séville, à Cordoue, à Malaga des étoffes, comme à Barcelone? Pourquoi n'y traite-t-on pas les minerais? Pourquoi ?

Parce que les riches, qui détiennent les capitaux, délaissent la production qui donnerait de la main-d'œuvre au pays, pour porter toute leur activité sur le transit, qui grossit leur bourse, mais ne laisse pas un sou dans la contrée.

Il y a ici, comme dans tous les pays d'Orient, des intermédiaires, des commissionnaires, des armateurs, mais pas de fabricants. Il en résulte que l'argent ne circule pas. Il s'accumule, dans les mêmes mains, créant à la fois l'extrême richesse avec l'extrême luxe et l'extrême pauvreté avec l'extrême misère. Le clergé et le couvent pompent peu à peu l'or des riches. Ils en laissent tomber bien peu dans la main du misérable.

Celui-ci se nourrit de pois chiches et porte des vêtements jusqu'à l'usure la plus sordide.

J'ai dit plus haut que j'avais rencontré une superbe

jeune fille juive couverte de haillons, en si mauvais état, que son corps sculptural transparaît à travers. Il y avait, cet hiver, dans la rue des Sierpes, la plus luxueuse de Séville, cinq à six gamins, sans chemise, couverts de guenilles, qui, tous les soirs, s'amusaient dans les jambes des promeneurs, sans que personne daignât faire attention à un si pitoyable dénûment.

A chaque instant, on voit, dans la rue, des femmes du peuple couvertes d'oripeaux sans nom et traînant dans la boue des ruisseaux d'anciennes belles robes qu'elles ont reçues en aumône. Maintenant, jusqu'au tiers de la jupe, elles sont couvertes d'une couche de saleté indescriptible.

La plupart du temps, les vêtements ne recouvrent pas de chemises. Par les interstices des boutons ou des agrafes qui manquent, on aperçoit directement la chair. Une veste piteuse, un pantalon lamentable, retenu par des ficelles, tel est le costume de la moitié des enfants du peuple. Sous ces guenilles, ils sont fiers comme des fils de prince. Si la saison était rigoureuse, la plupart de ces malheureux deviendraient victimes des fluxions de poitrine. Mais le climat de Séville est si doux que, sous ces haillons qui ne tiennent que par la grâce de Dieu, ces petits moricauds aux grands yeux, se portent à ravir. Leur petit corps bruni semble taillé dans du bronze doré.

La misère est ici si commune que l'œil s'y accoutume. Les habitants du pays n'y prêtent plus attention. Elle n'émeut que le voyageur qui n'est pas habitué à la trouver dans son pays. Les malingreux, les estropiés, et tous les miséreux qui comptent faire argent de leur difformité, le savent bien. Ils ne fréquentent que les lieux où passe l'étranger.

L'Espagnol riche regarde la misère comme une nécessité sociale. Il ne lui doit par jour que deux sous de pois chiches et un vêtement chaque trois ans.

L'économiste et le philanthrope croient que peut-être il y a quelque chose de plus à faire, ne serait-ce que de changer en hommes ces êtres sans pensées.

Le gamín du peuple, en Espagne, est très antipathique au touriste. Je ne parle, bien entendu, que de celui qui court les rues et qui y passe la moitié de sa vie. Ils sont légion les enfants, sinon abandonnés, du moins laissés sans aucune surveillance de jour et de nuit par leurs parents.

Leur vivacité, leur turbulence, leur malice et leur méchanceté sont inépuisables. On voit qu'ils éprouvent un plaisir extrême à jouer quelques mauvais tours à autrui.

Une partie de leur temps est employée à faire naître l'occasion. L'une de leurs habitudes dégoûtantes est de cracher sur les vêtements des passants. Au théâtre, ils occupent, pour des prix ridicules, les hautes galeries, d'où ils bombardent le public du parterre et des galeries inférieures par des projectiles de tout genre, sans oublier le crachat qui est leur arme favorite. Je les ai vus jeter sur les dames des épluchures de légumes, des choses sans nom, des allumettes, cigares et cigarettes allumés !

Quand ils ne lancent que des flèches de papier dont la pointe est trempée dans l'encre ou la salive, on doit s'estimer bien heureux.

La police est nulle dans les théâtres en Andalousie. On voit bien, accoudés sur la galerie, certains agents de ville, qui doivent être..... probablement..... chargés de maintenir l'ordre et les convenances dans la salle. Mais ils semblent figés à leurs places, qui sont les meilleures, et ils ne se dérangeraient pas lors même que la toiture croulerait.

Ils voient parfaitement, du haut de leur observatoire, qu'on jette sur le parterre toute sorte de projectiles, mais si on leur disait qu'ils sont là pour empêcher ces désordres, ils seraient certainement très surpris. Ils croient n'être envoyés aux théâtres, par leurs chefs, que pour voir et entendre la pièce et ils ne s'inquiètent pas d'autre chose.

Dans le parterre, ce sont donc les places les plus éloignées du pourtour, c'est-à-dire celles du milieu, qui sont les plus recherchées du public, parce que ce sont celles qui ont le moins de chance de recevoir les crachats. Quant aux autres projectiles, il faut en prendre son parti.

Comme je me montrais indigné un soir, d'avoir reçu sur mon chapeau l'écume d'un de ces salops des dernières galeries, mon voisin me dit : « Ne faites pas attention. Si on voit là-haut que cela vous fâche, vous n'aurez pas fini de souffrir. »

Ces sales gamins n'ont peur de rien parce qu'ils savent qu'ils peuvent toujours échapper aux agents par une fuite précipitée.

Entre eux ils sont féroces. J'en ai vu un assommer un camarade à coups de boîtes de cirage pesant bien deux ou trois kilos.

Un autre jour, un pauvre petit nègre, appartenant à quelque navire du port, prenait le soleil, couché sur quelques ballots. Surviennent trois gamins. Ils appellent le moricaud à travers la grille du quai. Quand le pauvre petit se trouve sans défiance à portée de leurs mains, l'un d'eux le frappe en pleine figure avec un gros caillou qu'il dissimulait. Le sang jaillit à l'instant et le pauvre petit négrillon s'affaissa sans connaissance sur ses ballots. Témoin de cette scène de brutalité inouïe, je prévins un agent qui me dit carrément qu'ils avaient de meilleures jambes que lui et qu'il ne se sentait pas capable de les attraper.

Quand les méchants garnements se battent entre eux, c'est tout de suite aux parties génitales de leurs adversaires qu'ils lancent leurs coups de pied ou leurs coups de navaja. Après une querelle, il est rare que l'un d'eux ne sorte pas estropié pour la vie !

La curiosité des yeux est une nécessité pour l'être qui ne pense pas. Or, comme l'Espagnol en général et l'Andalou en particulier ne réfléchissent jamais, il faut que leurs yeux portent à leur cerveau les sensations externes.

Nous avons vu les *lézards* se rassembler le long des murs ensoleillés, par bandes considérables, aux endroits où la circulation plus intense, peut faire espérer des distractions pour le regard.

Le soir quand l'électricité, le gaz et l'acétylène illuminent les magasins et inondent les rues de lumière artificielle. les rassemblements ont lieu à l'extrémité de la rue des Sierpes, près des Nouveautés. C'est là le centre du mouvement. La majeure partie des personnes qui se réunissent là est composée d'ouvriers, de contremaîtres et de flâneurs.

Cette bourse se tient sur la voie publique, traversée à chaque instant par les nombreux tramways qui passent là. Elle se reforme sitôt après le passage du véhicule. Quelques-uns de ces stationnaires causent par groupes séparés, d'autres sont silencieux et immobiles. ils attendent un... événement quelconque qui les sorte de leur torpeur.

Si cet événement se produit, ces contemplatifs sont transformés. Ils se précipitent. se bousculent, s'étouffent pour jouir d'un spectacle qu'ils ont si longtemps attendu !

Finissons ce chapitre consacré à la rue et à ce qui s'y passe par les observations suivantes :

Beaucoup de ruelles sont barrées à Séville. Les voitures n'y circulent pas, le trottoir est inutile. Ces voies-là sont donc en général dallées, cimentées ou bitumées. On y laisse pénétrer les voitures à bras et ces longues théories d'ânes, si communes en Andalousie. Les animaux à longues oreilles sont toujours chargés de ces doubles paniers encombrants qui renversent les paisibles citoyens et distribuent des contusions aux gens distraits.

Les conducteurs de ces caravanes silencieuses ne vous avertissent jamais du danger. Il est difficile de l'éviter, car les ânes, sont rarement ferrés ; et ils sont sur vous avant que vous les ayez entendus.

Dans les voies où circulent les attelages, les trottoirs sont surélevés. Ils sont en général formés par un terre-plein arrêté du côté du pavage, par une dalle droite, et recouvert horizontalement. par des dalles juxtaposées, servant au piéton. Au début, ces dalles ont dû être entières ; mais maintenant, elles sont brisées en bien des endroits. La largeur de ces trottoirs dépasse rarement un mètre. Ils sont cependant suffisants dans un pays où la circulation est restreinte, et où les contrevents des rez-de-chaussées sont remplacés par des grilles ouvragées fixées aux murs.

CHAPITRE XVIII

EXTINCTION DE LA MENDICITÉ. — Bienfaisance. — Société de la Caridad. — Mendicité remplacée par le lézardisme. — La paresse reste. — Séville séjour préféré des étrangers. — Véritable tour de Babel.

L'ANDALOUSE. — Sang mêlé. — Sang arabe prédominant. — Beautés de l'Andalouse. — Son regard son pied, sa main, sa chevelure. — C'est la reine de l'amour.

LES BIJOUX. — Passion des hommes et des femmes pour la bijouterie. — Les fleurs sont les bijoux des gens pauvres.

Le port de Séville, qui avait été si florissant, à l'époque de la découverte de l'Amérique par Christophe Colomb (Cristobal Colon), avait peu à peu perdu de son importance. Cela tenait à deux causes. D'abord au Guadalquivir, qui est un torrent immense et boueux. Petit à petit, le limon entrainé des montagnes s'était déposé au fond du fleuve. En même temps que la hauteur d'eau diminuait ainsi dans la rivière, celle des navires augmentait avec les progrès des constructions maritimes modernes. Le port était donc devenu complètement insuffisant et quelques bateaux de petit tonnage seuls pouvaient remonter jusqu'à la ville.

Pour parer à cet état de choses, la province et la cité n'ont pas hésité à faire creuser le lit du fleuve. Les dépenses occasionnées par cet immense travail n'ont pas été infructueuses; et, aujourd'hui, le port est très prospère pour un port sur rivière. En temps ordinaire, on compte quinze à dix-huit gros vapeurs et d'autres bateaux de moindre importance qui stationnent devant les quais de Triana et de Séville.

La France n'entre que pour bien peu de chose dans cette activité commerciale. C'est surtout l'Angleterre qui l'alimente. Elle vient lui apporter ses charbons de Cardiff, ses huiles lourdes de houilles, les bois du Nord qu'elle reçoit elle-même de la Norwège et les pétroles que l'Amérique et la Russie lui envoient en excès. En échange, elle prend les écorces de liège, les oranges, les minerais de fer, de plomb argentifère, les saumons de plomb et de zinc fabriqués dans le pays ; enfin, les vins, les olives, les fruits et autres produits particuliers à l'Andalousie.

Après les bateaux anglais, ce sont les navires espagnols, suédois, norwégiens qui alimentent le trafic d'échange.

Un petit chemin de fer à deux voies qui suit tout le quai, des grues et des chèvres à vapeur ; enfin, tout l'outillage nécessaire au chargement et au déchargement apportent une grande animation le long du Guadalquivir, sur les deux rives, mais particulièrement sur celle qui borde le paseo des « Delicias ».

Ce quai est séparé de la promenade par un mur supportant une grille. Des passages sont pratiqués de loin en loin dans cette murette. A chacun d'eux se trouve un poste de douaniers, l'arme au bras, qui veillent à ce qu'il ne se produise pas de contrebande. Je serais fort surpris que cette surveillance fût absolument efficace !

Malgré la prospérité de quelques ports, comme Barcelone, Malaga, Cadix, Bilbao, Séville ; malgré la production agricole d'un sol inépuisable ; malgré les nombreuses richesses minérales que renferment ses sierras, la fortune n'est pas divisée, comme elle l'est en France, par exemple, où il y a quatre millions de propriétaires !

Elle se trouve concentrée, comme en Angleterre, dans quelques milliers de familles qui l'emploient surtout pour parader.

Chez nous, comme chez nos voisins de la Grande-Bretagne, de la Belgique et de l'Allemagne, l'aristocratie de sang ou d'argent ne craint pas de se lancer dans l'industrie. Elle fait de la culture intensive, elle exploite les mines, elle fabrique tout ce qui peut se fabriquer, elle transporte des forces naturelles, elle éclaire des villes, elle crée des chemins de fer, elle construit des navires de guerre et marchands, des tramways électriques ou à vapeur, etc... En somme, elle emploie à ces travaux des millions d'ouvriers qui gagnent largement leur pain ou celui de leur famille, au lieu de s'avilir à le mendier.

Elle contribue donc ainsi à augmenter la richesse publique, à moraliser la nation, à détruire ou du moins diminuer la pauvreté.

Cela n'empêche pas, bien entendu, la charité privée et publique de s'exercer également et de se multiplier à l'infini pour aller soulager la misère dans ses bouges les plus cachés. Innombrables sont les institutions charitables de Paris dues à l'initiative privée ou au fonctionnement des services publics de l'Etat, sans compter les secours qui émanent des particuliers, des couvents et des paroisses.

A Séville, la charité est presque monopolisée par les représentants de la religion qui choisissent leurs clients avec un soin jaloux. On devine les conditions qu'ils imposent. La bienfaisance municipale est presque nulle. Elle a pourtant fait de rapides progrès depuis l'extinction de la mendicité.

On voit les conséquences de cet état de choses.

L'industrie et la fabrication faisant presque complètement défaut dans un pays prolifique dont la population augmente sans cesse; il y a sur le pavé des villes des millions de bras inemployés. Je sais bien que, comme dans l'ancienne Rome, les patriciens font des efforts très méritoires pour nourrir et vêtir toute cette foule, qui ne veut ou ne peut s'occuper aux champs.

Ils prélèvent sur leurs revenus des sommes considérables; mais ils remettent leurs offrandes aux curés et aux couvents En définitive, ce sont les représentants de la religion qui deviennent ainsi les seuls dispensateurs de la bienfaisance. Comme toute bonne charité commence par soi-même, il est clair que la totalité des dons n'arrive pas à destination.

Il en arrive pourtant assez pour que ces distributeurs privilégiés acquièrent une influence prépondérante dans le peuple.

Par le fait, ils sont les rois et les souverains maîtres.

Comme, d'autre part, l'instruction est très négligée, leur royauté s'étend à toutes les communes, car le curé ou le prieur du couvent sont les seuls personnages instruits du village.

Il y a en Espagne une grande quantité de mairies qui sont administrées par le curé qui est aussi alcalde.

Dès lors, rien ne se fait sans lui.

On le consulte ou bien on subit sa manière de voir pour tous les actes de la vie : mariages, ventes ou achats de meubles ou d'immeubles, voyages, fêtes, réunions, instruction des enfants, etc.....

Le curé-maire préside à tout, pénètre partout. Il est l'âme de tous les ménages, le seigneur, que dis-je? le dieu du hameau.

On devine combien d'abus cache une semblable intervention de toute heure, de tout instant.

L'état n'y perd rien, la population augmente.

Cela tient peut-être aussi un peu à la nourriture.

L'Andalou mange beaucoup de poisson. Or, le poisson étant un aliment phosphaté, prédispose à l'union des sexes et à la procréation.

Nous voilà donc amené à parler un peu de l'alimentation.

Il n'y a pas de bonnes huîtres dans la Méditerranée ; il faut les faire venir de l'Océan. Marennes fournit à la consommation des grandes villes telles que Barcelone et Valence, Bilbao prend ses crustacés à Santander où existent quelques parcs donnant des mollusques de qualité suffisamment bonne. Quant à l'Andalousie, trop éloignée des côtes charentaises, elle est obligée de se contenter de coquillages, de *langostines* et de crabes.

On fait grand cas, à Séville, de ces produits de la mer. J'ai déjà dit que des marchands ambulants les promenaient à travers la ville. On en vend aussi dans les *friteries*, où on sait leur donner un aspect très appétissant.

La *langostine* n'est, à vrai dire, qu'une crevette ; mais une crevette colossale. Elle acquiert les proportions d'une petite langouste, tout en conservant sa forme d'écrevisse. Cuite, elle devient rose comme ses congénères et c'est peut-être ce qui lui a fait donner son nom. Quoi qu'il en soit, elle est bien supérieure à tous les crustacés par la finesse de sa chair et sa saveur exquise. On en consomme ainsi de grandes quantités, dans les familles riches; car sa cherté éloigne les petites bourses.

Les coquillages et les crabes sont plus abordables. Ils constituent pour le peuple un régal journalier et habituel, jouissant d'autant de faveur que les petits poissons : goujons de mer, rougets, sardinettes, *boquerones* qui s'étalent roux et croustillants aux devantures des friteries, où on les vend au public, tout brûlants, dans de petits cornets de papier. Le gourmet andalou en est si friand qu'il les mange en pleine rue comme il ferait d'un bonbon.

Vers le commencement de février apparaissent aussi de très petites huîtres de Cadiz. Elle sont bien inférieures à celles de l'Océan; pourtant, faute de grives...

... On va les consommer en compagnie joyeuse, dans les *ventas* à la mode ou les guinguettes du Guadalquivir en les arrosant de *Valdepeñas* ou, si on a la bourse bien garnie, de *Manzanille* doré, parfumé à l'armoise.

Nous parlerons bientôt de ces établissements de plaisir, fréquentés par une population insouciante de l'avenir et toujours incitée au bonheur de l'heure présente par une disposition particulière de son tempérament oriental.

En effet, l'Arabe a apporté en Espagne, non seulement une prédisposition à la joie gastronomique, mais encore à toutes les jouissances des sens. C'est ainsi qu'il a un goût très déterminé pour les colorations vives.

Dans le costume, les rouges des nuances les plus exaspérées, les bleus d'une tonalité extrême, les jaunes chauds, les verts hors nature, sont les teintes préférées.

Tant que ce goût ne se porte que sur les articles de vêtement, il n'est pas déplaisant. Sous les splendeurs d'un soleil ardent, ces couleurs vives donnent des notes aiguës dans les masses populaires. Elles sont comme des fleurs éclatantes piquées sur un fond de grisaille.

Dans nos climats tempérés, les couleurs qui ont nos préférences sont plus ternes, plus adoucies ; et, avec notre chauvinisme habituel, nous les appelons *teintes de bon goût*, ce qui veut tout simplement dire que ce sont les nôtres. Pourquoi, en effet, les colorations effacées seraient-elles de meilleur goût que celles qui sont plus accentuées ? Je défie qu'on m'en donne une seule bonne raison. Cessons donc d'offenser les populations du Sud de l'Europe et du Nord de l'Afrique parce qu'elles ont, sur ce point, une conception esthétique différente.

Il faut croire d'ailleurs qu'il y a une loi de nature qui entraîne le choix des couleurs comme le choix des aliments, comme le choix des costumes. A mesure q u'on descend vers le Sud de l'Espagne, les habitations s e colorent de teintes plus claires. Quand on parcourt l Andalousie. on est tout surpris de voir toutes les façades peintes en blanc.

Ce blanc est d'une crudité atroce. et lorsqu'il est encore accentué par le soleil, positivement, il éblouit.

L'effet est si intense qu'il attaque et finit par paralyser le nerf optique, engendrant ainsi la cécité.

La quantité d'aveugles que l'on rencontre dans les pays méridionaux est fabuleuse.

La plupart se livrent à la musique et à la mendicité.

Nous avons parlé déjà de ces associations musicales d'aveugles exploitées par un « voyant » qui sont un des charmes des villes espagnoles. On dirait que la nature, en privant l'être de l'organe de la vue, concentre toutes ses facultés sur l'ouïe.

Cela expliquerait pourquoi les marchands d'oiseaux chanteurs n'hésitent pas à crever les yeux de leurs pensionnaires pour appeler toutes leurs ressources vitales dans leur gosier.

Par contre, cela prouverait que ceux qui y voient bien clair n'ont d'autre désir que de satisfaire leurs yeux, sans nul souci de toutes leurs autres facultés.

Nous reviendrons tout à l'heure sur cette conséquence très importante.

En attendant, disons que l'éclat des façades, sous un

soleil de plomb, les reverbérations d'une terre constamment embrasée, l'absence complète de nuages dans le ciel, toujours d'un bleu d'azur, privent l'organe visuel des écrans naturels qu'il trouve dans les pays tempérés, sous les nuages et les brouillards.

Nous avons vu que ces causes amenaient la cécité. Elles amènent aussi l'ophtalmie en attaquant les enveloppes de l'œil. Cette maladie des paupières, si difficile à guérir dans l'air lumineux de l'Andalousie, ne peut, en effet, disparaître que dans une demi-obscurité, dans une clarté à peine perceptible, tant il la faut tamisée et mystérieuse. Comment en arrêter le développement dans un pays où il suffit d'ouvrir un vasistas pour qu'à l'instant même la pièce soit inondée d'une éblouissante lumière !

Les affections dont nous parlons sont communes à tous les pays du soleil. Notre colonie algérienne est envahie par cette maladie et elle sévit de même sur tout le continent africain.

On dit qu'elle est spéciale à la population blanche.

Cependant, le nègre n'en est pas exempt. Toutefois, elle n'atteint jamais chez la race noire le degré d'acuité qu'elle a chez les Européens.

Comme la cure est très difficile, le mieux est de prévenir la maladie en portant constamment les lunettes à verres teintés.

Revenons sur cette idée que l'œil est, pour les natures incultes et primitives, la source de presque toutes les sensations.

Voyez l'enfant, il ne vit que par l'œil.

L'Espagnol est un grand enfant... barbu. Comme l'enfant, il reçoit ses sensations par les yeux.

Il perçoit et il exécute presque simultanément. Il ne pense pas. Avec ce système très simple, qui est celui des animaux, l'œil lui est évidemment plus nécessaire que la raison.

Aussi, c'est un impulsif, un être dominé par son organisme, incapable de résister aux impressions des sens.

Un pas de plus dans la nervosité et ce serait un déséquilibré. Il le devient, au reste, très facilement, sous l'empire de la passion, de la colère surtout, de l'amour souvent. La facilité avec laquelle il verse le sang n'est qu'une conséquence de son impressionnabilité. Mais aussi, comme il rachète ces défauts par la noblesse, la générosité, la grandeur d'âme qu'on ne trouve plus, hélas, de nos jours, que chez ces natures primitives et tout en dehors.

Ses sensations venant toutes de l'extérieur, et la ré-flexion n'y entrant pour rien, il est tout simple que lorsqu'il s'agit d'impressionner les autres en sa faveur, il s'entoure de tous les raffinements de luxe qui peu-vent donner à autrui une haute opinion de ses quali-tés morales, de sa puissance, de sa richesse.

Ainsi s'expliquent l'étalage des orfèvreries, des bi-jouteries sur les vêtements ; des tapis, des statues, des terres cuites, des bronzes, des tableaux, des riches ten-tures, dans la maison ; des chevaux, des voitures, des livrées, dans les écuries ou sur les promenades.

Si l'on pousse encore plus loin l'observation, on comprendra aussi pourquoi les entrées, les patios, les balcons, les miradors, les grilles, les revêtements de murailles, les carrèlements, toutes les parties que l'étranger peut voir sont constamment tenues en état renouvelées, époussetées, lavées, peintes et vernies.

C'est un moyen naïf de dire au passant : « Vois, « comme on est propre et soigneux dans cette maison. « Ce doivent être des gens bien comme il faut. »

On appelle cela de l'orgueil, de la vanité, de la morgue. C'est possible. Je n'ai jamais haï la morgue. Tous les enfants en sont atteints. Cela ne les empêche pas d'être bons, généreux et très pointilleux sur les questions de justice et d'honneur.

Et ce sont là les qualités de la race espagnole.

J'avoue que j'aime l'Espagnol parce qu'il a le cœur plein de délicatesses, l'âme haute et le dévouement fa-cile et prompt.

De tous les peuples du monde, c'est celui que je pré-fère.

Quoique de toutes les provinces de l'Espagne, ce soit l'Andalousie qui contienne le plus d'aveugles, ce n'est pas une raison pour médire de ce climat.

Non ! il est réellement enchanteur et l'un des plus agréables de l'Europe.

La moyenne de la température est de dix-neuf degrés centigrades. Sur trois cent soixante-cinq jours, il y en a deux cent quarante où le soleil luit dans un ciel absolument bleu, soixante avec nuages et autant de pluvieux.

Le vent qui est le fléau des belles stations de la Méditerranée et surtout de la côte d'Azur, ne fait ici que de rares apparitions et il n'y acquiert presque jamais l'intensité qui le rend désagréable.

Les rosiers fleurissent toute l'année. Les plus grands froids ne sont jamais assez rigoureux pour détruire toutes les fleurs.

Il y a à Séville, comme dans tous les pays chauds, une saison de pluies. Elle dure une vingtaine de jours, en février généralement. Déjà, en mars, le temps devient plus sûr et la chaleur augmente rapidement. Au reste, même dans la période pluvieuse, la température reste très douce.

Cette année, on n'a éprouvé le besoin de se chauffer que pendant quatre jours. On se chauffe surtout pour combattre l'humidité, car le froid n'existe pas. Comme il n'y a pas de cheminées, dans les maisons on emploie les *braseros*. Ce sont des récipients, souvent très élégants, dans lesquels on allume de la charbonille. Quand elle est privée de flamme et de gaz et un peu amortie, on la tasse et on apporte l'appareil dans l'appartement. Il n'y a plus alors aucun danger, car l'oxyde de carbone a disparu.

A la feria qui a lieu dans la seconde moitié d'avril, la chaleur est déjà bien sensible.

Sitôt après la foire, les étrangers rentrent chez eux et les Espagnols riches partent en villégiature.

Il ne reste à Séville que ceux qui ne peuvent pas faire autrement.

Ils sont destinés à subir pendant quatre ou cinq mois des chaleurs tropicales.

En prenant les tramways de Macarena on peut observer les faubourgs et les boulevards. Ces derniers sont presque exclusivement extérieurs. c'est-à-dire qu'ils ne sont construits que d'un côté, celui de la ville. De l'autre côté, il y a des fabriques, des ateliers, la gare de Cadiz et de loin en loin quelques habitations particulières.

On a l'impression d'un désert.

Quelques cabarets, en plein vent, improvisés avec des planches et des toiles, sont fréquentés par une population paresseuse qui n'a rien de sympathique.

D'autres lézards flânent au soleil, et, faute de bancs, s'assoient sur les murettes de séparations des jardins. Ils passent là leur journée à fumer, à bavarder quand ils ne se livrent pas au jeu du *taureau.*

Ce jeu est très populaire. Il est assez simple. Un des joueurs fait le taureau, c'est-à-dire qu'il est armé de deux cornes de vaches réunies entre elles. Ainsi accoutré, il se précipite sur ses camarades qui s'exquivent s'ils peuvent. S'ils sont inhabiles, maladroits ou simplement hésitants ils reçoivent des coups de corne dont on ne ménage pas la violence. C'est donc un amusement assez dangereux dont sont quelquefois victimes les simples passants.

Dans ces faubourgs on peut juger de l'état d'abandon dans lequel se trouvent les meilleures routes. Pour peu qu'il ait plu, la voie devient un lac boueux impraticable. Il est vrai qu'il existe de loin en loin. pour les piétons, des sentiers pavés établis pour leur permettre de passer d'un côté à l'autre de la chaussée; mais ces pavés sont envasés comme le reste et il faut se crotter indignement pour traverser.

Disons ici pourquoi je suis allé à Marcarena. C'est tout simplement pour rechercher si, dans ce faubourg, il n'existerait pas des traces de l'ancienne maison du Barbier de Séville, de l'inoubliable Figaro que Beaumarchais, d'une part, et Rossini, de l'autre, ont immortalisé.

La légende dit que sa boutique, qui portait le numéro quinze, était située dans une rue de ce faubourg.

Beaucoup de rues de Macarena se disputent l'honneur d'avoir abrité l'inépuisable frondeur, mais je n'ai jamais trouvé dans aucune les caractères propres à établir la vérité. Tout est basé sur des souvenirs transmis de vive voix et des hypothèses sans fondement.

En attendant, constatons que nos barbiers actuels sont l'opposé des Figaros de nos théâtres.

Vêtus de longues lévites blanches, ils manquent absolument de gaieté et ils sont totalement dépourvus d'esprit et surtout de sens critique. Ils sont lugubres. Avec un peu de farine sur la figure, on en ferait de tristes Pierrots, sans collerette.

Ils exercent leur profession avec toute la gravité d'hommes de loi. Ils parlent peu et ne font mousser que le savon. Dieu me pardonne, ils se croient fonctionnaires !

Quoique dans la même *peluqueria* ils soient souvent cinq ou six, il y règne un silence de mort, et on n'entend d'autre bruit que celui du rasoir et d'autre murmure que celui de l'irrigateur parfumé.

Quand leur besogne est finie, ces personnages s'étendent mollement sur des fauteuils à bascule et se mettent à fumer en rond.

Souvent ils n'éteignent pas la cigarrette pour vous couper les cheveux, et ils promènent silencieusement autour de votre nez le parfum combiné du tabac et de l'eau de Portugal.

Ils mettent sur leurs enseignes qu'ils parlent le français, l'anglais, l'allemand, le portugais. Ne vous y fiez pas. Ils sont muets et ne se font comprendre que par signes.

Ah Rossini ! Ah Beaumarchais ! combien votre Figaro était plus aimable et plus gai !

Mais si je n'ai pas eu le bonheur de retrouver la *casa* de mon vieux Figaro classique, je me suis trouvé face à face avec une longue théorie d'ânes, marchant à la queue leuleu. Ils étaient trente (je les ai comptés).

Chacun était chargé d'un sac de grain posé en travers du dos. Le conducteur, monté sur un cheval, suivait le cortége.

Il faut donc, me suis-je dit, trente et un animaux et un homme pour amener en ville trente hectolitres de blé. En France, il eût suffi de deux chars et de deux paires de bœufs; mais, dans notre pays, nous avons des routes excellentes aussi bien en plaine qu'en montagne, et en Espagne, ils n'ont que des sentiers qui ne sont accessibles qu'aux mules et aux ânes.

L'âne est donc devenu ici une véritable institution.

C'est un rouage administratif remplaçant la route, les ponts et chaussées et les agents-voyers et cantonniers. L'âne est par suite très économique pour l'Etat et les communes.

Au reste, cet animal semble conscient de son rôle important.

Il se montre d'une douceur et d'une sobriété remarquables. Sa patience, fruit de l'éducation reçue à coups de bâton, est incroyable. J'ai vu des aliborons rester deux ou trois heures immobiles à la même place. Ils obéissent au commandement de la voix, même lorsque leur conducteur est tout à fait à la queue d'un long cortége. C'est toujours le plus intelligent qui tient la tête. Quant celui-là tourne ou s'arrête tous les autres l'imitent.

Au moyen de grands paniers jumeaux placés sur leur dos, les campagnards portent ainsi en ville les marchandises ou denrées les plus disparates : légumes de tous genres, fruits de toute espèce, vins variés dans divers tonnelets, pétroles en bonbones, olives dans leur saumure, poisson frais, pain, gâteaux, etc...

Nous avons vu que ces animaux passent silencieusement dans les rues barrées et qu'ils contusionnent les passants sans crier gare.

L'un des faits qui surprennent le plus à Séville, c'est que la mendicité y soit interdite.

Pour qui connaît l'intensité de cette plaie en Espagne, il y a lieu de s'étonner et de se demander comment la municipalité a pu extirper un mal passé à l'état chronique depuis des siècles.

C'est par l'organisation de la charité publique.

Des sociétés de bienfaisance se sont formées pour délivrer le passant de ce supplice constant.

L'association « de caritad » fait à elle seule, chaque jour, des distributions ne numéraire à soixante et quelquefois à quatre-vingt personnes. Elle donne des bons d'aliments, de combustible et de vêtements à quinze cent cinquante individus.

D'autres associations poursuivent un but semblable et, dès lors, la police peut sévir contre les délinquants aux arrêtés de l'alcalde contre la mendicité.

Mais nous avons vu que si cette plaie a disparu elle a été à l'instant remplacée par une autre, « le lézardisme ».

Lézarder c'est s'établir quelque part au soleil, particulièrement sur les points de la ville les plus fréquentés, de façon à recevoir le plus d'impressions possible par les yeux.

A Séville, cette population encombrante et immobile, tassée dans sept à huit points principaux peut bien s'élever à mille.

La mendicité est interdite, mais la paresse reste !

On a vu que c'était par considération pour les étrangers que cette mesure avait été prise. Cela prouverait que Séville tient à les accueillir et à les garder le plus longtemps possible puisque, grâce aux fêtes de la Semaine Sainte et à la Feria, on les fait patienter jusqu'après le milieu d'avril, alors que les chaleurs commencent à être accablantes.

Il est certain que l'on a réussi. Les étrangers se plaisent à Séville. Les huit ou dix hôtels principaux sont toujours pleins, pendant l'hiver, d'Anglais, de Français, d'Allemands, de Russes, d'Américains, de Suisses, de Polonais, de Norvégiens, de Suédois, d'Irlandais qui abandonnent leurs neiges pour venir se baigner dans les flots d'un soleil resplendissant.

Séville devient alors une véritable tour de Babel, où l'on parle tous les idiomes connus.

Parmi les attraits que Séville offre aux riches étrangers, il n'en est pas de plus adorable que celui de ses *mujeres*.

L'Andalouse ! Quel mot magique et doux ! Il remue les fibres du cœur comme une évocation mystérieuse de grâce et de beauté orientales.

Je voudrais essayer d'analyser son charme parce qu'il est unique au monde.

Avertissons tout d'abord qu'il y a dans le pays même la moitié des femmes qui s'éloigne du type que nous nous sommes formé de l'Andalouse.

Le sang, à Séville particulièrement, a été tellement modifié par les croisements européens depuis que les Maures ont été chassés que beaucoup de personnes du beau sexe ont perdu les caractères qui constituent le type local. Cela n'empêche pas ces jeunes femmes d'être très belles et souvent très capiteuses, mais elles possèdent un genre de beauté qu'on peut trouver partout. Nous ne voulons nous occuper ici que de la femme chez laquelle domine le sang arabe.

Dans un pays habité et gouverné pendant huit cents ans par des races mauresques le type de beauté féminine doit nécessairement être fortement imprégné du cachet africain.

La peau de l'Andalouse est donc brune et mate avec légère tendance au jaune clair. Nous savons que, sous les feux électriques bleutés, ces carnations acquièrent un maximem d'éclat fascinant et irrésistible. Les cheveux sont très noirs — noir de jais — quelquefois frisés et souvent ondulés naturellement. Ils sont très abondants. Les yeux ! oh, les yeux !!!..... Les yeux de l'Andalouse sont magiques ! Ils appartiennent à des houris divines. Ils ont la douceur et l'éclat humide de ceux de la gazelle. Leur forme en amande est caractéristique. Ils sont ombragés par des sourcils parfaitement arqués et d'une grande pureté de ligne — quelquefois trop épais — et par des cils recourbés formant corbeille. L'œil ainsi encadré est loin d'être dur. Son expression générale est celle de la timidité, de la douceur et de l'amour.

Quand une fois on a senti ce regard angélique se poser doucement sur le vôtre, on est conquis à un genre de beauté inconnu dans nos pays brumeux. Pour la première fois, la femme d'Orient nous est révélée avec son charme spécial, très capiteux, d'esclave aimante et soumise.

Disons pourtant que la figure est quelquefois *bouffie* et les lèvres trop grosses. Quand les croisements, en conservant le type général, ont corrigé ces légers défauts, la beauté de l'Andalouse cesse d'être humaine, elle appartient à l'Olympe.

Le corps n'est svelte que chez la jeune fille de quinze à dix-sept ans. En revanche, la femme qui a dépassé cet âge laisse apercevoir des bras, des seins et des hanches adorables.

Le pied et la main de l'Andalouse jouissent dans le monde entier d'une réputation méritée. Ils sont dorés et potelés comme ceux des enfants, avec ces petits trous sur les articulations qui les rendent si séduisants et dans lesquels on est toujours tenté de déposer des baisers.

Elle se gante et surtout se chausse à ravir. Pour la parer, la cordonnerie s'est faite artistique et coquette. On ne se doute même pas en France des bijoux de bottines et de souliers obtenus ici avec des cuirs de chevreau et d'agneau qui restent souples comme des gants.

Il n'y a pas à dire non. L'Andalouse est la plus belle femme de l'univers, c'est la reine de l'amour ! Dieu la créa pour en être la prêtresse, c'est-à-dire la plus haute expression sur cette terre.

Elle fait prévoir le ciel, celui de Mahomet.

La manie des bijoux sévit en Espagne chez les deux sexes.

Les femmes les aiment à la passion. Au bal, au théâtre, dans la rue, à l'église, aux expositions, aux courses, à toutes les exhibitions, elles se parent de bracelets, de chaînes, de colliers, de bagues, de boucles d'oreilles, de broches, de peignes merveilleusement travaillés, incrustés de superbes diamants.

Les hommes ne craignent pas d'imiter la coquetterie des femmes sous ce rapport. Ils ont des épingles de
cravates, des chaînes de montre, des cannes à poignée
d'or ou d'argent ciselé, des bagues.

Pour la bijouterie, les deux sexes se valent donc.
Mais où la femme espagnole dépasse l'homme, c'est
dans l'amour des fleurs.

La jeune fille du peuple, en Andalousie, préférerait
se passer de dîner que de ne pas piquer une rose ou
un œillet dans son noir chignon. Quant aux grandes
dames, elles se couvrent, dans leurs voitures, de camé-
lias et de *claveles* qu'elles paient souvent 5 à 6 pesetas pièce.

L'homme ne porte le camélia qu'au théâtre et au
bal.

CHAPITRE XIX

nal des señoritas. — Olive. — Huile excellente. — Olives en saumure expédiées aux Etats-Unis. — Orange. — Liège. - Laines mérinos. — Peaux.

INDUSTRIES. — Quincaillerie. — Fabrication des lampes. — Mosaïques. — Briquettes émaillées. — Azulejos. - Ferronnerie très artistique.

CONGRÉGATIONS MARCHANDES — Magasins de nouveautés. — Exploitation monacale de la gourmandise féminine. — Pas d'autre fabrication.

La pluie était tombée presque sans discontinuer depuis trois ou quatre jours. Avec beaucoup d'efforts, beaucoup de persistance, en travaillant nuit et jour sous l'averse, les ouvriers du port avaient pu mettre les marchandises du quai à l'abri des atteintes de la crue du Guadalquivir. Le fleuve grossissait toujours. Les nouvelles qui arrivaient d'amont étaient mauvaises. Elles signalaient de la montagne de véritables déluges qui ne pouvaient qu'augmenter le volume d'eau. Vendredi, on craignit un moment qu'avec la marée qui devait se produire à quatre heures du matin, le fleuve franchît les murailles dans lesquelles il est enserré et qu'il envahît la ville.

La population était dans les transes. Heureusement que la pluie avait cessé pendant la nuit et que la matinée du samedi apporta quelques bonnes nouvelles des régions hautes.

Dans l'après-midi, le soleil ayant paru, toute la population alla se rendre compte des dégâts.

Devant le palais San-Telmo, dans le paseo de Cristina on avait accumulé des muids remplis de vin. Tout le long de la grille du quai, depuis les Délicias jusqu'à Triana, on ne voyait que caisses, sacs, planches, et tout le quai était envahi par le débordement. Les grues à vapeur gisaient au milieu de l'eau, étendant dans l'espace leur bras inutile et impuissant. Les navires avaient précipitamment doublé leurs amarres en attachant de nouveaux câbles aux arbres du paseo. Les docks, dégarnis, nageaient et la foule circulait au milieu de ces dévastations, non pas indifférente mais loquace, évaporant en palabras les émotions qu'elle ressentait.

Quant aux enfants, ils se jetaient les uns aux autres les oranges dont les caisses avaient été brisées.

Quelques-uns, qui avaient gagné les docks immergés en retroussant leurs pantalons, chantaient lentement une cantilène mauresque très triste, appuyés contre les murs des magasins de dépôt. Ce fut une note fraîche et poétique évoquée à l'heure même des tristesses.

A propos du palais San-Telmo, dont nous venons de parler, signalons le parc de Maria-Luisa qui l'entourait autrefois.

Il est formé par la moitié des jardins qui appartenaient au palais. L'immeuble devint la propriété du duc de Montpensier qui le laissa à sa fille Marie-Louise.

A son tour, Marie-Louise en fit deux parts : l'une qui comprenait le palais et les jardins avoisinants, fut donnée à l'archevêque de Séville, à la condition d'y établir un séminaire. La partie la plus éloignée des bâtiments fut cédée à la ville, sans condition. L'ayuntamiento sépara alors les deux tronçons par un large boulevard qui fait communiquer maintenant la Passerelle avec le jardin des Délicias.

Le parc Maria-Luisa est certainement le plus beau jardin de Séville. Il en est également le plus vaste. Le terrain qui le compose est planté d'essences diverses et dessiné d'une façon irrégulière, sans caractère, avec des allées courbes et des allées droites.

Dans la partie qui longe les prairies, il y a un grand nombre d'orangers. Les oranges y sont cueillies au mois de janvier, triées et expédiées en Angleterre, dans des caisses qu'on charge sur des vapeurs qui les attendent au quai du Guadalquivir.

La cueillette de ces oranges est un des spectacles les plus gracieux qu'on puisse voir en Andalousie.

Dès qu'elles ont été retirées de l'arbre, de petits

ânes les transportent dans leurs paniers jumeaux jusqu'à certains points du parc où de brunes Andalouses les enveloppent de papier de soie et les jettent dans des caisses. L'arome qui se dégage alors de ces fruits parfume tout le parc et vient se mêler aux émanations de mandarines plantées dans certains quartiers du jardin.

Des pièces d'eau, dans lesquelles s'ébattent des canards et des cygnes, contribuent à la beauté du lieu.

Quelques bêtes, telles que cerfs, sangliers, paons et pigeons sont parqués assez économiquement dans des enceintes peu dignes d'une si grande cité. Tout Séville connaît la *Catalina*, une jeune femelle de sanglier que le public a apprivoisée avec des châtaignes et des avelines, au moyen desquelles on lui fait exécuter quelques tours très drôles.

En toute saison, le parc est couvert de fleurs, et c'est là que viennent s'approvisionner les belles Andalouses, aux yeux noirs, qui ne savent pas résister au plaisir d'orner leur chignon ou leur corsage.

Mais, si les Sévillanes volent les fleurs, les Sévillans volent des oranges et des mandarines; de sorte que les gardiens ont bien à faire pour défendre ces richesses confiées à leurs soins.

Les plus galants ferment un œil pour ne pas sévir contre les fillettes; ils sont plus rudes pour les incorrigibles maraudeurs d'oranges.

Quelques plantations exotiques, telles que palmiers, aloès, figues de Barbarie, etc., donnent au parc le cachet d'oasis africaine. Bien souvent la chaleur y est telle qu'on se croirait à Blidah, à Tunis ou à Tanger.

Le jardin des Délicias, qui est voisin et qui borde presque le Guadalquivir, offre à peu près les mêmes aspects sous le rapport de la faune. Il a cependant un cachet tout particulier qu'il tire de quelques statues de marbre et de quelques bustes disposés sur des colonnettes, d'après le goût de l'époque Louis XV.

Les autres jardins de Séville ne sont que des squares dans lesquels le palmier et l'oranger dominent en souverains. Dans celui de la place del Duque est la sta-

tue de Velasquez, vêtu en élégant gentilhomme, sur le
square du Musée ; à côté de son œuvre même, s'élève
la statue un peu lourde de Murillo, le créateur de l'école
sévillane.

Noüs devons faire quelques observations relatives à
l'organisation de ces lieux de promenade parce que les
idées qui ont présidé à leur établissement sont quelque peu différentes des nôtres.

Les allées sont, la plupart du temps, vaguement tracées. Elles sont constituées par de la terre sur laquelle,
après l'avoir légèrement battue, on répand un sablon
jaune et très fin, qui suffit pour empêcher la boue de
se former. Il est vrai de dire qu'ici la terre, par elle-
même, est peu argileuse, légère et perméable. Par
suite, l'eau ne séjourne pas et passe rapidement dans
les couches inférieures Et puis, sauf en février, il
pleut bien rarement à Séville où, d'ailleurs, le soleil
est si chaud qu'il a bientôt évaporé l'eau restée à la
surface.

Bien souvent, les allées dominent les platebandes.
Ce système a été adopté pour le jardin des Délicias.
Dans ce cas, les platebandes creusées sont de véritables
bassins qui communiquent, par des tuyaux, avec des
réservoirs alimentés au Guadalquivir. On les inonde
à volonté, au moyen de vannes disposées à cet effet.

Ce qu'on appelle *massifs* dans nos jardins anglais
n'existe pas ici. S'il s'en trouve quelques-uns, c'est le
hasard des vallonnements et des plantations qui les a
constitués. Ils n'ont pas été faits dans le but de récréer et de charmer la vue, en la bornant sur certains
points pour l'ouvrir sur d'autres plus éloignés et formant perspective.

Les grands arbres, qui sont chez nous le centre des
massifs, sont, à Séville, rangés en allées droites, dirigées sans plan préconçu.

Les jardins et squares ne sont pas dessinés à la façon des Français et des Anglais qui ont copié la nature
par des imitations minuscules de prairies, de forêts,
de montagnes. Ici, la fantaisie joue le rôle principal et

le jardinier ne semble obéir qu'à son caprice, sans s'inquiéter de ce qui se passe à l'étranger.

Les feuillages colorés constituent le principal motif de décoration. L'Espagnol est arrivé, avec son goût très prononcé pour l'ornementation, à tirer des plantes à feuillages multicolores de très jolis effets géométriques, en combinant artistiquement les courbes et les droites de mille façons ingénieuses.

Ce que nous appelons « corbeilles », c'est-à-dire un exhaussement de terre, plus élevé au centre, existe bien ici, mais les bords sont taillés à pic et mal maintenus par des plaques de gazon ou des plantes grasses, qui, n'ayant pas de stabilité, s'effondrent sur les allées sans être jamais relevées.

A Séville, on a l'habitude de ne travailler les jardins qu'une fois dans l'année. On convoque alors un grand nombre d'ouvriers qui n'ont que des notions très superficielles sur l'horticulture.

Comme ces gens ne savent rien faire par eux-mêmes, et que le commandement et la surveillance leur manquent ou sont insuffisants, on se figure ce que peut produire une semblable agglomération d'êtres incapables qui n'ont pas l'outillage nécessaire et s'encombrent les uns les autres.

De tout cela, il résulte que les jardins publics n'ont pas, à Séville, l'air de grandeur ornementale qu'ils possèdent chez nous et chez nos voisins les Anglais. Ils semblent négligés. De fait, ils le sont beaucoup surtout pour les soins journaliers.

De toutes les villes d'Espagne que j'ai visitées, c'est Barcelone qui l'emporte pour la propreté et le bon entretien de chaque jour. J'ai vu là des ouvriers armés de longues lances qui, sans entrer dans les corbeilles, cueillaient avec leur instrument les détritus que le vent ou la pluie y avaient accumulés.

Combien nous sommes loin de telles minuties à Séville ! Ici, tout semble fait par le hasard.

Les baraquements des bêtes ne laissent pas moins à desirer que les autres parties. Il y a, au parc de Maria-

Luisa, un vieux cerf qui n'a pas d'abri où reposer sa lourde tête dix cors. Après les pluies printanières, je l'ai vu barboter et se vautrer dans une boue liquide, dans laquelle il était d'ailleurs obligé de se coucher, ce qui avait revêtu son joli corps d'une cuirasse hideuse. Les autres bêtes, biches et cerfs, ne sont pas mieux soignées. Après la pluie, leur état est lamentable.

On voit bien à ces négligences que les Sévillans n'aiment pas plus les jardins que les promenades. Ils préfèrent parcourir les rues marchandes où ils ont tant de jolies choses à voir. Les parcs n'ont d'autres promeneurs que quelques étrangers qui les parcourent en voiture, quelques mamans du voisinage qui y mènent leurs bébés et ces éternels fainéants à veste courte, à pantalon large, à grand chapeau, qui, les mains dans les poches et la cigarette aux lèvres, cherchent à se guérir de leur ennui.

J'ai le regret d'avoir constaté que ce n'est pas seulement la propreté des parcs et jardins qui est négligée chez nos bons amis les Andalous, mais que c'est aussi la propreté de leur personne.

On me dit que quelques familles riches ont chez elles, dans leurs appartements intimes, des baignoires de marbre qui servent à toute la Smala. Le chauffage a lieu au moyen du gaz. Il est possible, en effet, que quelques personnes, soigneuses de leur corps, jouissent de ces appareils ; mais sûrement elles ne sont pas nombreuses. On va en juger.

Il existe à Séville quatre ou cinq établissements publics de bains. Mais..... ils *sont fermés huit mois de l'année.*

Pendant ces huit mois, il est absolument impossible de se baigner. Les industriels qui sont à la tête de ces thermes, sont du reste parfaitement étonnés quand, de septembre en avril, vous leur demandez une baignoire. Ils vous répondent avec indignation presque avec colère, qu'on ne se baigne qu'en été !

Si donc on veut être à peu près propre, on n'a d'autre ressource que de se frotter le corps avec une serviette mouillée ou une éponge. Quant au dos, il est impossible de lui faire subir des ablutions à moins d'appeler quelqu'un à son aide.

Et moi qui pensais que le bain était absolument indispensable dans les pays chauds. Comme on se fait des illusions !

Et maintenant, Monsieur ou Madame, approchez plus près, encore plus près. Là. *Je me suis laissé dire qu'il y a en Andalousie bien des personnes qui n'ont jamais connu que l'eau obligatoire du baptême !* Chut !

A la passerelle, en descendant du tram de Macarena, je vis une multitude massée dans les prairies, où les troupes faisaient leurs exercices..... Je m'approchai. C'était un spectacle ravissant. On se serait cru en France. De tous côtés, des dames en toilette claire, accompagnées de bonnes et d'enfants, des hidalgos sans manteau et des gentlemens en veston serré à la taille. .... Et toujours ces inévitables flaneurs mal vêtus, qui hument la volupté de ne rien faire. Tout cela était répandu par groupes dans l'allée et débordait dans la prairie tandis qu'un grand nombre de voitures de maître s'étaient arrêtées sur la chaussée où elles formaient plusieurs rangs. Pendant que les gens à pied enserraient les soldats, les personnes venues en voiture, debout sur leur véhicule, ne perdaient pas de vue les manœuvres.

La musique militaire s'était massée dans un angle du pré et exécutait un très joli morceau avec des alternances d'altos et de basses du plus agréable effet.

Devant nous, l'infanterie, vêtue de son gracieux costume, exécutait ses mouvements sous les yeux d'un très brillant état-major qui paradait et faisait caracoler ses montures arabes. Les officiers passaient au galop, glorieux et fiers de saluer dans cette foule quelques señoras de leur connaissance, qui les remerciaient par un sourire et une légère inclinaison de tête. Tout le monde était en grand costume et comme la journée était très belle, les ors, les aciers, les plumes, les diamants jetaient partout des éclairs.

Dans le lointain, derrière l'infanterie, un demi régiment de cavalerie restait immobile, l'arme au poing, attendant des ordres. Les casques étincelaient à l'horizon.

Tout à coup la musique a cessé. Les musiciens sont allés se poster près de la grande chaussée qui fait suite à la rue San Fernando. Les troupes, à un signal donné par un clairon, se sont mises en mouvement pour aller prendre la position exigée pour la revue générale.

Cette formation en ordre de marche a été assez longue.

Enfin, les trois généraux, dont un était inspecteur, ont parcouru les rangs au galop et se sont portés sur la route où devait avoir lieu le défilé. La foule s'est alors précipitée derrière la musique qui a entonné l'hymne national.

L'allure du soldat a été bonne, l'alignement des files était suffisant, et comme le costume diffère assez peu de celui de nos fantassins, j'ai pu un moment me croire en France.

Il n'y avait pas de drapeau. Toutefois, à mesure que les officiers passaient devant le général inspecteur, ils saluaient de leur épée et le général leur rendait le salut.

Quand la revue a été terminée, le général inspecteur a adressé quelques mots à l'état-major et aux officiers restés près de lui, et aussitôt après, tous ces brillants cavaliers sont partis au galop dans toutes les directions.

Le soldat andalou est tout jeune, presque imberbe. Il a la physionomie ouverte et intelligente, le regard droit et l'allure du corps aisée. Il est généralement bien en chair, sans empatement et plutôt maigre. Le tempérament est nerveux, avec une tendance assez sensible à la nonchalence.

La discipline paraît très relâchée, beaucoup plus encore dans la cavalerie que dans l'infanterie. À cheval, j'ai vu plusieurs hommes fumer, tout en exécutant avec mollesse les exercices commandés. L'attitude du cavalier est pleine de fantaisie. Il y en a qui sont presque accroupis, d'autres rejetés en arrière, bien peu se tiennent correctement.

L'infanterie est plus disciplinée et bien moins fantaisiste.

Les sous-officiers montrent assez de zèle. Ils veillent à ce que tous leurs hommes fassent régulièrement leurs exercices. Ils reprennent les soldats fautifs sans brusquerie ni grossièreté En cela ils pourraient donner un bon exemple aux sous-officiers français, qui, quelquefois, se montrent brutaux et emportés.

Le costume est joli et coquet, très propre surtout.

Il paraît être fait avec un soin particulier et préparé spécialement pour l'homme qu'il doit revêtir. La coiffure surtout est gracieuse et simple. C'est une sorte de képi durci qui enveloppe bien la tête et n'en enlève pas la grâce naturelle. Entre le cou et le col du veston est interposé un gentil faux-col blanc qui donne un air de propreté à toute la personne du militaire. D'autre part, comme la figure est intelligente, le corps svelte, l'allure vive, l'aspect général d'une troupe d'infanterie espagnole ne peut donner qu'une impression favorable.

L'Andalousie est surtout une province agricole. A Séville, Malaga, Alméria, Cadiz et Jerez il y a bien quelque mouvement commercial, mais il peut se caractériser d'un mot, c'est une exportation.

Il n'y a presque pas de marchandise fabriquée. Les produits que donne cette riche contrée sont : le vin, l'huile, les oranges, le liège, la laine, les peaux.

Les céréales se consomment en général dans le pays et n'entrent pas dans le commerce d'exportation.

Les vins ont perdu leur marché le plus beau : la France ; durant la crise phylloxérique, nous avons fait la fortune de la Péninsule. Matériellement, beaucoup d'Andalous se sont enrichis. La reconstitution de notre vignoble méridional et les lois de défense qui en ont été la conséquence ont détruit cet état de choses si favorable à l'Andalousie en particulier. Aujourd'hui le prix des vins a beaucoup baissé en Espagne. Néanmoins, ce liquide reste encore le facteur agricole le plus considérable. Les produits de qualité inférieure sont distillés et on en fabrique des eaux-de-vie appelées *aguardiente anizado* qu'on boit pure ou étendue d'eau.

Les Andalous et les Andalouses sont très friands de ces anisettes, et je me suis laissé dire qu'il n'y a pas beaucoup de personnes du beau sexe qui se privent du petit verre matinal.

L'olive, est, après le vin, l'élément le plus considérable de la richesse agricole andalouse. On en fabrique des huiles excellentes qui n'ont que le tort, pour nous français, qui sommes habitués aux huiles très épurées de Grasse et de Nice, d'avoir un peu le goût de fruit. Dans les qualités inférieures fabriquées avec des olives pourries, ce parfum devient absolument exécrable et gâte toute la cuisine du menu peuple espagnol. En Andalousie, la bonne huile n'est pas rare.

De Séville, de Malaga, Jerez, Cadiz, on expédie beaucoup d'olives dans la saumure aux Etats-Unis qui s'en montrent très friands. Comme toujours, c'est l'intermédiaire qui s'enrichit, le producteur est peu rémunéré.

L'orange est le troisième facteur agricole d'exportation. C'est surtout vers l'Angleterre qu'on dirige les premières cueillies. Les expéditions commencent bien avant la maturité et se poursuivent jusqu'au commencement de mars.

Comme article d'exportation, nous avons ainsi indiqué en son temps, le liège, dont le trafic est aujourd'hui atteint par des difficultés fiscales qui, il faut l'espérer, ne seront pas insurmontables.

Les laines mérinos dont l'Espagne possède les premières qualités, lui sont très demandées à l'extérieur. Elles font l'objet d'un commerce assez considérable. La péninsule a aussi en excès quelques peaux de mouton, de brebis ou de chèvre qu'elle exporte. Quant aux cuirs fins de chevreau et d'agneau, ils sont tous consommés sur place pour la fabrication de la ganterie et de la cordonnerie, industries dans lesquelles Séville s'est acquis une juste suprématie.

Pour l'exportation, il ne reste guère plus que les minerais d'antimoine, de zinc, de plomb, de cuivre, de fer. Le mercure d'Almaden est extrait sur place. Les compagnies de Rio Tinto, d'Asturienne des Mines, de Penaroya, de Mieres fondent elles-mêmes presque tous leurs minerais et n'expédient que les saumons à l'étranger.

Parmi les industries locales qui viennent en aide, par conséquent, à la misère du peuple, signalons la fabrication des lampadaires pour gaz, acétylène, électricité, pétrole et huile. Ces appareils ont une variété et une richesse ornementale qui dépassent l'industrie et touchent à l'art. Les autres nations peuvent y trouver de très élégants modèles.

A propos des patios et des autres appartements intérieurs, nous avons dit quelques mots de l'industrie andalouse des mosaïques et des briquettes émaillées qui sont une des spécialités de Triana, le grand faubourg de Séville.

Quant à la ferronnerie, l'Andalousie produit simplement des chefs-d'œuvres qu'on ne saurait trop admirer.

L'art de la ferronnerie a fait en Espagne de grands progrès et l'exécution des ouvrages de fer est bien plus artistique ici que chez les autres nations. Les escaliers, les rampes, les grilles des patios, les balcons, les miradors, les grillages des fenêtres, des soupiraux, des séparations, deviennent, entre les mains habiles des ouvriers, de véritables œuvres à remarquer. L'œil de l'étranger est tout de suite frappé par les ornements de fer forgé à l'intérieur des habitations : balustres, lampadaires, etc... A l'extérieur, les rues avec les balcons et les miradors qui forment saillie sur la voie publique ; avec leurs fenêtres ajourées et les grilles ouvragées qui les ornent, possèdent des décorations originales, bizarres, charmantes qui contribuent beaucoup à l'étrange agrément que l'on éprouve à déambuler dans les rues des villes d'Andalousie.

Une lumière éclatante se joue dans toutes ces saillies de fer. Elle en éclaire quelques-unes : elle jette des ombres plus ou moins discrètes sur les autres. Les reliefs s'accusent, les perspectives s'établissent, et l'œil est ravi au milieu de ces gais enchantements qui, sous un ciel d'un bleu intense, portent à l'âme des impressions d'art inoubliables.

Nous blâmons fortement les missionnaires anglicans et en général tous les missionnaires protestants qui, dans les colonies, trafiquent à la fois de Bibles, d'opium et d'eaux-de-vie, empoisonnant ainsi le corps, et... je n'ose pas dire l'âme des indigènes.

A Séville, on ne se cache pas pour dire que les quatre plus grands magasins de nouveautés appartiennent aux *frailes* qui les ont fondés avec leurs capitaux et qui en perçoivent chaque année les plus gros bénéfices.

Vous voyez que ce n'est pas assez que de s'emparer de la femme par la confession, la religiliosité et la splendeur de la musique et des cérémonies du culte, on la prend aussi par la vanité, par cette parure qui la tente si facilement.

Mais ce n'est pas tout. La femme a encore un joli petit vice que les marchands d'éternité connaissent bien. Elle est un tantinet gourmande. Alors ces bons *frailes* ont monté pour elle deux magnifiques *confiterias* qui lui livrent la margarine, la farine, le sucre et les œufs au poids de l'or.

Etonnez-vous après cela que les couvents soient si riches !

Ces messieurs noirs fondent des banques, des maisons de nouveautés, des bazars, des confiseries, amenant vers eux tout l'argent disponible des riches et du peuple. Ils absorbent ainsi tout le numéraire de cette terre en échange des hypothèques qu'ils laissent prendre sur leurs propriétés célestes !

CHAPITRE XX

CHULOS ET BANDERILLEROS. — Elégance de leurs
exercices. — Les flèches d'artifice. — Badinage avec
le taureau.

COQUETTERIE ET GOURMANDISE. — Pâtisseries. —
Les grandes dames. — Les ouvrières. — Leurs dépenses quotidiennes. — Addition au bout de l'an. — Dieu
y pourvoira!

UNE BLANCHISSEUSE ET SES DEUX FILLES — Le
chagrin de la blanchisseuse. — Une lettre de Saint-
Pétersbourg. — Les leçons de Flamenco de Lauretta.
— A la grâce de Dieu !

Dans les pays orientaux soumis à la loi de Mahomet,
lorsque arrive l'heure de la prière, le muezzin l'annonce du haut de sa tour et aussitôt les fidèles se précipitent la face contre terre, quel que soit le lieu où ils
se trouvent pour faire leurs dévotions obligatoires.

La primitive *Giralda* ne fut que la tour d'un minaret de la grande mosquée, sur les fondations de laquelle s'est élevée plus tard la cathédrale.

Dans sa partie basse, la *Giralda* est recouverte de
briques; mais, dans la partie supérieure, elle est revêtue d'arabesques en creux, qui sont du plu heureux
effet.

Un tableau de la cathédrale indique qu'elle se termi-
nait autrefois par un plate-forme crénelée supportant une énorme boule de bronze à chaque angle.

Cette partie supérieure, qui fut détruite par un tremblement de terre, fut reconstruite, en 1568, par Ruiz.
On y plaça alors une énorme statue de femme, haute
de quatre mètres, qui tient à la main le *Labarum* de
Constantin, formant Girouette. C'est cette girouette
qui a donné le nom à la tour.

En parcourant le musée de Séville, on peut voir
que Santa Rufina et Santa Justa sont les protectrices
de la tour. Au Prado de Madrid, il y a également un
superbe tableau de Goya qui représente ces saintes
dans leurs fonctions tutélaires auprès de la Giralda,
avec une maëstria bien digne de ce grand artiste. Il a
poussé le scrupule jusqu'à peindre les saintes femmes

au milieu de leurs occupations journalières. On sait, en effet, que ces deux âmes pieuses se livraient à la fabrication de la poterie commune qui est probablement la plus ancienne industrie de Séville et de Triana.

Tel qu'il est actuellement, l'alcazar est surtout l'œuvre d'architectes mauresques qui en dirigèrent les travaux sous les rois chrétiens : Pierre le Cruel (1350-1369) et l'empereur Charles-Quint (1516-1556).

Certaines parties de l'édifice et des jardins ont conservé le style de ces deux monarques. Le patio des *Doncellas* notamment est de l'empereur qui fit aussi planter la presque totalité des jardins.

La partie antique des constructions est formée par les énormes murailles qui entourent les batiments et le parc.

Des restaurations, des modifications ont été faites à diverses époques et le monument n'offre aujourd'hui qu'un caractère composite, dont quelques parties seulement sont demeurées intactes. Telles sont la façade d'entrée, la salle des ambassadeurs et la cour des Demoiselles.

Le palais abrita les amours un peu sauvages du jeune Pierre le Cruel et de sa maitresse Maria de Padilla.

On montre encore les bains où allaient s'ébattre les beautés mauresques et le labyrinthe où le roi les poursuivait sans se soucier des cris de biches, effarouchées par sa brusque apparation.

De petits jets d'eau, dont l'orifice est soigneusement dissimulé dans les allées du jardin, servaient aux rois chrétiens à produire des paniques dans l'essaim de jolies femmes qui faisaient partie de la cour. Il suffisait, en effet, d'ouvrir un robinet pour donner l'essor à une centaine de petites colonnettes d'eau qui venaient rafraichir les mollets de ces dames et mouiller leurs costumes élégants. On juge du désordre qui devait se produire dans le camp enjuponné à cette plaisanterie d'un goût plutôt douteux.

Mais c'étaient là les amusements des rois d'alors et des seigneurs qui soutenaient leur couronne.

J'ai vu dans le parc un magnolia dont le tronc est si

gros qu'il appartient certainement aux plantations de Charles-Quint et le guide m'a montré un palmier qu'on dit avoir été mis en terre sous les rois Maures (?).

Les jardins actuels ne sont que la minime partie de ceux des princes arabes. Les fortifications qui entourent encore des quartiers entiers de la ville, semblent indiquer que le parc s'étendait bien au delà des limites actuelles. Quoi qu'il en soit, la végétation de cet éden est merveilleuse, car elle jouit des deux éléments qui lui sont nécessaires : l'eau et le soleil.

J'y ai vainement cherché les vieux sycomores que Scribe y avait plantés dans le seul but de les faire rimer avec rois *mores*.

Quand on visite les Alcazars, les Alhambras, asiles autrefois habités et peuplés, aujourd'hui déserts et nus, on a comme des éblouissement dans l'œil. Les voûtes, les plafonds, les piliers, les moindres détails des murs, le sol et les escaliers sont recouverts de ces briquettes émaillées à dessins compliqués, à coloration variée, à reflets métalliques qui font ressembler ces intérieurs à des salles tendues partout des tapisseries de Smyrne les plus riches. L'effet produit est magique.

Si on ajoute à cette décoration, déjà très capable d'émouvoir nos fibres artistiques, l'apparition brusque de l'arc mauresque surbaissé, comme affaissé, qui a tant de grâce par lui-même et qui reçoit son maximum de beauté et d'élégance, quand ses deux extrémités viennent s'appuyer sur des colonnettes seules ou géminées descendant jusqu'à terre, on aura la clef des sensations émotives qui nous saisissent quand nous pénétrons dans ces demeures arabes. Jamais l'intérieur des palais de mon pays ne m'a produit un effet pareil à celui que j'ai ressenti en visitant ces simples salles nues et cependant resplendissantes. L'œil, habitué à nos lourdes colonnes, à nos portes monumentales, à nos grands panneaux, à nos arcs de plein cintre ou d'ogive, à nos lourds chapiteaux, à nos peintures murales richement encadrées à nos boiseries, à nos par-

quets cirés luisant comme des glaces, à nos fresques
de plafonds avec leurs femmes nues et leurs amours
joufflus ; jamais notre œil dis-je, n'eût pu nous suggérer une esthétique architecturale aussi éloignée de
nos moyens ordinaires. Nous sommes arrivés à produire la sensation de beauté et de grandeur par la
science des proportions et des combinaisons d'art divers ; les Arabes l'ont obtenue du premier coup par la
simplicité, la légèreté et la seule céramique.

La cathédrale a un tout autre caractère. L'effet produit n'en est pas moins grandiose. Elle est d'un gothi-
que assez pur. L'ensemble en est masqué par des
constructions stupidement banales qui ne laissent admirer que la façade ouest. Elle fut commencée au
quinzième siècle et achevée au seizième.

Elle renferme en son intérieur cinq nefs séparées
par d'immenses colonnes qui s'élèvent, dit-on, à
26 mètres de hauteur. Quand on entre dans l'église,
on est saisi par l'impression de grandeur qui se dégage
de l'ensemble. Cette élégance n'est due qu'à l'harmonie des proportions et à la simplicité architecturale.

Dans la nef principale est encastrée la pierre tom-
bale de Cristobal Colon, laquelle n'a jamais enfermé les
restes du célèbre navigateur. On connaît les mésaven-
tures de cette dépouille mortelle qui a été successivement retirée des diverses colonies espagnoles, à mesure que ces colonies étaient détachées de la mère-pa-
trie. Quelles pensées amères doivent germer dans
l'âme inquiète du navigateur, fondateur d'un empire
sur lequel Charles Quint pouvait dire que jamais le
soleil ne s'y couchait en voyant l'œuvre des *conquis-
tadores* tomber dans des mains débiles qui l'ont lais-
sée s'émietter.

L'église possède des peintures de Murillo, d'Alonso
Cano, de Vargas, d'Antolino, de Montanes, d'Alesio,
de Goya, de Nunez, de Greco, de Pacheco et d'autres
artistes de premier ordre. Malheureusement, il en est
de la cathédrale comme de toutes les églises d'Espagne ; elle est très mal éclairée et on ne peut guère admirer ces chefs-d'œuvre.

Il ne faut pas quitter la cathédrale sans pénétrer dans la cour de los *naranjos*, toute plantée d'orangers, lesquels sont environnés des parties architecturales les plus anciennes de l'église.

Je vais dire ici une chose énorme qui va être traitée de mensonge par toutes les âmes pieuses de notre belle patrie.

L'on danse dans l'enceinte sacrée de la cathédrale ! Oui, l'on danse sous les immenses voûtes qui entendent depuis tant de siècles les prières des chrétiens. On danse devant le maître-autel ! On danse au son de l'orgue qui, pour la circonstance, prête ses harmonies divines à l'accompagnement de la Sévillane.

Je l'ai vu de mes yeux, je l'ai entendu de mes oreilles.

Comment se fait-il que de tels exercices chorégraphiques d'essence essentiellement profane soient tolérés à Séville dans l'église métropolitaine ?

Par un privilège accordé par le Pape lui-même !

Voici l'anecdote qu'on m'a contée à cet égard. On sait que Séville a toujours été célèbre pour ses danses. Or, pendant que Louis XIII régnait sur la France, le Pape qui était chargé de veiller aux destinées de la chrétienté avait beaucoup entendu parler de la sévillane. Il voulut se rendre compte, par lui-même, de ce qu'était cette danse qu'on lui avait représentée comme très élégante et surtout très décente. Il manifesta son désir à un évêque sévillan, qui tous les ans se rendait à Rome. Les mauvaises langues prétendent que c'était l'évêque qui avait été assez adroit pour suggérer cette idée au Pape. Vu l'habileté qu'il montra dans la conduite de cette affaire, cela ne m'étonnerait pas.

Rentré à Séville, l'évêque fit enseigner à douze jeunes garçons toutes les délicatesses des pas andalous. Décemment, il ne pouvait pas amener des jeunes filles devant le représentant de Dieu ! Quand sa petite troupe fut bien instruite et bien stylée, il l'amena à Rome et l'audience eut lieu.

La sévillane fut exécutée dans un des salons du Vatican !

Le pape fut ravi, il complimenta longuement les jeunes exécutants qui étaient tous vêtus de beaux habits de soie de l'époque. Dans son enthousiasme, il dit à l'évêque que cette danse était charmante et qu'il n'y voyait rien d'inconvenant ni de contraire à la pudeur la plus farouche.

L'évêque qui était très fin, l'attendait là. Il lui demanda très humblement l'autorisation d'exécuter ces pas, à certaines fêtes, dans l'église cathédrale seulement. Le Pape pris au piège n'osa reculer, il consentit, mais il fit une restriction. Il ne voulut pas accorder une permission indéfinie.

La danse ne fut autorisée dans l'église que tant que dureraient les habits des exécutants.

Ces vêtements étaient confectionnés avec des soies très légères, et ce n'était pas s'engager beaucoup.

Mais l'évêque de Séville était un malin.

Les habits de soie sont raccommodés, *mais ils durent encore* depuis ce temps !

Voilà pourquoi les douze enfants qui dansent la Sévillane devant le maître autel de la cathédrale pendant les trois derniers jours de la semaine sainte sont revêtus du costume Louis XIII.

Puisque nous sommes sur le chapitre des danses sacrées, racontons ici l'historiette suivante d'une jeune Parisienne qui vint apprendre à Séville l'art de la chorégraphie Andalouse.

Elle avait seize ans, était d'origine italienne et s'appelait Lauretta. Le grand et regretté Falguière, dont Toulouse s'honore, l'avait choisie pour modèle du nu. L'éminent artiste avait coutume de dire qu'il n'avait jamais rencontré chez une jeune fille tant de qualités plastiques et graciles à la fois. A ceux qui visitaient son atelier, il détaillait une à une toutes les beautés de l'enfant au point de l'embarrasser. Il l'employait surtout pour créer les types féminins de ces êtres entre deux âges qui n'ont pas encore acquis tout leur développement et qui cependant par leurs formes juvénile montrent qu'ils ont cessé d'être enfants.

Les parents, italiens tous deux, étaient jardiniers

dans les environs de Paris. C'étaient des gens simples, peu au courant de la vie parisienne, qui s'occupaient de leur besogne et ne voyaient rien de plus.

Il y avait deux ans de cela qu'ils avaient placé leur unique fille chez une modiste qui devait la loger, la nourrir et lui apprendre son métier..... et puis, ils ne s'en étaient plus occupés. Lauretta venait d'ailleurs tous les mois leur apporter quelques petits secours pécuniaires. Ils lui demandaient comment allait la besogne, si elle était contente, heureuse? Et, sur ses réponses affirmatives, les braves gens reprenaient leur travail et leur insouciance.

Jolie comme elle était avec de beaux cheveux bruns, de grands yeux noirs pleins de douceur et un écrin rose contenant une double rangée de dents de jeune caniche, la pauvre petite ne resta pas longtemps chez la modiste. Elle lui dit que sa mère était malade..... et ne rentra plus à l'atelier.

Elle réserva ses vêtements de petite ouvrière pour les dimanches où elle allait voir ses parents et revêtit les riches atours d'une cocotte à la mode.

De fait, avec un corps comme le sien, et l'instinct du beau que Paris vous met dans le sang, elle devint bientôt une des reines de l'élégance et du bon goût. Un jeune et riche espagnol qui était venu faire la fête à Paris s'en énamoura et l'amena à Séville où il résidait. Avant de partir il lui avait fait un cadeau royal et la petite, pendant trois mois, avait combiné une suite d'élégantes toilettes qu'elle emportait dans ses quatre chapelières neuves. L'Espagnol, à son arrivée, la confia à une sœur ainée veuve, qui était très faible pour lui et qui consentit à la faire passer pour une amie française venue en visite près d'elle.

Ces gens appartenaint au high-life Sévillan. Ils avaient voitures, chevaux, domestiques, palais. Le jeune hidalgo venait le plus souvent possible voir sa belle chez sa sœur. Ces visites journalières et, le soir, la promenade réglementaire au paseo des Délicias le long du Guadalquivir, formaient les grandes distractions de Lauretta.

Le reste du temps, elle le passait à sa toilette, ou en

causerie avec la jeune veuve. Mais comme celle-ci ne comprenait goutte au Français ou à l'Italien et que celle-là n'entendait rien au Castillan, les échanges intellectuels manquèrent vite de charmes.

La jeune fille était d'ailleurs blasée sur l'admiration quelque peu démonstrative qu'elle excitait sur son passage quand elle parcourait le paseo. Elle ne jouissait même plus des mines envieuses des belles Sévillanes qui ne pouvaient montrer des toilettes aussi jolies et aussi nouvelles que les siennes.

Lauretta commença à s'ennuyer royalement. Elle voulut sortir, courir les magasins, regarder les vitrines de joaillerie, mais sa duègne n'entendit pas de cette oreille. Elle lui fit comprendre que ce n'étaient pas là manières de dames des hautes classes qui ne doivent sortir qu'en voiture et accompagnées.

Elle pardonnait pour une fois ; mais si le cas se représentait, elle cesserait de protéger une personne dont l'étourderie bravait si carrément les préjugés de sa caste.

Lauretta se le tint pour dit. L'ennui qui la guettait s'empara d'elle. Que faire toute la journée ? Elle essaya de la musique et finit par jouer un ou deux morceaux sur la guitare au bout d'un mois. Ce fut alors le tour de la danse. Elle apprit la sévillane et, grâce à la souplesse de son corps de caoutchouc, elle fit de très rapides progrès. Son amant enchanté la félicitait. Elle était sans doute contente de le voir heureux, mais il lui manquait quelque chose, une galerie, une cour, un public enthousiaste et fou d'amour. C'était Paris seulement qui donnait cela ! Paris !

Elle devint malade de spleen. Un médecin français fut appelé. Il confessa l'enfant, qui ne pouvant rien garder sur le cœur, lui avoua ses peines. Il comprit et quand l'hidalgo, anxieux, l'interrogea, il répondit :

« Elle n'a presque rien, mais elle mourra si vous ne rendez la liberté à cet oiseau qui a besoin de Paris et qui sent que Paris a besoin d'elle ».

On lui promit donc qu'elle rentrerait à Paris.

Dès ce jour sa santé s'améliora rapidement. Elle ne cachait plus son bonheur. Son amant était blessé de

compter pour si peu de chose dans l'affection de la
belle enfant. Il ne put s'empêcher d'en faire la remarque.

— « Toi, mon chéri, lui dit-elle, mais tu viendras
aussi. »

Et comme il lui avouait que ses occupations le retenaient à Séville.

« — Ah bah ! lui répondit-elle, tu es bien assez ri-
« che. A Paris nous n'avons pas besoin de voiture. La
« promenade au Bois peut se faire en landau de
« remise. Justement il y en a de superbes rue de
« Provence ! Te rappelles-tu ? Et puis, je préfère me
« passer d'une robe et être là-bas. »

Rien ne put changer sa résolution. Elle se rétablit.
Avec la santé le fond irrésistible de gaieté folle qui était
en elle se fit jour au dehors. Elle chantait et dansait du
matin au soir au point que toute la maison en était
transfigurée.

Elle fit venir une ballerine flamenco très renommée
et aussi Juanita, coryphée du théâtre San-Fernando
qui parlait français. Ces trois dames avaient entre
elles des conférences mystérieuses où personne n'était
admis.

« — Que fais-tu de ta gitane ? lui demanda son
amant.

« — J'apprends les danses orientales parce que,
« vois-tu, à Paris ce sera très original.

— Tu veux donc monter sur les planches ?

— Qui sait ?

L'hidalgo l'aimait. Il la laissa faire. Il lui semblait
d'ailleurs que jamais ne viendrait l'heure de la séparation.

Il arriva pourtant le jour du départ. Son amant lui
avait fait ses adieux. Elle avait versé une petite larme,
mais la douleur ne persistait pas chez cette étourdie.
Le bonheur de revoir Paris l'emportait sur tout.

Elle ne put pas dîner. Elle courut s'enfermer dans
sa chambre pleine de malles. Mais comment tuer le
temps ? L'express ne partait qu'à dix heures. Elle
avait encore plus d'une heure à s'ennuyer. Tout d'un
coup, elle entendit un orgue de barbarie. Un éclair

lui traversa la cervelle. Elle cria au joueur, en lui jetant une poignée de sous : La flamenco ! la flamenco !

Elle commença à danser entre les malles et les paquets. C'était à la fin d'avril, il faisait déjà très chaud et un jour très orageux. Elle quitta sa jaquette. A la troisième figure, elle était en chemise. Elle continuait à étouffer. Pour respirer à son aise, elle vint danser dans le mirador. La rue était noire. Il y avait justement en face un couvent avec un grand mur sans ouverture.

Le dernier voile tomba. Sa beauté de statue grecque apparut, vaguement éclairée par les lampes électriques lointaines. Alors, dans la nuit noire, elle se sentit comme inspirée. Pour ses adieux à la capitale andalouse elle voulut danser les pas orientaux avec tous les raffinements et les molles ondulations des filles d'Egypte.

On eut dit une jeune prêtresse d'Astarté exécutant la chorégraphie sacrée de la Syrie dans le temple de la déesse des Amours.

Quand l'orgue se tut, elle passa son buste divinement beau à travers le mirador et envoya du bout des doigts des baisers à la ville qui dormait.

— « Adieu, adieu, Séville la mauresque ! Ici, la femme est esclave, là-bas elle est reine ! »

Nous venons de voir que la coutume sévillane est pour l'aristocratie locale de parcourir chaque jour le paseo des Délicias qui longe le Guadalquivir pendant les deux ou trois heures qui précèdent la nuit. C'est une imitation de la promenade au Bois des Parisiens.

Cette coutume est invétérée non seulement dans l'aristocratie andalouse pour laquelle c'est une satisfaction d'orgueil et de vanité d'y montrer ses voitures, ses attelages et ses belles toilettes; mais encore pour la classe moyenne qui se plaît à imiter le grand monde.

Donc, vers les quatre ou cinq heures du soir, en hiver, cette avenue de trois ou quatre kilomètres est parcourue par plusieurs rangs de voitures allant dans les deux sens et par un grand nombre de cavaliers, officiers pour la plupart, qui viennent parader aux portières et saluer les personnes de leur connaissance.

Le paseo offre donc, à ce moment, un spectacle charmant. Les brunes sévillanes, habillées au dernier goût parisien, s'étalent dans leur landau, accompagnées quelquefois de bonnes, de nourrices et d'enfants. Les regards narquois ou envieux se croisent au passage. Les toilettes sont déchiquetées à l'instant. Elles pénètrent par les yeux jaloux si profondément dans la mémoire que les beautés rivales peuvent affirmer trois semaines après, que tel costume de leur amie (?) avait été porté tel jour.

Pour le promeneur, auquel ces petites querelles féminines importent peu, il est tout à la joie de voir passer devant ses yeux de belles andalouses, de belles voitures, de beaux chevaux et de gentils cavaliers ; et ce mouvement incessant lui donne une griserie pleine de charme. Il faut que l'attraction soit bien grande, car le parc Maria-Luisa et le jardin des Délicias, qui sont voisins, se dépeuplent à l'heure du paseo et toute la population libre vient promener ou s'asseoir dans l'allée qui lui est réservée et qui suit parallèlement la route des voitures.

A ce moment, toutes les citadines publiques qui stationnent d'ordinaire à des endroits déterminés, sont sur le paseo. Pour cette promenade, qui dure environ deux heures, le prix des véhicules de place est majoré, le tarif municipal n'existe plus et, suivant le jour, la fête célébrée et l'heure, les cochers imperturbables vous imposent ce qui leur convient.

Les grands jours tels que la Noël, le premier Janvier, les Rois, Pâques, ou pendant la Semaine Sainte et la Féria, les voitures publiques sont retenues longtemps à l'avance et elles atteignent des prix fabuleux.

Pense-t-on que l'alcalde, par un sentiment de justice et de convenance, va veiller à ce que l'étranger ne soit pas exploité ? Ah, non ! A Séville, l'étranger est une proie qu'il faut plumer.......... et laisser crier.

Etant par nature ennemi de toute exploitation, quand je vois que les exigences de l'automédon dépassent le tarif, je fais tout simplement ma course à pied et..... je ne m'en porte pas plus mal.

Je conseille à tous ceux qui ont de bonnes jambes d'en faire autant.

Quand j'ai parlé des gentlemen qui viennent parader sur le paseo, à l'heure réglementaire, j'ai oublié de mentionner les toréadors. On les reconnaît à une petite mèche de cheveux, au moyen de laquelle ils fixent sur le derrière de la tête le chignon qu'ils portent dans l'exercice de leur saint ministère. Vous voyez que j'emploie des mots convenables. C'est qu'il s'agit de personnages importants.

Dans un pays où les courses de taureaux passionnent la foule, les *matadores*, c'est-à-dire ceux qui tuent le bicho, remplissent des rôles de premier ordre.

Suivant l'habileté qu'ils mettent avec leur muleta à amener la bête dans la position favorable au coup d'épée ; suivant la hardiesse et la rapidité de l'exécution, la promptitude de la mort, l'enthousiasme des gradins se manifeste par des trépignements, des battements de main, des cris, ou, s'il n'a pas réussi, par des hurlements ou des vociférations féroces.

Ah ! par exemple, quand un señor toréador a conquis son public, il en devient l'idole. Il cesse d'être un mortel, il entre dans l'empyrée avec une auréole de dieu ! Rien ne peut donner une idée de l'adoration dont il est l'objet. Un auteur local le comparait, ces jours-ci, aux anciens califes de Cordoue qui étaient souverains absolus. La foule les porte en triomphe. Ils peuvent choisir la femme qu'ils désirent, car toutes seront fières d'avoir été distinguées par ce phénix.

Comme la fortune est femme, elle leur sourit aussi. Après vingt ou trente *corridas* un matador est riche, et, dès lors, rien n'est assez beau pour lui. Il se passe toutes les fantaisies. On en voit tous les jours sur les promenades de Madrid, de Barcelone ou de Séville, montés sur des chevaux de prix, l'air fier et arrogant, toiser d'un air vainqueur, les beautés étendues dans leurs voitures qui cherchent à attirer ses regards.

S'il n'est pas calife pour la puissance politique, il est du moins sultan, car il peut choisir.

Mais il est en effet calife, car toutes les puissances de la terre comptent avec lui. Les journaux n'ont-ils pas raconté qu'un de ces toréadors, favori des madrilènes, ayant été blessé dans une course, tous les ministres, tous les grands personnages, la reine même, sont allés lui serrer la main dans son lit et se faire inscrire à sa porte.

Décidément, ils héritent de la puissance des califes.

Les chulos et banderilleros, avec leur agilité de singes, leurs gestes élégants, la rapidité et la grâce de leurs mouvements, enfin le délicieux costume de fête qu'ils portent ont le privilège de susciter la joie bruyante de la foule.

Leur entrée en scène est la partie du spectacle que préfèrent les gens sensibles, les dames surtout, qui sont froissées par la vue du sang répandu. Il faut pourtant, si sensibles qu'elles soient, qu'elles s'habituent à voir enfoncer des flèches d'artifice dans l'épaule du *bicho*, qui trépigne et rugit de douleur et de colère.

Tout le reste du spectacle, qui consiste à badiner avec le taureau, à l'écarter du point où il pourrait être dangereux, à faire un saut de côté quand la bête fonce en droite ligne, à passer par dessus quand on n'a pu l'éviter, tout cel.. est plein d'attrait et donne lieu à des exercices très élégants.

Pourtant, jamais le cœur n'est tout à la joie de ce qui se passe. C'est qu'il sent vaguement que la mort plane sur l'arène. Peut-être est-ce dans le contraste que provoque la certitude du danger et la crânerie avec laquelle l'homme le brave que git le plaisir qu'on éprouve à voir ce duel inégal.

Après la promenade au paseo, les pâtisseries de la ville sont envahies par les riches Sévillanes qui viennent piquer avec des fourchettes minuscules les petits gateaux qu'on leur sert dans d'aussi minuscules assiet-

tes. Nous ne nous occuperons pas d'elles, cependant.
Elles ont *assez* de fortune pour satisfaire leurs fantaisies. Qu'elles absorbent des pâtés sucrés, c'est leur affaire.

Mais comment qualifier l'acte de ces misérables, pour lesquels la nourriture journalière est un problème difficile à résoudre, quand ils viennent engloutir en friandises les sommes qui pourraient leur assurer le pain et le vin pour quelques jours.

Cela est triste à dire, mais il est bien peu de jeunes filles du peuple qui sachent résister à l'attrait du gateau quotidien.

Pour beaucoup, le gâteau de chaque jour est aussi nécessaire que la fleur au chignon.

Or, la fleur vaut cinq centimes, le gâteau dix centimes, cela fait quinze. Si l'on ajoute à cela le petit verre matinal d'anisado, on arrive à vingt-cinq centimes, c'est-à-dire quatre-vingt-onze pesetas par an ! Un tiers de ce que gagnent annuellement les femmes dans le pays !

Ah ! combien ces quatre-vingt-onze pesetas seraient mieux employées à entretenir la garde-robe !

Mais personne, dans ce pays béni, ne prévoit l'avenir et chacun dit : Dieu y pourvoira !

Je vais, à propos d'imprévoyance, raconter une petite anecdote qui donnera la note dominante sur ce point.

Il y a dans mon hôtel une femme qui a été appelée momentanément pour aider la blanchisseuse en titre.

Cette femme a un chagrin. Elle avait élevé sa fille aînée pour en faire une ballerine de théâtre. L'enfant montrait de telles dispositions, qu'une entrepreneuse de passage, recrutant des chorégraphes, l'a emmenée, a complété son éducation et l'a adjointe, elle huitième, à une troupe de jeunes danseuses qui opère, en ce moment, à Saint-Pétersbourg.

L'enfant, qui n'a que dix-sept ans, est ravie. Dans son enthousiasme irréfléchi, elle écrit à sa mère qu'elle a de belles robes, qu'elle est fort applaudie tous les soirs et qu'elle gagne vingt-cinq pesetas par jour, comme un député.

La pauvre veuve, qui n'a que vingt sous quotidiens, pense que sa fille qu'elle a fait élever pourrait bien la prendre avec elle et elle lui en a suggéré l'idée sans songer, dans sa naïveté, qu'elle puisse être une gêne pour son enfant.

Mais la petite fait la sourde oreille et ne répond plus.

De là le chagrin de la maman.

— Que voulez-vous faire de votre seconde fillette, qui danse déjà si bien au théâtre San-Fernando, lui demandai-je?

— Mon Dieu! une ballerine elle aussi. Juanita prend même en ce moment des leçons de flamenco d'une señora française, nommée Lauretta, qui est très forte, paraît-il.

— Et si elle part comme l'autre, sans vous emmener?

— Que voulez-vous? Elle a ça dans le sang! Comme l'autre : celle-ci danserait dans l'eau. Au reste, vous la verrez demain, à la soirée que donne Mme Fuentès.

Puis, réfléchissant :

— A la grâce de Dieu! Il aura bien un jour pitié de moi!

CHAPITRE XXI

La petite Concha qui est l'enfant gâtée de la maison, vint me dire que ces dames m'attendaient et qu'on allait commencer. Je descendis dans le patio. Un bon brasero était sous la table, la température était fort douce. On servit le café dans de très petites tasses. Déjà quelques dames arrivaient. L'une d'elles amenait deux amies de Concha à peu près du même âge : Engracia et Mercédès.

Madame Fuentes, la maîtresse de maison, sonna. Rita apparut.

— « On pourrait allumer.

Deux ou trois servantes montèrent sur des chaises et allumèrent le gaz des appliques. Bientôt les trois salles contiguës prirent un air de fête.

— Si l'on commençait, dit Mercédès, impatiente

— La musique n'est pas encore venue.

— Les bonnes la connaissent.

Les camareras s'assirent, sans façon et entamèrent une cantilène douce et triste. C'est sur cet air mélancolique que les pas s'exécutèrent avec une précision extrême pour de si jeunes ballerines.

La danse locale est composée de cinq figures dont chacune a ses pas, ses poses, ses gestes, ses évolutions et sa musique. L'accompagnement se marque en frappant des mains. Tout les assistants contribuent à la cadence. Ce chant monotone et bizarre, ces claquements de mains rythmés, cette danse originale qui déroule ses volutes mystérieusement, ce silence qui règne dans la salle, produisent une impression presque religieuse. Le plaisir infini que l'on éprouve est d'ordre tout à fait étrange : on rêve !

Pendant ce temps beaucoup de dames et de jeunes filles étaient arrivées amenant quelques cavaliers. On fit circuler du manzanille puis les guitares se mirent d'accord.

Quatre filles se placèrent au milieu de la pièce et assujettirent des castagnettes à leurs doigts.

La danse commença et se déroula, cette fois pleine d'élégance. Après chaque figure il y avait une pause pendant laquelle s'établissait un silence profond. Quand la danse fut terminée, on complimenta les señoritas et on causa par petits groupes, pendant que le manzanille et les gâteaux circulaient.

Tout à coup les guitares attaquèrent une ouverture et une grande et belle señora se leva et chanta en s'accompagnant.

— C'est une russe, me dit ma voisine, qui habite Buenos-Ayres. Elle est veuve, avec un enfant de six ans. Elle est rentrée en Europe pour voir sa famille et maintenant elle va repartir avec son frère qu'elle amène dans l'Argentine.

La dame avait une voix magnifique.

Pendant que nous étions suspendus à ses lèvres, le sommelier, les garçons de table, les trois bonnes, le chef, les marmitons et le pisteur, ayant fini leur besogne, avaient pénétré dans les salles et s'étaient mêlés aux invités avec leur costume de travail.

Personne ne parut surpris de ce sans-gêne. En Espagne, les domestiques font partie de la famille.

La maîtresse de maison pria même le chef de cuisine de vouloir bien nous chanter une chanson de l'Aragon, son pays.

Il enleva sa toque blanche et commença immédiatement, sans se faire prier, en s'accompagnant lui-même sur la guitare.

> Loin de toi, ma belle,
> Je ressens autant de peine
> Qu'un oiseau auquel
> On aurait coupé les ailes.
>
> Sur la mer troublée
> Tu devrais bien voler,
> Avant que ton absence
> M'ait conduit au tombeau.

Cette vieille chanson arabe de Ibn-Chalikan, dont l'air est si original, fut enlevée d'une façon ravissante par une voix de baryton très émotive.

Le chef eut ce soir-là, pour sa voix, plus de compliments qu'il n'en avait reçu de toute sa vie pour sa cuisine.

Tout à coup la porte s'ouvrit et une jeune fille, couverte d'une mante qui l'enveloppait de la tête aux pieds, apparut. C'était Juanita !

Toutes les dames l'entourèrent immédiatement.

— Je croyais que tu ne viendrais pas; il est plus de minuit, dit Mme Fuentes.

-- Le dernier ballet vient de finir à San Fernando. Je n'ai pas perdu de temps.

On lui donna un verre de manzanille. Elle le but d'un trait et dit :

— Commençons-nous?

— Oui, oui, oui, crièrent les enfants.

Les guitares préludèrent. La jeune fille fit tomber sa mante et elle apparut vêtue de gaze, jupe courte, en maillot, décolletée, et les bras nus. Elle avait piqué une rose à son corsage et un *clavele* dans son noir chignon touffu. Elle était superbe.

Elle exécuta d'une façon ravissante une vieille danse de Malaga.

Quand elle eut fini, elle se préparait à remettre sa mante sur ses épaules; mais l'assemblée était houleuse, beaucoup d'hommes étaient rentrés de leurs cercles ou casinos. Et puis on avait bu beaucoup de manzanille. L'atmosphère surchauffée et un peu orageuse invitait à la joie de vivre si bien que le Suédois un peu excité s'écria :

— « La flamenco ! »

Ce fut comme une traînée de poudre ; de tous côtés on demanda la flamenco.

L'enfant regarda sa mère pour requérir son consentement.

— « Puisque tout le monde le veut ! » répondit la bonne femme.

— « Bien ! Qu'on me donne un chapeau d'homme ! »

A l'instant vingt chapeaux volèrent à ses pieds. Elle en prit un qu'elle assujetit sur sa tête, fit un geste de rein très court, et, mettant le poing sur la hanche alla dire quelques mots à ceux qui allaient faire l'accompagnement, puis elle attendit le chant.

La voix du chef s'éleva pure dans le silence qui s'établit soudain. Elle modulait des mélodies étranges qui ne ressemblaient en rien aux notes que nous avons coutume d'entendre.

La ballerine commença. D'abord le corps resta comme figé, à peine si les pieds bougeaient. Un guitare vint timidement s'ajouter à la voix. La danseuse tressaillit ; maintenant les pieds tournaient en quart de cercle sur eux-mêmes produisant d'imperceptibles déplacements des genoux et du centre.

Une autre guitare renforça la première et les assistants firent entendre les premiers claquements de mains, faibles d'abord, stridents plus tard comme des castagnettes. Des halètements lascifs commençaient à secouer le corps de la jeune femme ; mais ils n'étaient encore qu'esquissés.

Soudain les bras s'élevèrent formant arc au-dessus de la tête, le buste s'avança brusquement tandis que le centre reculait. A ce moment les rôles changèrent ; c'était maintenant la danseuse qui commandait l'accompagnement avec les oscillations rythmées de ses hanches.

Les mouvements du centre, à peine ébauchés tout a l'heure, acquéraient peu à peu plus d'amplitude circulaire.

Alors, lentement, elle croisa ses mains sur sa nuque, son corps souple et jeune décrivit trois grands cercles.

D'un geste brusque elle ploya son dos et rejeta sa poitrine en arrière. La secousse fit s'échapper du corsage le superbe buste de cette fille de quinze ans. Les gros bouquets de poils noirs et frisés de ses aisselles apparurent. Les seins gonflés se dégagèrent en partie de leur prison de gaze blanche et les bouts roses, symbole de l'éternelle maternité, surgirent fièrement, dominant cette chair palpitante.

A l'extrémité des bras tendus et crispés, les doigts s'agitèrent. La bouche prit le sourire béat de la satisfaction en même temps que les paupières se baissaient. Et cette belle fille, vibrante naguère, sembla pâmée, laissant inconsciemment les suaves lignes de sa beauté dévoilée, livrées à l'admiration de tous. Cela dura à peine une seconde.

Soudain les accords reprirent stridents et joyeux.

La charmante ballerine, comme surprise dans sa

léthargie, bondit. Elle se redressa, toute rosée d'émotion, sourit au public, lui envoya de sa jolie main appliquée sur la bouche une poignée de baisers et s'échappa en courant pour réparer le désordre de sa toilette.

L'agitation des spectateurs était à son comble. Enfin, pour la première fois peut-être à Séville on avait vu une interprétation admirablement mimée de l'acte d'amour qui n'est pas autre chose que la danse *flamenco*. Ceci dépassait de beaucoup les contorsions obscènes des gitanes les plus fameuses. L'enthousiasme se traduisit par des trépignements, des bravos, des cris de cerfs en rut.

Olé ! olé ! olé ! Viva su mare !

Dans la soirée donnée par la maîtresse de l'hôtel nous avons vu que les hommes rentraient des casinos et des cercles vers onze heures. A Séville il est d'usage que les hommes sortent le soir et que les femmes restent à la maison.

Les casinos sont des établissements où l'on se groupe suivant ses goûts, la situation politique, religieuse ou financière que l'on occupe dans le monde. Les cercles, en France, sont placés au premier étage et quelques-uns ont des balcons ou des terrasses sur la rue. A Séville, ils occupent invariablement le rez-de-chaussée des maisons des beaux quartiers, qui sont le mieux situées pour pouvoir laisser jouir du mouvement du dehors. Le passant peut voir les membres de ces réunions étendus sur des divans ou des fauteuils à bascule, causant et consommant du café qu'on leur porte des établissements voisins. Dans les casinos, en effet, on ne fabrique rien. On a seulement des domestiques qui vont chercher dans le voisinage tout ce qui est nécessaire.

On jouait beaucoup autrefois dans certains cercles, mais les jeux ont été récemment défendus, et, bon gré mal gré, il a fallu se soumettre aux ordres du gouvernement.

Le luxe des pièces qui forment le Casino serait taxé de scandaleux en France. En Espagne, on accepte sans trop de jalousie ces étalages qui, en tous cas, sont d'assez mauvais goût, puisqu'ils ont l'air d'être un défi à la misère qui passe dans la rue.

L'après-midi on sort des casinos à l'heure du paseo. Il est de mode d'aller s'y montrer. Le paseo des Delicias est une promenade de trois ou quatre kilomètres qui aboutit à un rond et se termine par suite en cul-de-sac.

Quatre allées parallèles au fleuve servent l'une pour les cavaliers, la seconde pour les équipages, la troisième pour les promeneurs, la quatrième pour ceux qui désirent s'asseoir et jouir du coup d'œil. Les bancs y sont très nombreux, mais ils ne suffisent pas encore les jours de fête.

Le Guadalquivir forme une cinquième voie et le quai serait la sixième.

De fringants cavaliers, montés sur des Arabes ou des Barbes, des attelages de maître impeccables, des dames en grandes toilette et fleuries, beaucoup d'étrangers en voitures de place, une foule de promeneurs, une quantité considérable de gens assis, quelques gendarmes à cheval, ou quelques dragons pour maintenir l'ordre et forcer les véhicules à ne tourner qu'aux deux extrémités, tel est le menu du spectacle journalier.

Rien n'est fantaisiste comme les statistiques espagnoles. Celles qui concernent la population dépassent toute mesure.

Les géographes, qui doivent être des gens sérieux, accordent généralement à la Péninsule quinze ou dix-huit millions d'habitants. Toutefois, d'après un député, qui a bien étonné les Cortès, ces évaluations seraient mensongères, arriérées, et il faudrait aujourd'hui compter de trente à trente-deux millions de population.

Si donc l'Espagne s'affaiblit au dehors, elle augmente au dedans dans des proportions qui pourraient être alarmantes pour les voisins.

On est moins surpris de l'estimation de l'honorable député lorsqu'on considère le nombre fabuleux de gamins grouillant dans les quartiers populeux. Quant à la bourgeoisie, elle est aussi très prolifique. Les familles composées de huit ou neuf enfants ne sont pas rares. Elles entraînent un personnel dè bonnes et de nourrices qui parcourent les paseos et réjouissent l'œil.

Un de mes amis, qui est quelque peu médecin, me disait qu'il fallait attribuer une telle fécondité à la consommation énorme de poisson qui se fait à Séville.

Le poisson, paraît-il, contient beaucoup de phosphore et les phosphates sont des stimulants de la génération les plus énergiques.

Le fait est qu'il y a de par la ville beaucoup de *friteries*. Ce sont des établissements où les *salmonetes*, les petits merlans, les *langostines*, les sardines, les tranches de toute sorte de poisson, crépitent dans l'huile d'olive bouillante, embaument les environs à plus de dix mètres. Ces magasins sont accessibles de la rue. Le client peut donc se faire servir à sa volonté, en entrant ou sans entrer. Les petits poissons dorés et brûlants sont entassés — à la main — dans des cornets de papier. Les vrais gourmets les ingurgitent immédiatement comme les dames font pour les gâteaux. Le plus grand nombre emporte les cornets dont le contenu va constituer, avec un peu de pain et un peu de vin, le principal élément de la nourriture de la famille.

C'est toujours une fête que de manger des fritures et il y a des fanatiques qui les accompagnent de cet excellent manzanille parfumé à l'armoise qu'on devrait bien servir en France avec les Ostendes ou les Marennes.

A la sortie des théâtres, vers minuit et demie, les friteries sont littéralement assaillies par une foule gourmande et les cornets brûlants disparaissent sous les *capas* pour être dégustés, cinq minutes après, en joyeuse compagnie et arrosés des vins les plus aristocratiques.

Puisque nous sommes sur l'article du manger signalons à l'indignation des touristes la spéculation que font les maîtres d'hôtel de Suisse, d'Italie, de la Côte d'Azur et de l'Espagne relativement au bouilli.

Qui se douterait que le bouilli, si méprisé chez nous, forme la base de tous les repas du soir dans les pays susnommés. Il suffit, pour opérer ce prodige, de le laisser cuire à moitié dans le potage et de l'enrober dans une sauce décorée de noms plus ou moins pompeux : bœuf à la marengo, bœuf à la catalane, bœuf à la Soubise, etc.

Mais le suprême du genre, c'est de faire servir le bouilli à la confection du rôti. Il suffit pour cela de le passer au four et de l'arroser avec du consommé. Servi brûlant avec des pommes de terre frites ou toute autre garniture, il pourra tromper tout le monde, excepté le gourmet.

Ce système permet aux maîtres d'hôtel d'utiliser les restes, de faire des économies ; mais le client n'y trouve qu'un aliment fade et insipide.

Il faut dire pourtant que cela ne surcharge pas l'estomac et que l'on se porte à ravir !

Toutefois, en temps de Carnaval, on trouverait peut-être cette nourriture un peu maigre.

Le carnaval est en effet fêté à Séville et du reste dans toute l'Espagne avec une profusion de victuailles de toute sorte et plus particulièrement de viandes.

Comme cet article gastronomique a été traité ailleurs, nous n'y reviendrons pas. Nous ne dirons ici qu'un mot des divertissements du carnaval à Séville.

On a l'habitude, au paseo des Delicias, de se jeter des œufs de papier d'une voiture à l'autre. Ce bombardement, fait en général par des jeunes gens entre eux, serait supportable, mais quand il est pratiqué sur des dames qui ne peuvent se défendre, il manque à la fois de convenance et de galanterie.

Cette année, il avait plu la veille du mardi gras et les projectiles qui manquaient leur but, et ils sont très nombreux, tombaient dans la boue ; malgré les dragons qui y veillaient, des gamins les ramassaient, au milieu des roues, au risque de se faire tuer et les jetaient dans les voitures, où ils allaient salir les coussins et les toilettes des señoras.

Cette satanée marmaille andalouse est diabolique !

D'ailleurs, ce jour-là tout est permis ou du moins on se permet tout. Ainsi, savez-vous ce que font les jeunes filles de douze à vingt ans ? Elles se réunissent sur les balcons ou les miradors et malheur à l'infortuné señor qui est forcé de circuler au-dessous. Hypocritement, ces dames semblent ne pas s'occuper de lui. Trompé par ces apparences pacifiques ou indifférentes, le piéton se hasarde quelquefois à franchir la forteresse. Malheur à lui ! Sitôt qu'il est à portée des canons on le bombarde avec des œufs de papier et, s'il porte un chapeau dur, on laisse choir sur ce *sombrero* des tampons de chiffons ou de papier très serrés qui le défoncent ou l'enfoncent. Puis, pendant l'ahurissement de l'ennemi, le projectile est retiré vivement au moyen d'une ficelle à laquelle il est attaché.

Plaisirs andalous !!

On dit que les Cigarières sont très habiles dans ce bombardement. Si l'on veut conserver son *melon* il est prudent, ce jour du mardi gras, de ne pas aller visiter les quartiers populeux, car la manufacture a licencié tout son personnel pour vingt-quatre heures.

Cette manufacture est un palais ; il tient une grande partie de la rue San Fernando. Un fossé muré, large et profond, qui peut se remplir d'eau du Guadalquivir, lui donne un aspect de forteresse qui est une anomalie, puisque les ouvrières sont aussi pacifiques que la population sévillane.

L'architecture du monument est lourde et uniforme. La porte d'entrée, seule, offre quelque intérêt artistique.

Au point de vue du pittoresque, on ne peut nier que tant de femmes, dont beaucoup sont jolies, ne donnent une note agréable à ce monument sombre et froid.

Quand ce gentil troupeau de cinq mille filles se répand le soir dans les rues marchandes et qu'il y apporte le caquetage, les éclats de rire et l'ardente curiosité de tant de beaux yeux, il est certain qu'on ne s'ennuie pas à Séville. Comme toutes ces têtes brunes ont leur chignon noir paré de fleurs, la cité paraît en fête.

Mais pourquoi diable a-t-on placé une caserne d'artillerie dans la manufacture des tabacs?

La présence dans le même monument de tant de jeunes filles et de tant de jeunes hommes n'eut pas manqué, chez nous, d'exciter la verve de la presse et des vaudevillistes. On aurait bien ri sur les boulevards, au Boul-Mich, à Montmartre, dans les cafés-concerts les théâtres et les revues gaies.

Ici, personne ne trouve cela comique.

Le calme oriental de cette population moitié arabe, ne s'émeut pas pour si peu.

Quelques jours après, le lundi d'Epiphanie, a eu lieu, au local ordinaire des corridas, un carrousel spécial ; ça ne manque pas d'une certaine saveur andalouse.

Ce carrousel a suivi une course ordinaire de taureaux où l'on a mis à mort quatre bichos au lieu de six qui est le nombre réglementaire.

La cérémonie était présidée par un comité de cinq jeunes demoiselles appartenant aux meilleures familles de Séville.

Inutile de dire que ces señoritas étaient fort gracieuses et qu'elles avaient, pour la circonstance, revêtu le costume andalou : robe de soie, châle à grandes fleurs et mantille blanche.

Quand les quatre bêtes ont été occises, l'arène, bien nettoyée, s'est transformée en carrousel. Les concurrents, en grand costume de cavaliers, avec la culotte de peau, montés sur de superbes chevaux, se sont présentés pour disputer les prix. Le plus ambitionné était une bague d'or avec, sur le chaton, un rubis entouré de brillants que les présidentes devaient elles-mêmes offrir au vainqueur.

Quinze jeunes gens briguaient l'honneur de l'obtenir en enlevant, au moyen de lances et au galop de leurs montures, des écharpes de soie disposées autour de l'arène.

L'adresse et la chance ont surtout favorisé deux cavaliers dont les mouvements avaient fini par être embarrassés par le nombre de trophées conquis.

Le prix a été décerné à l'un d'eux qui a été fort applaudi et très félicité quand il est venu le recevoir de la main d'une des charmantes présidentes.

Vers la même époque a eu lieu l'exposition annuelle de peinture. J'étais curieux de savoir ce qu'elle pouvait être dans un pays qui compte Murillo, Velasquez et Alonso Cano au nombre de ses gloires.

La tradition de cet art s'était-elle conservée?

Hélas! le génie ne se transmet pas et des artistes aussi éminents que ceux que nous venons de nommer sont rares.

La nature n'en enfante qu'à de longs intervalles. Disons toutefois que si à Séville comme ailleurs il y a du bon et du médiocre, la moyenne est plutôt bonne.

D'abord on est frappé de l'honnêteté de la peinture. Je veux dire qu'il n'y a pas ici de ces farceurs qui ne savent ni peindre ni dessiner et qui jettent sur la toile de grandes teintes plates de lavis, violette, jaune, rosée ou verdâtre, avec la prétention hautement manifestée de représenter la nature, la vraie nature!

Donc ici pas d'impressionnistes, de pointillistes, de carélistes et d'autres grotesques en *istes*. C'est ce qui me fait dire que la peinture est *honnête*. Les artistes sévillans cherchent à reproduire la nature, avec leur tempérament particulier, mais ils n'ont pas recours à des systèmes burlesques d'écoliers ignorants et immensément orgueilleux. Ils travaillent consciencieusement. S'ils ne réussissent pas toujours, c'est qu'ils ont entrepris une carrière pour laquelle ils n'étaient pas faits, ou qu'ils sont encore trop jeunes pour avoir débrouillé tous les secrets du métier.

Ce n'est pas ici le lieu d'examiner chaque œuvre en détail et de faire ce que nous appellerons un " salon Sévillan ". Disons toutefois que quelques-unes des qualités maîtresses qui ont distingué jadis l'école de Séville paraissent se conserver chez nos modernes artistes. La peinture est fine, les lumières bien étudiées et les œuvres en général marquées au coin de l'originalité individuelle.

Je ne veux pas terminer ce chapitre sans parler des *ventas* à la mode, qui, dans un pays où règne le plaisir en souverain, sont devenues de véritables institutions.

Il y a donc, autour de Séville, des hôtelleries isolées appelées ventas dans la langue du pays, où la population qui par dessus tout aime la gaieté, vient s'ébattre dès que les pluies printanières ont cessé.

Naturellement ces auberges possèdent tout ce qui peut servir à se distraire en plein air : balançoires, jeux de quilles, de tonneau, instruments automatiques à bonbons ou à musique, gymnases, etc... Les personnes qui fréquentent ces établissements y trouvent des cabinets de verdure, des charmilles, des cabanes rustiques, des pavillons isolés, enfin tout ce qui peut grouper dans l'intimité les membres d'une même société.

Comme pas mal de couples amoureux vont là pour passer quelques moments agréables. le jardin leur fournit toutes les fleurs désirables qu'ils ont le droit de cueillir. Il y même, à l'Eritana, un jardinier, très bien appris, qui offre aux dames de petits bouquets qu'il cueille lui-même. Et, chose rare en Espagne....., il refuse obstinément tout pourboire.

Les plus renommées de ces ventes se trouvent près du paseo des Délicias. Le *Victoria* et l'*Eritana* ont une clientèle un peu différente. Les propriétaires de ces demeures sont obligés d'avoir un nombreux personnel, car le service se fait dans les jardins, quelquefois très loin de l'habitation.

En ce moment, c'est l'Eritana qui tient la corde.

Elle s'est élevée au premier rang, grâce à un parc très vaste et très agréable et surtout à cause d'une cuisine de premier ordre.

Beaucoup de voitures de maîtres et de simples *sa-*

pins stationnent à l'entour, versant dans l'établissement une clientèle de choix riche et ne regardant pas trop à la dépense.

L'Eritana a pour clients tous les habitants de Séville. On s'y rend en famille et il arrive bien souvent qu'on amène des invités, des musiciens et qu'on passe là toute la journée et toute la soirée à danser, à chanter, à boire et manger.

CHAPITRE XXII

TEATRO DE SAN FERNANDO. — Les spectateurs et auditeurs. — Répertoire lyrique et dramatique. — La société des Beaux-Arts et ses bals masqués. — La duchesse de La Vallière. — Madame Sans-gêne ou la Corte de Napoléon.

TEATRO DEL DUQUE. Attraction de la foule. — Zarzuela. — Représentation d'une durée d'une heure. — Genero chico, petit genre. — Liberté et sans-gêne des spectateurs. — Chants et orchestrations. — Zarzuelas qui touchent à la bonne comédie de mœurs.

SEMAINE SAINTE A SEVILLE. — Célèbre. — Affluence de curieux et de touristes. — Prix doublés et triplés partout. — Loges et estrades de la Municipalité. — Les chaises des rues, les balcons. — Les confréries, leurs costumes. — Les images sacrées. — Les pasos. — Luxe inouï, toilette de la Vierge. — Organisation du cortège. — Les chefs et leurs insignes. — Les porteurs de pasos. — Les arrêts. — Toutes les processions se font la nuit. — Désordre des cérémonies — Description. — Musique militaire. — Impossible de dormir. — Les Saetas ou Noëls. — Presque pas de clergé.

TERRE ANDALOUSE. — Ce qu'elle produit. — Richesse intérieure des montagnes. — Fabrication — L'Andalou cultivateur. — Est-il heureux ? — Les grands domaines et les Caciques. — Souffrances du paysan. — Abandonné par le Clergé. — La religion des riches.

LA MAIN NOIRE. — L'internationale. — Poursuite et condamnation. — Monforte. — La clémence tardive.

PROSTITUTION ANDALOUSE. — Relâchement des mœurs. — La duègne. — Les rues d'amour. — Les mancebies du monde élégant et riche. — Il parait qu'on s'amuse. — La ramera libre. — Beauté et jeunesse de ces dames. — Recrutement facilité par la misère, la coquetterie, la paresse, l'ignorance et l'amour. — Le remède au mal. — La traite des blanches.

INTÉRIEUR DES HABITATIONS. — Absence des cheminées. — Les tapis. — Carrelages cimentés. — Plafonds surchargés d'ornements — Pas de papier, des peintures. — Le lit de fer à moustiquaire. — Mobilier, le fauteuil à bascule, le sommier. — Les domestiques et la propina.

Il y a bien quatre théâtres à Séville : San-Fernando, El Duque, Cervantes et Eslava; mais, par le fait, il n'y en a qu'un : le théâtre del Duque de la Victoria qui attire la foule d'une façon constante.

A San-Fernando on joue l'opéra, la tragédie, le drame et la haute comédie. C'est une salle fréquentée par les dilettanti, les fervents de musique italienne, les littérateurs et les artistes de tous genres. On y représente des ballets qui sont souvent remarquables et qui ont une grande réputation. Le répertoire lyrique embrasse tous les pays où cet art est en faveur : France, Allemagne, Italie, Espagne. Ce sont presque exclusivement les œuvres dramatiques françaises traduites en castillan qui alimentent cette scène. Les auteurs qui y sont le plus souvent représentés sont : Alexandre Dumas père et fils, Sardou, Victor Hugo, Delavigne, Zola, etc.

San-Fernando est un théâtre de haute fashion et le grand monde sévillan le fréquente assez assidûment. Il est rare, toutefois, que toutes les places soient prises, d'abord parce qu'il est cher, ensuite parce que la foule préfère le petit genre.

Chaque année, la Société des Beaux-Arts y donne quelques bals masqués bien fréquentés.

C'est à San-Fernando que je vis pour la première fois l'éminente artiste Maria Tubau, qui est très célèbre en Espagne pour ses représentations dramatiques. On jouait *la Duchesse de la Vallière*. Plus tard, je lui ai vu jouer aussi *la Corte de Napoléon* qui n'est que *Madame Sans-Gêne*. Elle ne m'a pas absolument satisfait dans ces deux rôles, peut-être est-ce parce que nous avons dans nos souvenirs les traditions de nos acteurs français, et que les interprétations espagnoles s'en éloignent quelque peu, ne serait-ce que par la profusion de gestes.

Le véritable théâtre de Séville, le seul théâtre devrais-je dire, est le *Duque*. Il a le don d'attirer la foule et de la garder souvent jusqu'à deux heures du matin.

La soirée se compose de quatre ou cinq *Zarzuelas* qui durent chacune une heure. L'amateur consulte l'affiche et peut, à sa guise, prendre son billet pour une seule ou plusieurs de ces piécettes.

Qu'est-ce que la Zarzuela qui a le don de plaire au public espagnol? Elle appartient à un genre absolument inconnu en France et qu'on appelle ici « genero chico », petit genre. On sait qu'un entrepreneur de spectacles a essayé de l'introduire à Paris, mais qu'il a échoué piteusement.

La Zarzuela est un vaudeville, mais un vaudeville dont la musique est beaucoup plus soignée que chez nous. Par sa portée lyrique, la Zarzuela mériterait le titre d'opérette. Mais sa partie littéraire est absolument insignifiante.

On aime ici ces petites œuvres à la folie, la foule s'y précipite d'autant plus qu'elle sera exempte de toute gêne et qu'elle sera libre de s'y comporter comme on a coutume de le faire en France dans les *beuglants*. Elle pourra taper des mains, crier, lancer des flèches de papier. Comme le prix des galeries supérieures est absolument dérisoire, on devine quelle populace les occupe et ce qui peut sortir d'un tel milieu. Mais j'ai parlé, ailleurs, des inconvénients des théâtres espagnols sous le rapport de la mauvaise éducation des gamins du peuple. Je n'y reviendrai pas ici.

Comme je l'ai dit plus haut, le chant est très soigné et l'orchestration parfois remarquable. Il n'y a pas harmonie entre la partie musicale et la partie littéraire. Cette dernière est très insignifiante, l'esprit y est rare et ce n'est guère que par des obscénités que l'on parvient à mettre les spectateurs de bonne humeur. Le jeu des acteurs est entaché par les défauts de la race : trop d'exagération, trop de gestes. Il a pourtant une qualité : la vivacité.

Il est cependant quelques pièces, comme *Señora Capitana*, *El Coco* et la *Tempranica*, où les plaisanteries, parfois encore de mauvais goût, sont moins vulgaires, où les personnages sont moins bouffons et moins fantoches. Ici le *petit genre* s'est élevé d'un degré et le jeu des acteurs s'en est ressenti. C'est dire que le personnel du théâtre s'est montré cette fois à la hauteur du sujet. Donc, avec une habile et intelligente direction on pourrait jouer la vraie comédie de caractère. Mais réussirait-elle? Le milieu me paraît bien grossier pour lui servir des plats fins. Il regretterait ses choux d'antan.

Le théâtre Cervantès est une sorte de cirque qu'on ouvre de temps à autre pour y jouer le mélodrame ou le drame à quatorze tableaux.

Le théâtre Eslava est une salle d'été. On y donne souvent des concerts et, pendant les chaleurs, des zarzuelas.

Passons à un autre genre de représentation qui se célèbre dans la rue, à l'occasion de la semaine sainte.

La semaine sainte de Séville est connue du monde entier.

Quand cette période approche, les chemins de fer amènent des touristes en masse. Les hôteliers profitent de l'occasion pour doubler ou tripler leur prix. Les voitures publiques en font autant. Malgré cette extrême cherté, la ville prend un aspect de fête et les magasins font grande liesse. La population tout entière est en joie. De fait, il s'y établit un mouvement considérable, soit par suite de l'affluence des étrangers, soit par suite des préparatifs que nécessite l'époque des processions.

Devant l'ayuntamiento s'élèvent des estrades très luxueuses que l'on divise en loges. Ces loges sont louées par la municipalité à des familles du pays ou à des étrangers qui les paient très cher. Il y a aussi quelques rangs de chaises qui ont leurs abonnés. La place San-Francisco est, en effet, le lieu où l'on peut le mieux voir le développement du cortège.

Cela n'empêche pas que des industriels et les tenanciers des magasins des rues des Sierpes, de Genova, etc., disposent devant leurs boutiques plusieurs rangs de siéges, qu'ils louent au public à des prix à débattre.

Les balcons sont affermés à l'avance par des Sociétés d'exploitation qui les passent ensuite aux étrangers en les écorchant le plus possible.

Qu'est-ce donc que ces processions qui ont le don de mettre en mouvement toute l'Espagne, et, en partie, le reste de l'Europe? C'est, assurément, un spectacle très original qu'on ne voit qu'à Séville.

Je vais essayer d'en donner une idée.

Disons d'abord que le clergé règne en maître ici et dans toute la Péninsule; par conséquent, il peut faire ce qu'il veut.

Tous les corps de métier, depuis le bijoutier jusqu'au charretier, sont organisés en confréries, sous des noms et des costumes divers.

La forme des vêtements est celle des Nazaréens, chapeau pointu de nécromancien avec un prolongement d'étoffe qui retombe sur les épaules et dans lequel sont découpés deux trous pour les yeux ; robe ample d'Assyrien dont la queue est ramenée sur le bras gauche; enfin, manteau retombant jusqu'à terre. Les trois pièces de ce vêtement varient pour chaque confrérie non pas de forme, mais de qualité et de couleur. Les plus riches, les plus prospères, celles qui ont su attirer à elles les donateurs généreux, n'emploient rien moins que les soies et les velours les plus beaux avec galons et franges d'or. Les autres se contentent de lustrines et de satins de Chine. Inutile de dire que ces confréries sont distribuées par paroisses.

Chaque paroisse possède ses images sacrées qui ne sont pas ce que nous avons l'habitude d'appeler de ce nom en France.

Ici, on les nomme des *pasos*. Ce sont des dais composés en général d'une plateforme agrémentée d'ornements en reliefs tout dorés, supportant, au moyen de colonnettes, un velum de velours brodé d'or. Sur la plateforme sont disposées des statuettes, des croix, des échelles, des instruments de passion et jusqu'à des chevaux caparaçonnés et montés. Chaque *paso* représente ou le Christ ou la Vierge, à l'une des phases de la tradition religieuse avec des anachronismes bizarres qu'on ne trouve qu'en Espagne. Ainsi, par exemple, la Vierge est revêtue d'un manteau de velours couvert des plus fines broderies d'or. Ce manteau est si ample et si long qu'il se prolonge derrière la plateforme à la façon de la queue des paons. Les oreilles, les poignets de la Vierge sont surchargés de boucles de diamants, de bracelets, ses doigts couverts de bagues précieuses, et sa poitrine disparaît sous le nombre de colliers de brillants, de perles et d'ambre. Pour le Christ, les croix sont dorées, sculptées, ciselées, ajourées, etc. En un mot, la vérité historique est altérée avec une audace d'actualités qui fait la joie, l'admiration et l'extase de ce peuple d'enfants ignorants et naïfs.

Maintenant que nous connaissons les confréries et les pasos, l'organisation du cortège va nous paraître d'une simplicité merveilleuse. Les confrères marchent par deux de chaque côté du passage limité par les chaises. Ils sont armés de longs et gros cierges allumés qu'ils penchent vers le centre de la voie en les appuyant sur la hanche. Au milieu des deux monômes circulent les chefs qui donnent les ordres, font ralentir ou presser la marche, ordonnent les arrêts. Ils ont pour signe distinctif des croix brodées sur la poitrine. Enfin, vient le *paso* porté par trente individus cachés sous des draperies. Il est suivi de personnages marquants, tête nue et en habit noir, avec des insignes d'or en guise de cravate.

Comme ces édifices sont très lourds, les porteurs n'ont pas là une sinécure et ils gagnent consciencieusement les cinq ou six pesetas qu'on leur donne à chacun.

Naturellement, les arrêts sont très longs.

Une procession de huit à neuf *pasos* ne met pas moins de quatre heures pour s'écouler.

Maintenant, voici le côté original. Il n'y a, en fait de clergé, que le curé de la paroisse à laquelle appartiennent la confrérie et le *paso*. Les bannières, au lieu d'être déployées, sont roulées. *Toutes les processions commencent à la nuit.*

La nuit du jeudi au vendredi saint, il y a constamment des processions dans les rues ; elles ne cessent qu'à dix heures du matin.

Rien ne peut donner une idée du désordre qui préside à ces cérémonies. Parmi les spectateurs, ce sont des conversations constantes, échangées quelquefois avec des personnes placées assez loin ; et, par conséquent, faites à haute voix. Les enfants, et j'ai dit qu'ils étaient très nombreux, s'amusent, renversent les chaises, sautent par-dessus pour aller embrasser des amis. Les hommes fument, rient tout haut, ou interpellent les *confrères* qu'ils reconnaissent. Les membres des confréries, de leur côté, se groupent et se mettent à causer entre eux. Hommes, femmes et enfants traversent le cortège en tous sens ; l'accompagnent latéralement ou marchent au milieu en sens opposé
Le long des chaises, les marchands d'eau, de crevettes, de crabes, de gâteaux, de *caramelos*, d'éventails, de jouets circulent en faisant retentir l'air de leurs mille cris qui se mêlent dans une cacophonie indescriptible. Des *confrères* se détachent de temps à autre pour acheter des friandises qu'ils mangent sous leur cagoule, ou pour aller boire un verre de manzanille chez le marchand de vin voisin.

La musique militaire fait claquer ses tambours en rythmes cadencés et les clairons poussent des cris stridents qui simulent les accents désespérés des premiers chrétiens à la mort de Jésus.

Dans les quartiers, heureusement peu nombreux, où circulent les processions, il est impossible de dormir la nuit du jeudi et une partie de celle du vendredi. L'air vibre confusément et douloureusement sous l'ébranlement des musiques et des rumeurs de la foule. Quoiqu'il ait été fait défense aux voitures et charrettes de circuler durant ces deux jours, la population mise en mouvement et en gaieté se promène par les rues en riant tout haut et quelquefois en chantant. Au reste, une coutume bizarre c'est qu'au passage de l'image sacrée, des personnes qui jouissent d'une belle voix chantent des balcons ou même de la rue des *saëtas,* espèces de Noëls arabes. Il est convenable que le cortège s'arrête jusqu'à ce que ces mélodies soient terminées.

Comme, en général, les voix andalouses sont merveilleuses, ce n'est pas un des moindres attraits de la procession que ces solos exécutés dans la nuit sous l'éblouissement de milliers de cierges et au milieu de rumeurs qui lui donnent un caractère d'étrangeté inoubliable.

Je suis très heureux d'avoir assisté à ces exhibitions d'où le clergé est presque absent. Il agit là comme partout, en Espagne, par des comparses dont il flatte les vanités et qu'il manœuvre à sa guise.

Mais ne vous y trompez pas, les marrons sont pour lui.

⁂

Si l'on excepte les côtes, où de nombreux ports permettent un trafic d'échange, l'Andalousie est surtout un pays agricole.

La terre arable produit surtout le blé, l'avoine, le seigle, le maïs, le chanvre, le lin, la canne et la betterave à sucre, les légumes, les amandes, les oranges, les mandarines, les olives, les grenades et le vin.

On élève sur cette mère nourricière des chèvres, des moutons, des chevaux, des bœufs, des vaches, des taureaux, des veaux, des ânes, des mules. On tire de ces animaux des peaux et des laines.

Les montagnes renferment des richesses immenses. Elles sont couvertes de forêts d'essences diverses : chêne, chêne-liège, pins, ormes, etc.

Elles récèlent dans leurs flancs des mines d'or, d'argent, de fer, de plomb, de cuivre, d'antimoine, de houille, et de nombreuses carrières de très beau marbre coloré.

De son côté, l'industrie fabrique des étoffes de soie, de laine, de lin, de chanvre, du papier de toute espèce, des bouchons de liège, du cuir tanné, des chaussures, de l'alcool. des farines, des eaux-de-vie, des conserves de poissons, de légumes et de gibier, des pâtes alimentaires, du sucre, de l'électricité, des lampes et suspensions, du feutre, du savon, des cigares, des armes à feu, de la chaux hydraulique, de la céramique, du fer, du cuivre, du plomb, du gaz, des dentelles renommées,

Il semble qu'ayant à sa disposition de telles richesses et de telles industries, le cultivateur andalou soit heureux.

Il n'en est rien.

La terre n'est pas morcelée. D'immenses domaines qui n'en finissent pas appartiennent à un seul propriétaire.

Ces nombreux marquis de Carabas sont appelés *Caciques* dans la langue du peuple qui ne les aime pas parce qu'il se sent exploité par eux. En effet, le travail est très dur, surtout l'été, et la rémunération est infime. Les maîtres ne font cultiver que les parties qui, sans frais, peuvent leur donner le plus de produits agricoles, de sorte qu'une grande quantité de terre reste improductive et en friche.

Il arrive alors ceci qu'une population nombreuse et active meurt de faim devant des champs qu'elle rendrait féconde par son travail s'ils lui appartenaient, si seulement il plaisait au maître de les faire travailler.

La race espagnole est patiente. Elle sait se serrer le ventre, souffrir, attendre et se taire ; mais quand le vase est plein la dernière goutte versée le fait déborder.

Le clergé pouvait-il lui offrir un appui ? Son rôle n'est-il pas de s'interposer entre les petits et les grands, entre les paysans et leurs maîtres ? Ne devait-il pas appeler l'attention de ceux-ci sur les misères de ceux-là et faire appel à la compassion et à la justice ? Une telle conduite lui était dictée par le Christ lui-même qui, d'après leur propre enseignement, n'hésita jamais à se sacrifier pour sauver ceux qui souffraient. Mais, si le Christ revenait sur cette terre, il ne reconnaîtrait pas ceux qui émettent la superbe prétention

de parler en son nom et d'enseigner sa doctrine. Il leur
avait prêché l'abnégation, le dévouement, la pauvreté;
il trouverait chez ses prétendus apôtres l'avidité, l'orgueil et la richesse d'ostentation, c'est-à-dire la pire
des richesses, celle qui est improductive.

A l'heure actuelle, le pauvre a appris à ses dépens
à connaître ses pasteurs. Il sait qu'ils sont d'accord
avec ses oppresseurs et qu'ils tirent eux-mêmes tout
ce qu'ils peuvent arracher aux puissants de la terre,
au moyen des terreurs de l'enfer éternel. Il voit bien
que le catholicisme n'est pas une religion faite pour
lui. Il dit que c'est la *Religion des Riches*. De fait,
on ne voit que des gens fortunés et cette plèbe de sa-
cristie, à intelligence bornée, ahurie par la terreur du
châtiment d'outre-tombe, qu'elle espère esquiver en
marmottant des oraisons jour et nuit.

Donc, il y a de cela plus de vingt ans, la patience
des ouvriers de la terre était à bout. Ils cherchèrent à
briser leurs chaînes et à défendre leur foyer contre les
exploiteurs du sol qui les affamaient par leur inertie
et par l'aumône d'un salaire dérisoire insuffisant à les
nourrir.

Ils se groupèrent, nommèrent des chefs et s'organi-
sèrent pour la bataille. Pour n'être pas isolés, ils s'affi-
lièrent à *l'Internationale des Travailleurs* qui leur
envoya des secours et dirigea leur résistance dans le
sens de la lutte des classes.

Dès lors, le gouvernement espagnol prit peur. Il
crut à une jacquerie dont Jerez aurait été le centre.
Il y envoya donc un gouverneur capable de briser l'association dite de la *Main Noire*.

On tendit des pièges à ces malheureux et avec le caractère violent qu'on connaît aux Espagnols, on n'eut
pas de la peine à les prendre la main dans le sac du
voisin et le couteau (la navaja) dans le ventre de l'adversaire. C'était ce que demandait le gouverneur, un
prétexte pour intervenir avec la force armée.

A partir de ce moment, ils n'eurent pas une minute
de repos. On les traqua; on trouva ou on fabriqua
leurs prétendus statuts, leurs chefs furent impliqués

dans des affaires criminelles qui n'avaient aucun rapport avec l'association et force resta à l'Etat.

A quel prix? Il fallut opérer plus de cent arrestations, cinquante bastonnades et provoquer vingt ou trente condamnations à perpétuité. Entre temps quelques pauvres diables furent pendus.

La plupart des condamnés étaient innocents.

Des mesures de clémence ont dû enfin s'imposer ; l'un des huit derniers galériens vient d'être grâcié, après vingt ans de travaux forcés.

Cette clémence est toute à l'honneur de la presse franco-espagnole qui l'a provoquée et en quelque sorte arrachée au ministère, en révélant les iniquités qui ont été commises à cette époque et les procédés barbares et inquisitoriaux du féroce gouverneur Monforte.

Les misères du paysan andalou nous amènent tout naturellement à dire quelques mots d'une des plus grandes plaies de ce pays, je veux parler de la prostitution.

Un journaliste disait naguère :

« En España, dentro de España, Andalucia, dentro de Andalucia, Sevilla, son quizás los lugares donde la prostitucion tiene más arraigo, y, por lo tanto, donde son más de sentir sus dolorasas consecuencias y donde más urgente es el remedio. »

Cela est vrai. Le relâchement des mœurs est très grand à Séville. Dans la rue, sur les places publiques, aux carrefours on rencontre de superbes filles, généralement accompagnées d'une matrone, qui cherchent à attirer l'attention des hommes.

Si vous avez l'air de les regarder, surtout si vous les suivez, la duègne s'approche et vous demande carrément si la jeune personne vous plaît. Sur réponse affirmative, elle vous indiquera le domicile, l'heure où vous pourrez vous présenter et, quelquefois même, le prix que vous devrez mettre à votre fantaisie. Tout ce marchandage assez ignoble se fait en dehors de la señorita intéressée, qui, pendant ce temps, regarde quelque vitrine de magasin.

Certaines rues de Séville sont entièrement consacrées à l'amour. Il y en a une aux environs des Sierpes où, dans chaque maison, les filles réunies dans le patio invitent le passant à s'arrêter et à entrer. De la rue, on peut les apercevoir et se rendre compte de leurs grâces.

Mais ce sont là des filles publiques de bas étage. Il en est d'autres qui habitent, en commun, de très jolies maisons dans divers quartiers. Celles-ci n'apparaissent pas au passant. Il y a même un grand écran qui, placé derrière la grille de l'ante-patio, empêche le regard de pénétrer à l intérieur.

Quand on passe près de ces demeures, à certaines heures de la nuit, on perçoit des chants, de la musique et le claquement des castagnettes. Derrière le paravent, on devine huit ou dix mujeres qui charment leurs loisirs en exécutant des boléros, des cachuchas, des flamencas, des malagueñas, des jaleos de Jerez, des bailes gitanos et vingt autres danses spéciales aux diverses provinces d'Espagne.

Enfin, il y aussi la catin libre qui habite seule un appartement et qui ne se contente pas d'un amant,

Comme le type andalou est superbe, ces filles sont généralement très belles. D'ailleurs, dans ce pays d'amour la marchandise est si abondante que les tenancières de ces demeures peuvent les choisir jeunes et jolies. Elles poussent même la délicatesse jusqu'à varier leur teint, leur taille, leur corpulence de façon à satisfaire tous les goûts masculins. Un Anglais, qui avait visité quelques-uns de ces palais hospitaliers, me disait que l'intérieur était confortable et même luxueux. Il prétendait qu'il y avait des lustres dans les salons et des tableaux d'une certaine valeur sur les panneaux.

D'où vient que le recrutement de ces filles soit si facile? Hélas ! dans tous les pays ce sont les mêmes causes qui poussent la jeunesse au vice :

La Misère, la Paresse, la Coquetterie, l'Ignorance et l'Amour !

Nous avons vu que la misère était affreuse chez l'ouvrier des villes et chez celui des champs. Quand leurs filles sont arrivées à quinze ou seize ans, ils les met-

tent en service ou en atelier dans les grandes villes.
Là, les pauvres enfants sont en contact avec tous les
vices et toutes les tentations. Ne les blâmons pas trop
de succomber, alors qu'elles n'ont pas encore acquis la
force de caractère et l'expérience qui pourraient les
préserver.

Elles ne sont pas seulement tentées par les hommes.
Il y a toujours dans les grandes cités une engeance
féminine. composée d'anciennes horizontales, mises à
la retraite par la laideur et l'âge. qui circonviennent
les filles naïves et les jettent d'abord dans les bras d'un
amant, ensuite dans les bras du premier venu.

Comment remédier à cet état de choses? En instrui-
sant les femmes et en leur donnant le goût du travail.
Quant à guérir la coquetterie, il n'y faut pas songer.
C'est là un défaut inhérent à la femme, surtout en
Andalousie. Toutefois. rien qu'avec l'instruction et le
travail. on diminuerait le mal et ce serait déjà une belle
victoire.

Quant à la traite des blanches, elle devrait être très
sévèrement punie, d'autant plus que celles qui se livrent
à ce trafic sont des personnes peu intéressantes.

Nous avons déjà parlé du luxe extérieur des habitations andalouses. La façade est simple ; mais les miradors, les portes cochères, les vestibules, les escaliers,
les patios, toutes choses qu'on voit de la rue, sont quelquefois de petites merveilles ; mais toujours propres et
soignés.

Dans les appartements intimes, et j'appelle ainsi
ceux qui sont cachés au public, il y a aussi beaucoup
de luxe. Mais une chose surprend tout d'abord l'étranger, c'est l'absence de cheminée. La cheminée? qui est
l'autel du foyer chez les peuples du Nord. la cheminée
où se trouve l'ornementation la plus étudiée : des glaces, une pendule, des vases, des candélabres, des statuettes, un petit musée en miniature, la cheminée est
absente. Cela donne aux pièces intérieures quelque
chose de froid qui est vigoureusement combattu par
d'épais tapis et de lourdes tentures. Les appartements
qui n'ont pas de tapis sont pavés avec de jolis carré-

lements de ciment dont les colorations et les dessins varient à l'infini. Le mobilier est absolument somptueux et fait pour frapper le regard bien plus que pour la commodité et le bien-être des personnes qui doivent habiter les pièces. Les plafonds sont très ornés et des frises les encadrent toujours. Les peintures employées sont en général de très bon goût ; mais les artistes ont une prédilection pour dorer certaines parties des reliefs, ce qui choque quelquefois. Il n'y a pas de papiers tendus sur les murs. Ils sont remplacés par des teintes plates de lavis du plus heureux effet. Leurs combinaisons sont étudiées avec un scrupule très artistique.

Dans toute l'Andalousie, le lit en fer à moustiquaire règne en maître. Le fer pour couchette est très pratique dans les pays chauds où pullulent les petites bêtes. L'ornementation est obtenue par des laitons et des toles émaillées et peintes qui produisent un effet charmant. Les lits à deux places sont relativement rares ; toujours à cause de la chaleur, les personnes mariées préfèrent les lits jumeaux placés côte à côte, plus agréables et plus pratiques.

L'armoire à double glace l'emporte ici comme en France, l'autre est reléguée dans les chambres de second ordre. Les toilettes sont en général monumentales. Les cuvettes que l'on y adopte sont fixes Elles se vident par un trou qui y est pratiqué et qui se ferme par un tampon de bronze.

Un meuble qu'on trouve ici dans tous les appartements de la maison, c'est le fauteuil à bascule. En Andalousie on n'emploie guère que celui-là. Il est généralement en bois tordu noir, le siège en paille tressée, et sa légèreté permet de le transporter facilement.

Les sommiers laissent beaucoup à désirer ; ils sont faits avec des toiles métalliques tendues sur un chassis. Toutefois, depuis quelques années elles sont soutenues par des ressorts à boudin qui les ont beaucoup améliorées. Il faut donc espérer que ce système se généralisera.

Pour mettre de l'ordre et de la propreté dans ces appartements on a, hélas ! des domestiques. Pardon !... des dépendants, d'une paresse, d'une morgue et d'une nullité absolues. Chacun ne veut faire que la besogne pour laquelle il a été engagé. De cette façon le service est horriblement exécuté. Mais cela n'empêche pas ces serviteurs douteux d'être très frétillants et empressés à l'heure de la bonne main (propina). C'est le seul moment où ils déploient du zèle et cette heure d'activité leur pèse tellement que sitôt l'étrenne reçue, sans transition, ils retombent dans leur incurie insouciante.

CHAPITRE XXIII

La *feria* de Séville est l'un des spectacles les plus
étonnants qu'il soit donné à l'homme de contempler
en ce monde.

Rien ne peut lui être comparé comme originalité.

Nous allons essayer, non pas de la décrire, parce que
cela est impossible, mais d'en donner une idée som-
maire dont devront se contenter ceux qui ne l'ont pas
vue, parcourue, admirée.

Entre le paseo del Pino, la fabrique des tabacs, le
parc Marie-Louise et la station de Cadiz, s'étendent de
vastes prairies appelées Prado, où les troupes font
leurs exercices en temps ordinaire.

Ces prés sont coupés à angles droits par des avenues

et des routes plantées dont la plupart viennent se croiser en un point appelé *Passerelle,* où s'élève un monument en fonte qui a quelque vague apparence de Tour Eiffel.

Le monument en question sert à faire communiquer entre elles, par des arcs à plein cintre, les diverses avenues qui aboutissent là, quand l'obstruction produite par la circulation des voitures rendra le passage périlleux pour les piétons. Ces derniers, lorsqu'ils veulent traverser, sont obligés de grimper par un escalier jusqu'à l'arc métallique qui passe par dessus les allées.

Le long des murs de clôture des anciens jardins de l'Alcazar s'élèvent des baraques construites toutes sur le même modèle, où se vendront pendant les trois jours de foire tous les jouets pour enfants. Dans l'allée principale du paseo del Pino, se trouvent d'autres baraquements où l'on tentera le public en exposant à sa vue toute sorte de gâteaux, de friandises, de bonbons, de vins fins et surtout le fameux *turron* de Jijon, espèce de nougat de Montélimar qui jouit d'une grande réputation dans toute l'Espagne. Les campements deviennent plus beaux et plus soignés quand on franchit le boulevard et qu'on se rapproche du Prado. Ceux qui sont édifiés sur la route des tramways présentent déjà un certain cachet artistique, mais ils ne peuvent être comparés à ceux qui sont placés des deux côtés de l'allée qui fait le prolongement de la rue San Fernando.

Là s'élèvent, tant à droite qu'à gauche, de gracieux pavillons de fine charpenterie appelés *Casetas,* tous semblables.

Chaque caseta (maisonnette) est composée de deux pièces, l'une sur le devant, largement ouverte et permettant à la vue d'embrasser tout ce qui se passe à l'intérieur. L'autre, cachée au public par un rideau, ne servira qu'aux habitants de la tente. Ces cases sont louées très cher par l'alcaldia (mairie), qui les édifie pour des familles de Séville qui viennent s'y installer pour les trois jours de foire.

Disséminées un peu partout, rompant l'harmonie des alignements officiels, se trouvent des pavillons plus spacieux, plus élégants, plus riches d'ornementation, réservés pour les casinos, les cercles, les associations puissantes, les personnages importants et leurs amis.

On y voit aussi d'élégants cafés et restaurants dans les salles desquels sont disposées des tables pour les consommateurs.

Toujours sur la prairie, mais vers le parc Marie-Louise, se trouvent les emplacements réservés aux animaux mis en vente : bœufs, vaches, veaux, moutons, brebis, agneaux, mules, mulets, anes. porcs, chèvres et chevreaux. Toutes ces bêtes sont campées dans ce terrain immense avec une fantaisie tout-à-fait capricieuse et sans distinction de catégories.

Des chevaux de bois, des cirques, des cinématographes, des photographes, des exhibitions phénoménales, des balançoires, des théâtres forains, s'établissent tout le long de l'avenue de Cadiz et sur le paseo de la fabrique des tabacs.

Non loin de là sont les baraquements des gitanes qui ne seront pas la partie la moins attrayante ni la moins originale de la fête. Dans chacune de ses boutiques en plein vent, les superbes filles d'Egypte vont fabriquer le beignet local, espèce de pâtisserie frite dont elles ont conservé le secret à travers dix générations.

La passerelle, les allées qui y aboutissent, le Paseo del Pino, le Rond-Point seront illuminés par une suite ininterrompue de becs de gaz, recouverts d'un globe blanc, formant des arcs gracieux.

Dans la rue San Fernando on a disposé, également avec des globes, une véritable voûte lumineuse qui sera du plus heureux effet.

Entre cinq et six heures de l'après-midi, alors que les courses journalières de taureaux sont terminées, pénétrons sur le champ de foire. Les transactions de la journée sont à peu près finies. Les propriétaires des bêtes se disposent à rentrer chez eux. D'autres qui doivent coucher su les lieux-mêmes préparent leur campement de la nuit. Enfin, les retardataires font courir des mules ou des ânes, à grands coups de fouet, pour en montrer les qualités aux acquéreurs.

Des milliers de voitures découvertes, voitures de maître et voitures de louage, circulent sur trois ou quatre rangs, dans les avenues principales, laissant apercevoir des dames couvertes de fleurs et rayonnantes de joie et d'orgueil dans leurs costumes clairs et neufs taillés sur les dernières modes de Paris.

C'est pour cette exhibition rêvée toute l'année et qui ne durera cependant que trois jours, que les belles Andalouses, aux dents éclatantes, aux yeux noirs et veloutés, vont arborer la mantille blanche de dentelle, la robe de soie claire et qu'elles couvriront leurs cheveux, leur poitrine et leur jupe de ces giroflées merveilleusement grosses qu'on ne trouve qu'en Andalousie. Ces *claveles* sont très chers. Quelques-uns valent trois, quatre et cinq *pesetas* pièce. Cela n'empêchera pas les vaniteuses indolentes et insouciantes sévillanes de les prodiguer sur leur personne. J'en ai compté dix sur la poitrine d'une jeune femme, trois dans les cheveux et sept sur la jupe, en tout ving qui pouvaient valoir cinquante pesetas, pour les trois jours, cent cinquante pesetas.

Quoi qu'il en soit, le spectacle qui résulte de cette circulation étourdissante de véhicules, de ces chatoiements d'étoffes et de fleurs, de ces exhibitions de chairs brunes piquées de prunelles noires et brillantes, de ces reflets de soleil sur les parties métalliques des harnachements argentés, sur les diamants des bagues, des colliers, des agrafes, sur les vitres des voitures, sur les armoiries des équipages de maître, sur les grelots des mules, ce spectacle, dis-je, est réellement enchanteur.

L'animation n'est pas moindre dans les allées réservées aux promeneurs. La circulent, au milieu des cris de marchands de pattes de crabes, de vendeurs de bijouteries de pacotille, d'industriels de toute sorte, une foule avide de bruit, curieuse d'émotions, cherchant un régal pour les yeux et la bouche. Ce sont des marins des bâtiments de commerce ancrés dans le Guadalquivir, de voyageurs arrivés par les cinq ou six trains de plaisir de tous les points de l'Espagne et même du monde, des marchands de denrées ou de bêtes de somme, des oisifs qui bayent aux corneilles, des familles entières dont les divers membres sont surchargés de victuailles ou de jouets, de belles et ondoyantes Andalouses se promenant par deux, pár trois, s'éventant avec de grands éventails polychromés, s'esclafant de rires nerveux tout en faisant courir leurs regards pour voir l'impression que leurs charmes ou leur gaieté produisent sur les promeneurs.

Du côté des boutiques, des chalets et des théâtres, on n'entend qu'orchestres mécaniques nasillards, on ne voit que familles qui se font des visites officielles dans leurs salons improvisés avec leurs plus élégants costumes et leurs mines les plus gracieuses. Des enfants se poursuivent dans les jambes des passants, d'autres, attentifs, cherchent quelque polissonnerie à faire. Des militaires, dont on devine la bourse plus que légère, circulent mollement, regardant les belles filles dont les œillades les grisent. Des campagnards, foulard en tête, ceinture aux reins, velours aux jambes. venus de loin, brisés de fatigue, s'étendent, les pieds dans le fossé, le corps allongé sur le parapet et dorment, malgré le tapage infernal, malgré le tintamarre des cloches de tramways, les cris des marchands et les grelots retentissants des mules. Des mères, harrassées elles aussi, s'asseoient par terre, contre un arbre, exhibent leurs seins et font téter les bébés, pendant que les orgues de barbarie, aux sons suraigus, débitent leurs rouleaux.

Les buvettes et les cafés regorgent de consommateurs qui dégustent le manzanille en croquant des pattes de crabes ou des gâteaux servis brûlants. Sur les plateformes de planches, les pitres récitent leurs boniments et font la parade. Au milieu de cette foule bigarrée, hypnotisée par tout ce qu'elle voit et entend, de jeunes et très jolies gitanes, à peau bistrée, prennent les hommes par le bras pour les faire pénétrer dans leurs boutiques où s'alignent trois ou quatre tables couvertes de linges immaculés et de beignets sortant de la friture. Quand elles trouvent de la résistance, elles sourient doucement en découvrant leurs dents blanches, et il est bien rare que le sexe fort ne succombe pas. Les garçons supplémentaires des établissements à boire, connaissant mal leur travail, se retardent, commettent des maladresses dont on rit. A la passerelle, on s'écrase tant la foule qui monte ou descend est serrée et compacte. Cela amène des scènes drôles, quelquefois grotesques, des cris, des rires, parfois des mots durs, mais pas souvent, car l'Andalou n'est pas méchant, et, pendant ces trois jours, il est tout à la joie de vivre et de s'amuser. Dans les grands pavillons des sociétés ou des casinos, les señoras se groupent, jouent de la langue et de l'éventail. Derrière les boutiques, loin du bruit, des couples amoureux se promènent aussi isolés que s'ils étaient en pleine campagne. D'autres, non moins amoureux, s'attablent et ne perdent pas une bouchée. Des drapeaux, des étendards, des banderolles, des enseignes flottent partout jetant des notes gaies et colorées sur tout le foirail.

Mais voici venu le moment le plus intéressant. Il est huit heures du soir. Les becs de gaz, tamisés par des globes d'un blanc éclatant et laiteux, dessinent des arcs égaux et gracieux. La passerelle flamboie, elle est illuminée de haut en bas sur les arêtes, de sorte que, dans la nuit, elle se dresse éblouissante sur un ciel noir.

La parole est aux fourchettes ! Des parfums de cuisine se répandent partout.

Dans les casetas, dans les pavillons, dans les baraques, dans les grands restaurants, dans les cafés, dans les gargottes, sur le Prado, sur la route, sur les talus, sur les charrettes, dans les fossés, sur les bancs, on mange et on boit. Le gaz n'éclaire que des nappes blanches, des fleurs, des cristaux, des couverts d'argent ou de métal brillant, des figures épanouies et des yeux souriants.

On n'entend que rires perlés, bouchons qui sautent, brindes qu'on porte. L'Andalousie est toute à la joie ! Olé ! Olé !

Les vins généreux de Rioja, de Valdepeñas, de Jerez, de Malaga, de San-Lucar délient les langues. Les conversations deviennent animées, même bruyantes. On parle un peu à la fois. Les cerveaux surexcités moussent comme le champagne des coupes. Seuls, les amoureux ne perdent pas la tête. Vénus chasse Bacchus. Sous la table les pieds se cherchent, se trouvent, échangent des serments éternels. Sous la nappe, les mains se pressent furtivement.

Peu à peu, l'énorme rumeur faite de ces mille bruits confondus augmente d'intensité.

C'est alors qu'éclatent les bombes qui annoncent le feu d'artifice.

La population locale ne paraît pas faire grand cas de cet amusement. Pour beaucoup, la pyrotechnie n'a qu'un intérêt médiocre. Les convives se trouvent bien où ils sont. Les conversations engagées, les galanteries débitées, le plaisir de boire en compagnie d'amis sympathiques offrent plus d'attraits que les fusées et les soleils tournants. On reste donc à table. Il n'y a guère que les gens de la campagne qui vont se récréer les yeux de ces éblouissements de commande. La foule n'est donc pas compacte. Elle préfère, lorsqu'elle a fini de dîner, circuler dans les allées des casetas, bien éclairées, où elle trouve la double satisfaction de voir et d'être vue qui sont les desiderata de tous les Espagnols et surtout des Andalous.

C'est pour donner satisfaction aux exigences de ces caractères que se font les repas en commun et en plein air. Dans le jour, de midi à trois heures, le soir, de sept à neuf, tout Séville déjeûne ou dîne sous le regard curieux des passants. Pour ces repas gargantuesques on a sorti les vaisselles les plux luxueuses, les cristalleries les plus belles, l'argenterie la plus massive et la plus ancienne. On a exhibé ce qu'on a de plus beau.

Il faut, pendant ces trois jours, que le plaisir soit double. Le plaisir doit passer avant tout. La femme andalouse l'aime à la folie, elle en a fait une idole, elle va en faire un Dieu.

Olé ! Olé !

Enfin neuf heures et demie sonnent. C'est l'heure sacramentelle. On s'écrase devant les théâtres de la foire, surtout devant les casetas et pavillons où l'on va danser.

Dans le fond du salon, une personne âgée tient le piano. A côté, des jeunes gens pincent de la guitare. Tout autour de la pièce sont groupés des señoras, des caballeros et des señoritas en toilettes claires. On a réservé près des musiciens un espace suffisant pour les ébats chorégraphiques.

Quatre jeunes filles sont debout ; elles assujettissent des castagnettes à leurs doigts délicats. Elles se placent face à face et le signal est donné.

Pendant que les castagnettes s'élèvent en l'air et claquent en cadence, les jeunes filles exécutent les pas règlementaires et longuement appris. Pas une hésitation, pas une erreur : tout est prévu par la théorie. Pour le spectateur qui n'a pas été témoin des efforts et du travail préparatoires, l'exécution est si parfaite qu'il est dans le ravissement. Ces corps souples et jeunes qui s'inclinent à droite, à gauche, en avant, en arrière ; ces bras qui s'élèvent et s'arrondissent en cadence, ces pieds qui frôlent si légèrement le plancher, ces robes claires et étroites qui moulent des formes divines et qui ondulent doucement, ces fleurs, ces lumières, cette musique enchanteresse, rendue si originale par le rythme sec des castagnettes, mettent bientôt l'esprit de celui qui regarde dans un état de torpeur inconsciente qui le rejette bien loin de la réalité. Il semble qu'il vive dans un monde fantastique peuplé de belles houris et toute son âme se concentre dans son regard ébloui et charmé.

Il passerait là sa vie sans la sentir couler. Son plaisir n'a pourtant qu'une durée éphémère, la figure est finie ! Mais une autre reprend quelques instants après. Après la quatrième figure, il faut rentrer dans la réalité. Les jeunes divinités qui ont exécuté ces pas enchanteurs reprennent leurs places dans les groupes dont elles faisaient partie.

J'ai vu ainsi, dans la soirée, bien des señoritas dan-

ser, mais ces ballerines savantes ne me feront jamais
oublier les quatre jeunes filles qui ont laissé dans mon
esprit une si forte impression. Si les Grâces avaient
été quatre, on aurait pu les comparer à elles. De même
stature élancée, de même corpulence, de même beauté
andalouse, elles formaient un tableau ravissant. Les
couleurs de leurs robes de soie étaient très douces : rose,
bleu, paille et blanche. Elles avaient quitté leurs mantilles et laissaient ainsi admirer leurs chevelures noires, leurs nuques dorées et leurs petites oreilles parées
d'étincelles.

O les douces minutes passées ainsi dans la contemplation, dans l'extase de la pure beauté, comme elles
sont profondément gravées dans mon cœur !

TABLE DES MATIÈRES

TOULOUSE. — IMP. LAGARDE ET SEBILLE, RUE ROMIGUIÈRES, 2